Antonio Costa, Luisa Barbieri

#bravi in SCIENZE

ImparaFacile

Edizioni Scolastiche
Bruno Mondadori

Edizioni Scolastiche
Bruno Mondadori

pearson.it/science-factory

Revisione dei testi e redazione: Caterina Alessi, Marika De Acetis, Elisa Faravelli, Cristina Gatti, Cinzia Mauri, Chiara Roglieri, Niccolò Terzi

Ricerca iconografica: Marika De Acetis, Elisa Faravelli, Paola Fenini, Cristina Gatti, Chiara Roglieri, Niccolò Terzi

Coordinamento di realizzazione: Franco Barbero, Micaela Guerra

Controllo tecnico-grafico: Franco Barbero

Acquisizione materiali fotografici: Franco Barbero, Micaela Guerra

Coordinamento multimediale: Daniela Ruprecht

Segreteria di redazione: Enza Menel

Progetto grafico: Raptorstudio snc, Milano

Impaginazione: Puntografica, Torino

Disegni e illustrazioni: Paola Baldanzi, Daniela Blandino, Daniela Costa, Daniele Gianni, Graffito, Luca Guerriero, Alessandra Micheletti, Federica Orsi, Claudia Saraceni, Luca Tible

Progetto di copertina: Raptorstudio snc

Immagine di copertina: Shutterstock/Sebastian Janicki, Dmytro Vietrov, ramcreations, Wead

Questo volume è stato realizzate con il carattere ad alta leggibilità **biancoenero®**, di biancoenero edizioni, disegnato da Riccardo Lorusso e Umberto Mischi.

Docenti e studenti possono avere gratuitamente la font per usi non commerciali.
Per informazioni: biancoeneroedizioni.com

978 88 6910 5036 B

Stampato per conto della casa editrice presso
La Fotocromo Emiliana, Osteria Grande (BO), Italia

Ristampa	Anno
0 1 2 3 4 5	18 19 20 21 22 23

LIBRI DI TESTO E SUPPORTI DIDATTICI
Il sistema di gestione per la qualità della Casa Editrice è certificato in conformità alla norma **UNI EN ISO 9001:2008** per l'attività di **progettazione, realizzazione e commercializzazione di: • prodotti editoriali scolastici, dizionari lessicografici, prodotti per l'editoria di varia ed università • materiali didattici multimediali off-line • corsi di formazione e specializzazione in aula, a distanza, e-learning.**

Member of CISQ Federation
RINA
ISO 9001:2008
Sistema Qualità Certificato

PRESENTAZIONE

L'**IMPARAFACILE** è un volumetto che rappresenta uno strumento di aiuto allo studio utile a tutti gli studenti.
È composto da due sezioni:

- **Mappe visuali**, che permettono di organizzare visivamente i contenuti di ciascuna unità;
- **Mi preparo per l'interrogazione**, che raccoglie le classiche domande che un insegnante potrebbe fare allo studente per verificare l'apprendimento degli argomenti trattati.

La sezione **Mi preparo per l'interrogazione** è inoltre registrata; inquadrando i **QRcode** presenti nelle pagine, attraverso la **MyApp Pearson**, si possono ascoltare gli audio direttamente con uno *smartphone* o un *tablet*.

INDICE

MAPPE VISUALI

Le **Mappe visuali** riassumono "a colpo d'occhio" i contenuti di ogni unità.
Collegano i concetti tra di loro e ogni concetto a una immagine significativa.

Quando studi una lezione, la mappa dell'unità cui quella lezione appartiene può servirti per non perdere la visione d'insieme e i nessi logici che esistono fra le lezioni.

1 LO STUDIO DELLA NATURA

IL METODO SCIENTIFICO

Il cammino che dall'osservazione dei fenomeni conduce alla formulazione di una teoria è chiamato **metodo scientifico.**

LE FASI DEL METODO SCIENTIFICO

Ogni ricerca scientifica deve seguire in maniera corretta le **fasi del metodo scientifico.**

Osservazione di un fenomeno
↓
Domanda relativa al fenomeno
↓
Formulazione di un'ipotesi
↓
Esperimento
↓
Verifica dell'ipotesi → NO → Formulazione di un'ipotesi
↓ SÌ
Enunciazione di una teoria
↓
Previsione di nuovi fenomeni

LA MISURA

La ricerca scientifica, per procedere, ha bisogno di **dati oggettivi**, non di opinioni soggettive.

DATI QUANTITATIVI

Dati che possono essere espressi tramite **numeri**. I dati oggettivi sono quasi sempre quantitativi e si ottengono tramite un processo di **misurazione.**

MISURARE

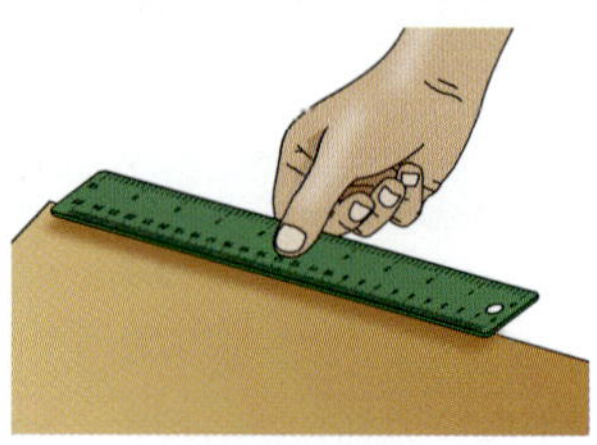

Significa confrontare una grandezza fisica con un'**unità di misura** di quella grandezza.

ERRORI DI MISURA

Ogni processo di misura è accompagnato da **errori.**

ERRORI SISTEMATICI

Sono dovuti a un uso **sbagliato** dello strumento di misura o a un suo difetto di fabbricazione. Possono essere eliminati.

ERRORI CASUALI

Sono dovuti al fatto che ogni processo di misurazione è influenzato da fattori **non controllabili.** Non possono essere eliminati.

SISTEMA INTERNAZIONALE (SI)

Ha definito 7 **grandezze fondamentali** e le loro unità di misura.
Esempi: lunghezza in metri (m), tempo in secondi (s).

Dalle grandezze fondamentali dipendono molte **grandezze derivate.**
Esempio: velocità in metri al secondo (m/s).

LE SCIENZE NATURALI

Le **scienze naturali** studiano la natura nei suoi vari aspetti, facendo uso del metodo scientifico.

FISICA

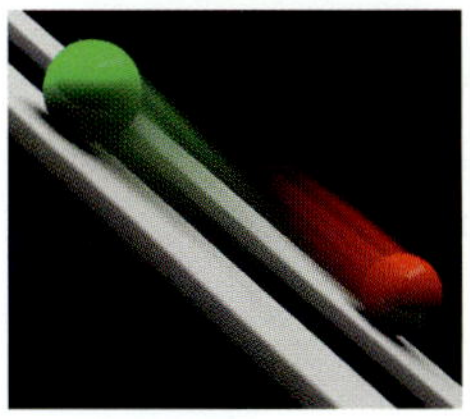

Studia la **materia**, il moto, le forze, l'**energia**, l'elettricità, la luce e il suono.

CHIMICA

Studia la **composizione della materia** e le sue trasformazioni.

ASTRONOMIA

Studia i moti, la composizione, l'origine e l'evoluzione dei **corpi celesti**.

GEOLOGIA

Studia la struttura, il funzionamento e l'evoluzione del **pianeta Terra**.

ECOLOGIA

Studia gli **ecosistemi**, ovvero le interazioni tra ambienti naturali ed esseri viventi.

BIOLOGIA

Studia la struttura, il funzionamento, l'origine e l'evoluzione degli **esseri viventi**.

MATEMATICA

Rappresenta il **linguaggio comune** di tutte le scienze naturali.

IL CAMMINO DELLE SCIENZE

Quando uno scienziato ottiene dei risultati dalle proprie ricerche, li deve sottoporre al vaglio della **comunità scientifica**.

VERIFICA

In questo modo gli altri scienziati possono **verificare** la bontà di quei risultati, continuare quegli studi e **perfezionare** la teoria.

TEORIE SCIENTIFICHE

Le teorie scientifiche sono sempre **provvisorie**. Risultati successivi, se convincenti, possono confutarle o migliorarle. Le teorie devono essere giudicate sulla base della loro bontà e non dell'autorità di chi le propone o dei pregiudizi.

2 LA MATERIA E LE SUE PROPRIETÀ

LE CARATTERISTICHE DEI CORPI

Tutta la **materia** occupa spazio e ha una massa.

CORPI

Un corpo è una **porzione** di materia.

MASSA

La massa di un corpo è la **quantità di materia** che lo compone.
L'unità di misura della massa è il **kilogrammo** (kg).

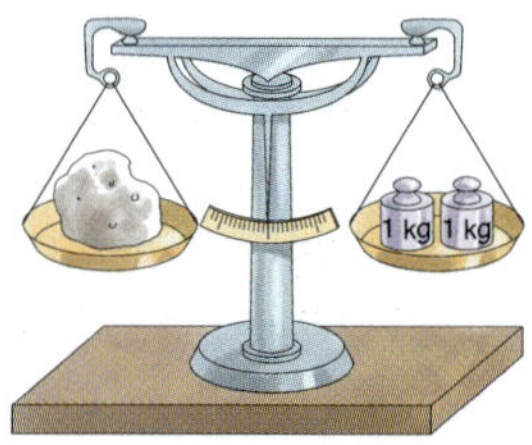

DENSITÀ DI UN CORPO

Rapporto tra massa (***m***) e volume (***V***):

$$d = m : V$$

SOSTANZE

Tipi di materia esistenti in natura, ciascuno con **caratteristiche** particolari.

DENSITÀ DI UNA SOSTANZA

È una proprietà caratteristica di ciascuna sostanza.

VOLUME DI UN CORPO

Spazio occupato da un corpo.
L'unità di misura del volume è il **metro cubo** (m^3). Spesso per liquidi e gas si usa il litro (L).

GLI STATI DELLA MATERIA

La materia si può presentare in tre diversi **stati di aggregazione**.

SOLIDO

- forma propria
- volume proprio
- incomprimibile

LIQUIDO

- no forma prioria
- volume proprio
- quasi incomprimibile

AERIFORME

- no forma propria
- no volume proprio
- comprimibile

L'INTERNO DELLA MATERIA

Tutta la materia è composta da **atomi** e **molecole**

SOSTANZE PURE

Ogni sostanza pura è formata da atomi o molecole **tutti uguali** tra loro.

ELEMENTI

Sono sostanze pure costituite da un solo tipo di atomo. Esempi: oro, argento, ossigeno, calcio.

COMPOSTI

Sono sostanze pure costuite da due o più elementi diversi. Esempi: acqua (ossigeno + idrogeno), sale (sodio + cloro).

I MISCUGLI

In natura le sostanze pure sono rare. Più spesso si mescolano fra loro formando i **miscugli**.

MISCUGLI ETEROGENEI

Le sostanze che li compongono sono **distinguibili**. Esempi: limatura di ferro e sabbia; granito (roccia).

MISCUGLI OMOGENEI O SOLUZIONI

Le sostanze che li compongono **non** sono facilmente **distinguibili**. Esempi: acqua salata, acqua zuccherata.

3 LA TEMPERATURA E IL CALORE

LA TEMPERATURA

La **temperatura** indica quanto un corpo è caldo.

Si misura in:

GRADI CELSIUS (O CENTIGRADI)

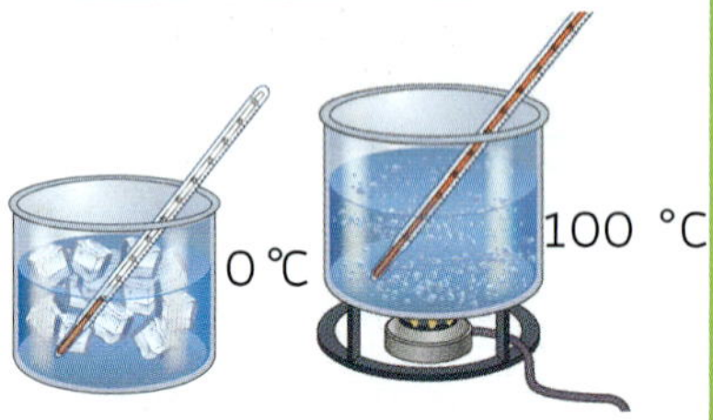

Un grado Celsius (°C) è la centesima parte dell'intervallo compreso fra la temperatura di **fusione del ghiaccio** e quella di **ebollizione** dell'acqua.

con il

TERMOMETRO

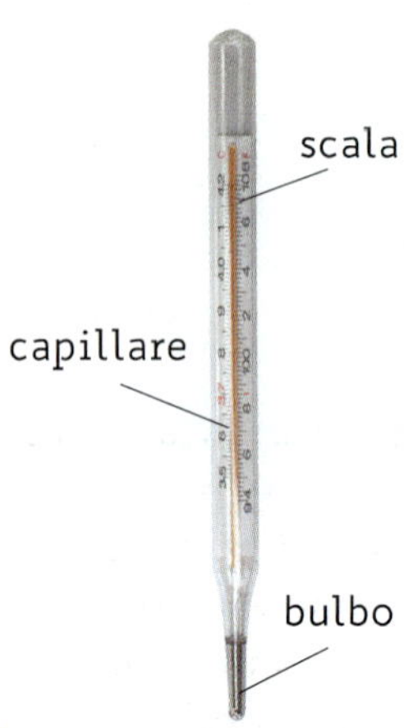

È legata al:

MOTO DI AGITAZIONE TERMICA

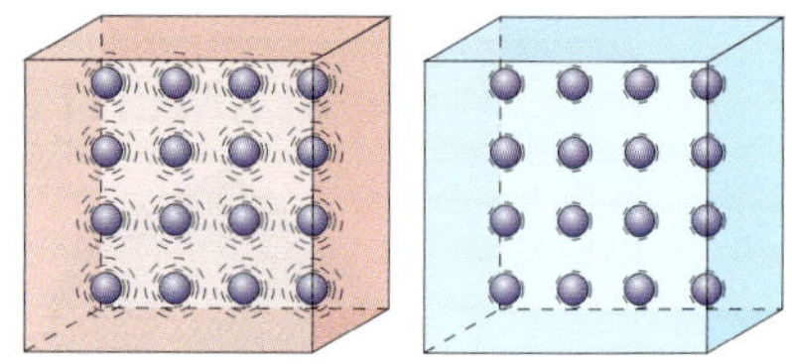

corpo caldo — corpo freddo

In un corpo caldo le particelle si muovono più velocemente che in un corpo freddo.

Può subire variazioni:

RAFFREDDAMENTO

La temperatura diminuisce quando il corpo cede calore.

RISCALDAMENTO

La temperatura aumenta quando al corpo viene fornito calore.

Le sue variazioni determinano:

DILATAZIONE

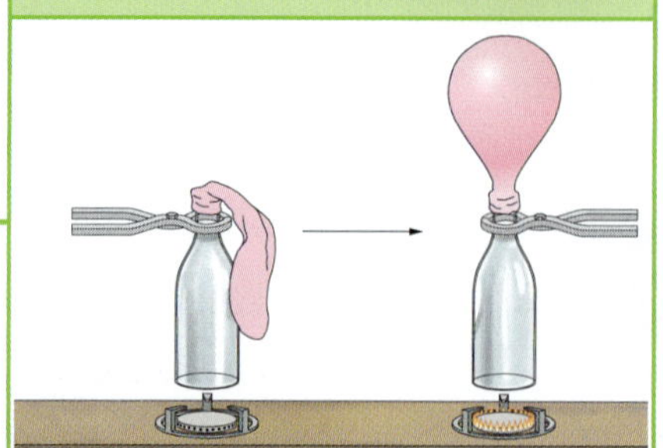

Quando il **volume** del corpo **aumenta** per effetto del riscaldamento.

Permette il funzionamento dei termometri a bulbo.

IL CALORE

Il calore è una forma di energia che passa dai corpi più caldi ai corpi più freddi.

ENERGIA TERMICA

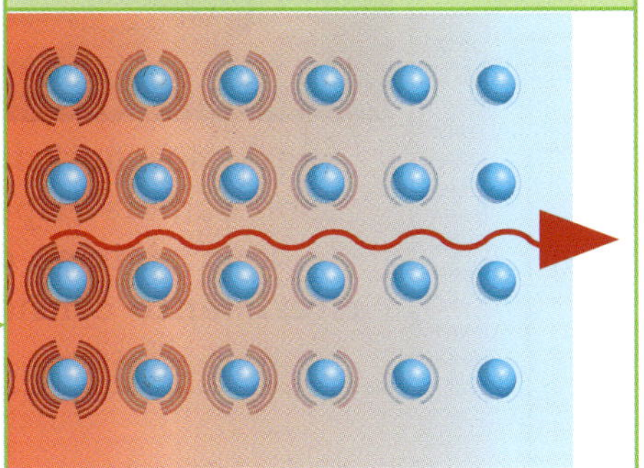

Le molecole "più agitate" trasferiscono energia termica a quelle "meno agitate".

CALORIA

L'**unità di misura** del calore nel SI è il joule ma è spesso utilizzata è la caloria, che corrisponde al calore necessario a innalzare di 1 grado Celsius la temperatura di 1 grammo di acqua (da 14,5 °C a 15,5 °C).

Il trasferimento del calore può avvenire per:

CONDUZIONE

Il calore si trasferisce senza spostamento di materia. Si verifica soprattutto nei solidi ma anche nei liquidi e nei gas.

CONVEZIONE

Il calore si trasferisce mediante **movimento** della materia. Si verifica nei liquidi e nei gas.

IRRAGGIAMENTO

Il calore si trasferisce senza contatto fra i corpi e senza spostamento di materia, ma attraverso **radiazioni**. Si verifica anche nel vuoto.

PASSAGGI DI STATO

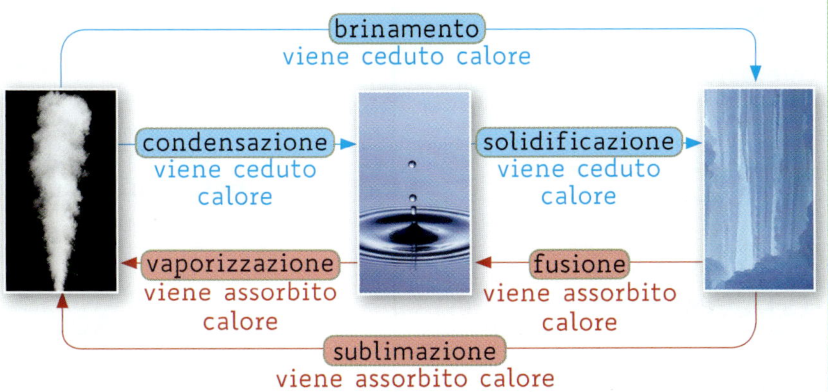

Quando lo stato di aggregazione di un corpo cambia per effetto di un riscaldamento o di un raffreddamento.

4 IL MOVIMENTO

MOTO E QUIETE

Un corpo può essere in **moto** oppure in **quiete**:

MOTO

Se la sua **posizione** cambia rispetto a un **sistema di riferimento** considerato fisso.

QUIETE

Se la sua **posizione** non cambia rispetto a un **sistema di riferimento** considerato fisso.

Le caratteristiche del moto in riferimento al **tempo** sono:

VELOCITÀ

Rapporto fra lo **spazio** percorso e il **tempo** impiegato a percorrerlo:

$v = s : t$

Si misura in: kilometri all'ora (km/h) o in metri al secondo (m/s).

VELOCITÀ MEDIA

È la velocità calcolata per uno spazio percorso in un intervallo di tempo qualsiasi.

VELOCITÀ ISTANTANEA

È la velocità in un punto calcolata per un intervallo di tempo piccolissimo.

ACCELERAZIONE

Rapporto fra la **variazione della velocità** e l'intervallo di **tempo** in cui avviene.

$a = (v_{finale} - v_{iniziale}) : t$

Si misura in metri al secondo quadrato (m/s^2).

ACCELERAZIONE MEDIA

È l'accelerazione calcolata su un intervallo di tempo qualsiasi.

ACCELERAZIONE ISTANTANEA

È l'accelerazione in un punto calcolata per un intervallo di tempo piccolissimo.

Le caratteristiche del moto in riferimento allo **spazio** sono:

SPAZIO PERCORSO

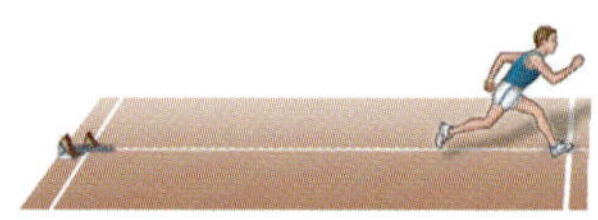

Distanza percorsa fra il punto di partenza e il punto di arrivo.

TRAIETTORIA

L'insieme delle **posizioni** occupate dal corpo.

VERSO

Ogni traiettoria può essere percorsa in due **versi opposti**.

I DIVERSI TIPI DI MOTO

Un corpo si può muovere in modi diversi.

MOTO RETTILINEO UNIFORME

La traiettoria è una **retta**. La **velocità** è **costante**. Percorre distanze uguali in uguali intervalli di tempo.

RAPPRESENTAZIONE GRAFICA

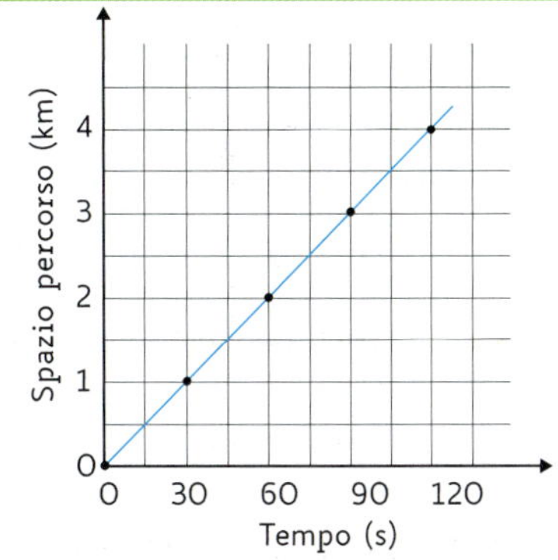

Sul piano cartesiano è rappresentato da una linea retta. Spazio e tempo sono **direttamente proporzionali**.

LEGGE ORARIA

$s = v \times t$

MOTO UNIFORMEMENTE ACCELERATO

La traiettoria è una **retta**. L'**accelerazione** è **costante**. La velocità aumenta di quantità uguali in uguali intervalli di tempo.

RAPPRESENTAZIONE GRAFICA

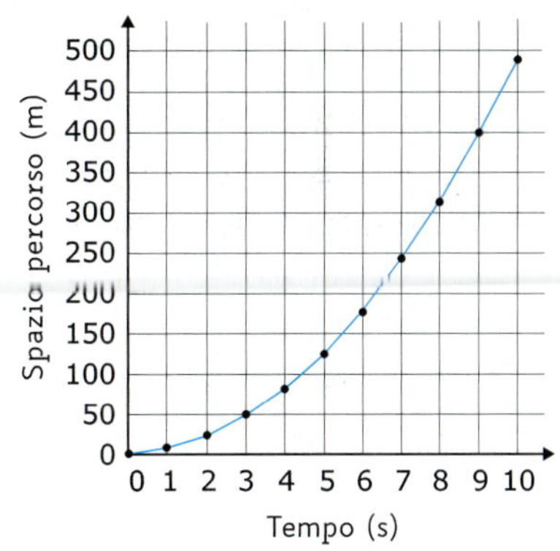

Sul piano cartesiano è rappresentato da una parabola: tempo e spazio sono in rapporto di **proporzionalità quadratica**.

CADUTA LIBERA

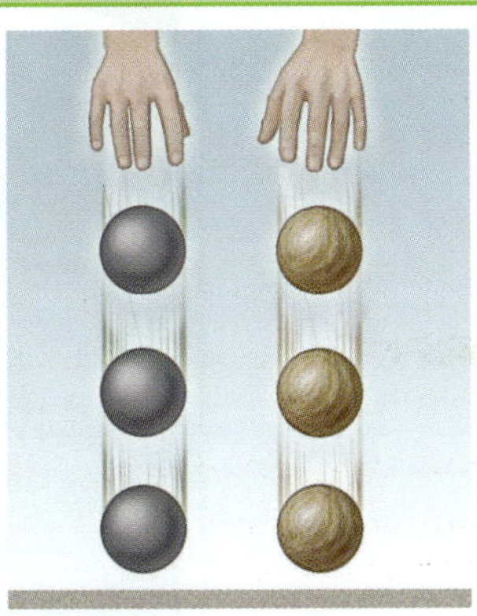

I corpi attratti dalla Terra cadono con un'accelerazione costante detta **accelerazione di gravità**: g = 9,81 m/s²

5 LE FORZE E IL MOTO

LE FORZE

Si dice **forza** tutto ciò che determina:
- un cambiamento nello stato di quiete o di moto di un corpo;
- la deformazione di un corpo.

GRANDEZZE VETTORIALI

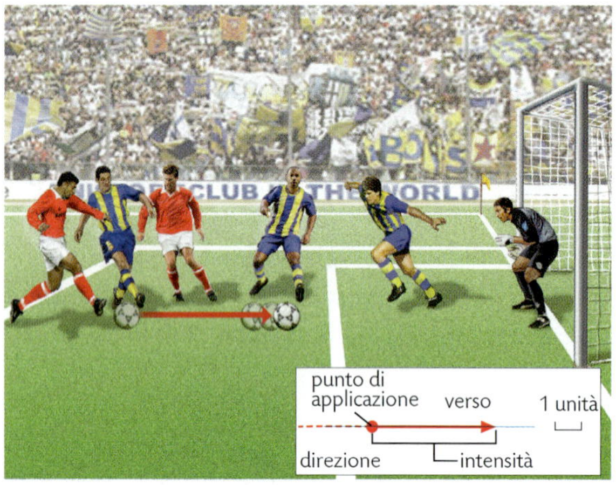

Sono definite da:
- **verso**;
- **direzione**;
- **intensità**.

La forza è una grandezza vettoriale.

DINAMOMETRO

Lo strumento per misurare l'intensità delle forze è il dinamometro.

UNITÀ DI MISURA

L'unità di misura di una forza è il **newton** (N).

GRANDEZZE SCALARI

Si indicano solo con un **valore numerico** e un'unità di misura. La temperatura è una grandezza scalare.

FORZA PESO

Il **peso** è la forza che la Terra esercita sui corpi.
È proporzionale alla loro massa.

ATTRITO

È una forza che si oppone al movimento di un corpo su una **superficie** o in un **fluido** (liquido o gas).

FORZA ELASTICA

Tende a riportare un **corpo deformabile** alla sua forma originaria.

FORZA MAGNETICA

È la forza tipica delle **calamite** e dei **magneti**.

FORZA ELETTRICA

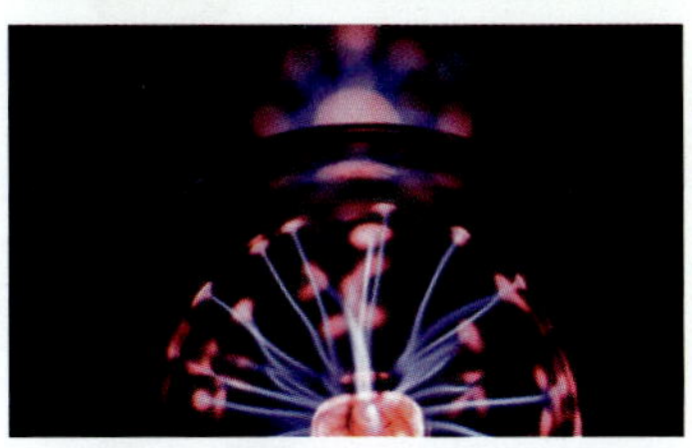

È la forza di attrazione e repulsione tra le **cariche elettriche**.

LE LEGGI DEL MOTO

Il movimento dei corpi è regolato da tre **principi**.

PRIMO PRINCIPIO DELLA DINAMICA (PRINCIPIO DI INERZIA)

Un corpo tende a mantenere il suo stato di quiete o di moto rettilineo uniforme finché non interviene una **forza** a modificare tale stato.

INERZIA

È la tendenza di un corpo a **non modificare** il proprio stato di quiete o di moto.

SECONDO PRINCIPIO DELLA DINAMICA

Una forza applicata a un corpo provoca un'**accelerazione** direttamente proporzionale alla **forza** e inversamente proporzionale alla sua **massa**.

TERZO PRINCIPIO DELLA DINAMICA (PRINCIPIO DI AZIONE E REAZIONE)

Ogni volta che un corpo esercita una forza su un altro corpo, il secondo corpo esercita sul primo una forza di uguale intensità e direzione ma di **verso opposto**.

6 LE FORZE E L'EQUILIBRIO

LA RISULTANTE

Le forze che agiscono allo stesso tempo su un corpo si chiamano **componenti**. La forza complessiva è detta **risultante**.

UGUALE DIREZIONE E VERSO

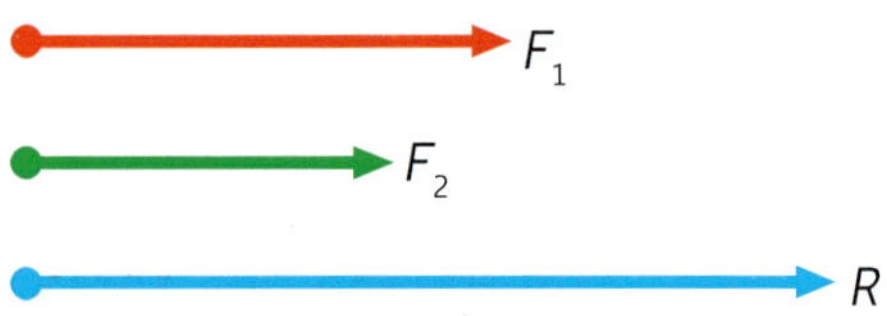

La **risultante** ha stessa direzione e stesso verso delle componenti, intensità pari alla **somma** delle intensità.

UGUALE DIREZIONE E VERSO OPPOSTO

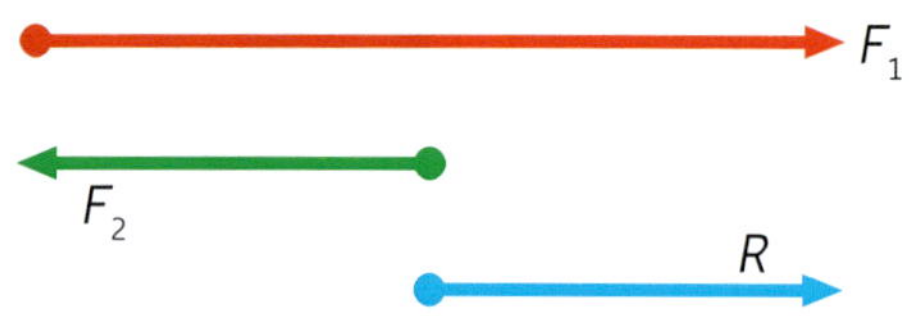

La **risultante** ha la stessa direzione delle componenti, il verso della componente maggiore, intensità pari alla **differenza** delle intensità.

DIREZIONE DIVERSA

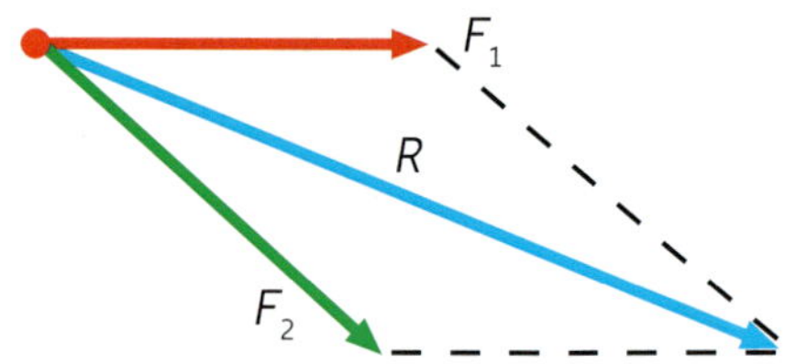

La **risultante** si trova con la **regola del parallelogramma**.

L'EQUILIBRIO

Più forze sono in **equilibrio** quando la loro risultante è nulla.

BARICENTRO

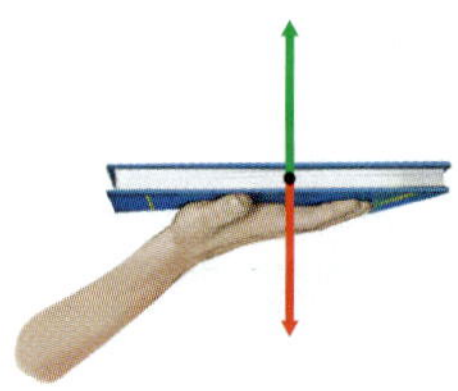

È il punto in cui la **forza peso** è applicata a un corpo rigido.

CORPO APPOGGIATO

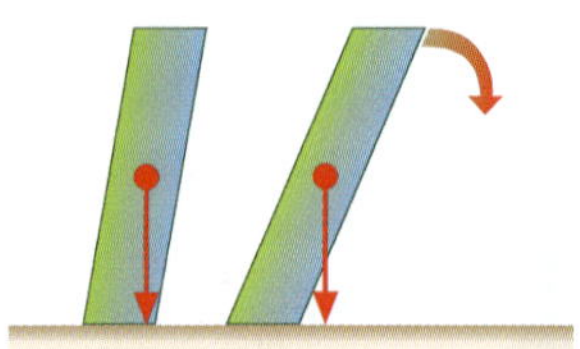

È in equilibrio solo se la verticale passante per il suo baricentro cade all'interno della sua **base di appoggio**.

CORPO SOSPESO

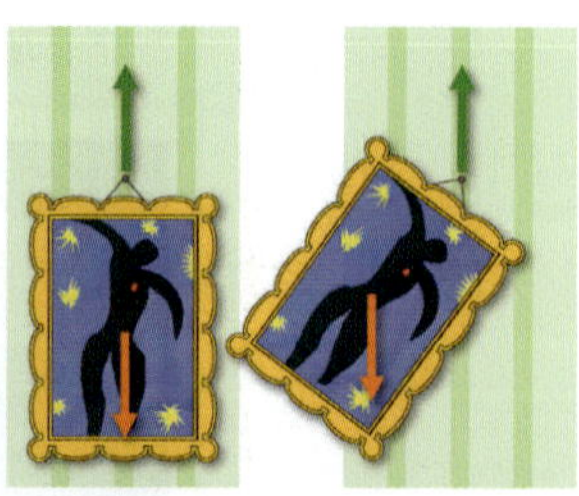

È in equilibrio quando la verticale passante per il **punto di sospensione** passa per il suo baricentro.

L'equilibrio può essere:

STABILE

INSTABILE

INDIFFERENTE

LE LEVE

Le **leve** sono aste rigide che possono ruotare attorno a un punto fisso detto fulcro.

Possono essere:

VANTAGGIOSE

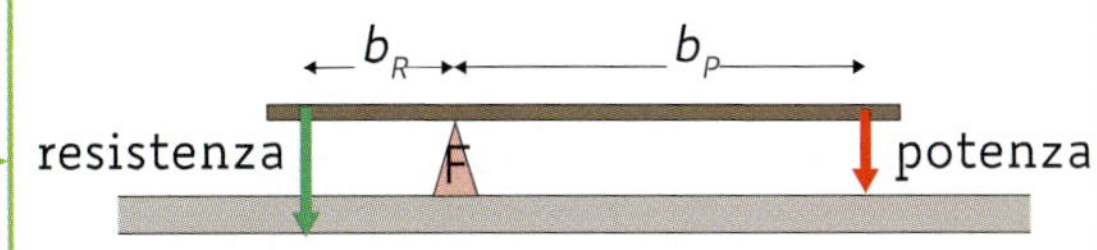

Il fulcro è più vicino alla resistenza; la potenza è **minore** della resistenza.

SVANTAGGIOSE

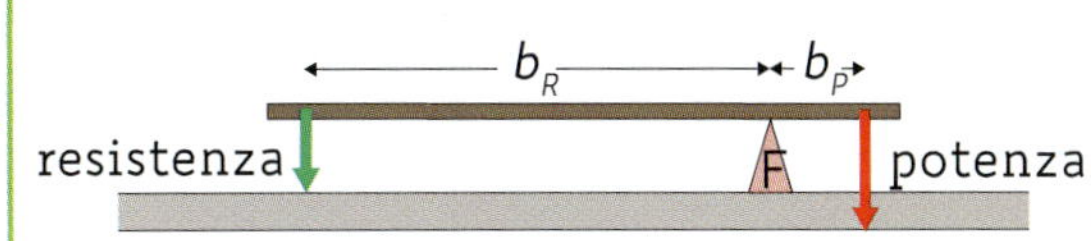

Il fulcro è più vicino alla potenza; la potenza è **maggiore** della resistenza.

INDIFFERENTI

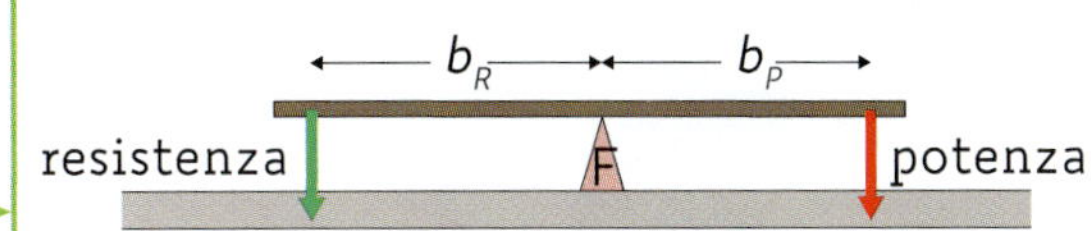

Il fulcro è equidistante dalla potenza e dalla resistenza; la potenza è **uguale** alla resistenza.

LEGGE DELLE LEVE

Da una parte dell'asta è applicata una forza detta **potenza**: *P*.

Dall'altra una forza detta **resistenza**: *R*.

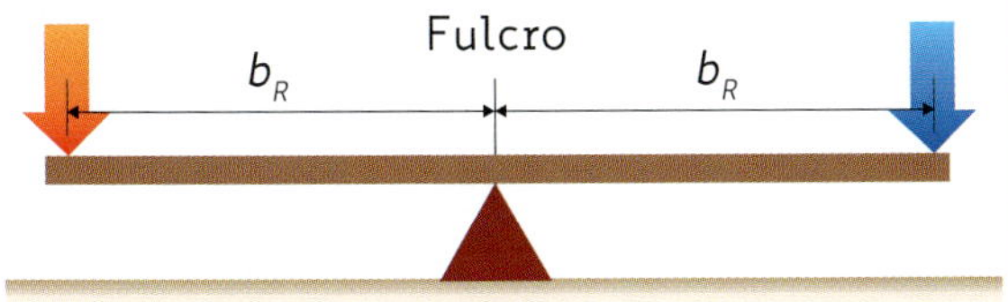

Le due parti dell'asta sono chiamate ***bracci***.

Una leva è in equilibrio quando i prodotti delle forze per i rispettivi bracci sono uguali:

$$R \times b_R = P \times b_P$$

LE MACCHINE SEMPLICI

Le **macchine semplici** sono dispositivi che permettono di compiere un'azione impiegando una forza minore. Una leva vantaggiosa è una macchina semplice.

PIANO INCLINATO

VERRICELLO (O ARGANO)

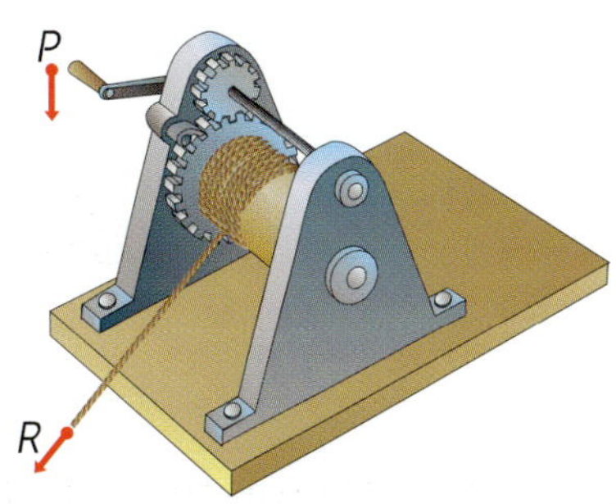

CARRUCOLA

7 LE FORZE NEI FLUIDI

LA PRESSIONE

La **pressione** è il rapporto tra una forza e la superficie su cui si esercita:
$p = F : S$

UNITÀ DI MISURA

L'unità di misura della pressione è il **pascal** (Pa), che corrisponde alla forza di 1 N esercitata su una superficie di 1 m^2:
$1\ Pa = 1\ N : 1\ m^2 = 1\ N/m^2$

LA PRESSIONE IDROSTATICA

La **pressione idrostatica** è la pressione che un fluido esercita, per effetto del proprio peso, al suo interno e sulle pareti del recipiente che lo contiene.

per esempio

PRESSIONE ATMOSFERICA

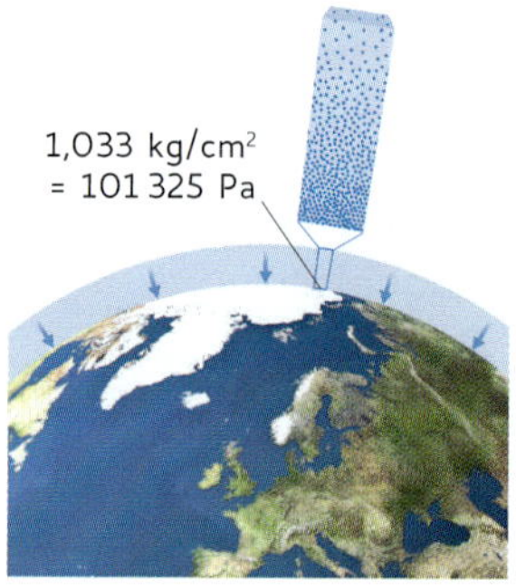

È la pressione che la nostra **atmosfera** esercita sulla superficie terrestre. Al livello del mare vale mediamente
1 atm = 101 325 Pa

LEGGE DI STEVINO

La pressione idrostatica di un liquido aumenta al crescere della **profondità**. In particolare, la pressione idrostatica in un certo punto dipende dalla densità del liquido:
$p = d \times g \times h$

PRINCIPIO DI PASCAL

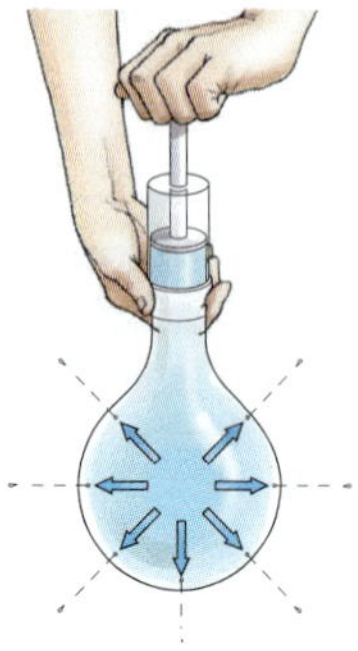

La **pressione** esercitata su un punto di un **fluido** si trasmette in tutte le direzioni con la stessa intensità.

IL PRINCIPIO DI ARCHIMEDE

Il **principio di Archimede** afferma che un fluido esercita su un corpo immerso in esso una forza diretta dal basso verso l'alto e uguale al peso del fluido spostato:

$$F_i = P_{\text{fluido spostato}} = m \times g = V \times d \times g$$

SPINTA IDROSTATICA

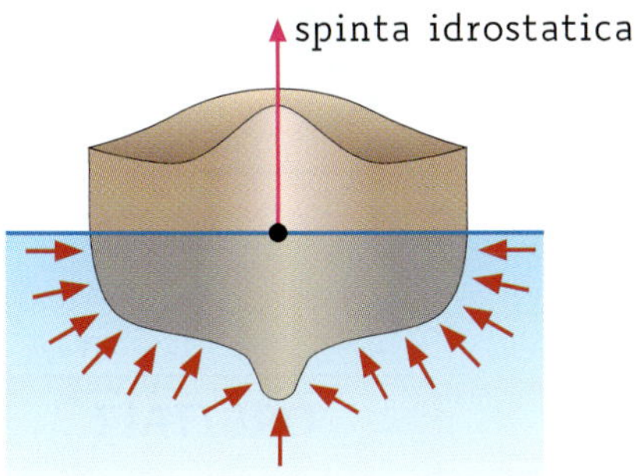

È la forza **verso l'alto** che un fluido esercita su un corpo **immerso** in esso.

GALLEGGIAMENTO

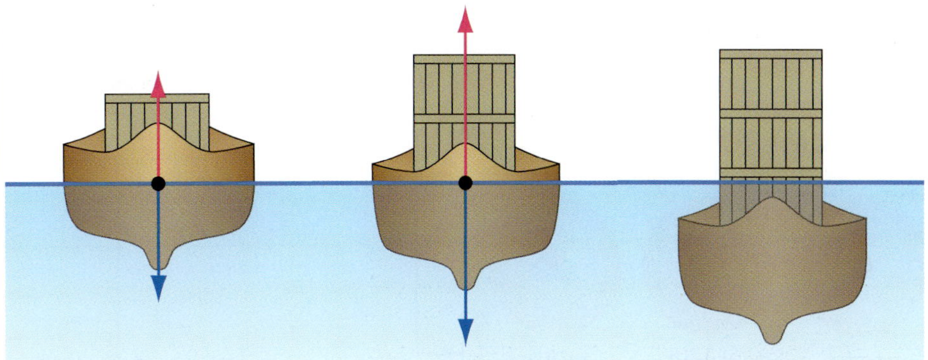

Il galleggiamento di un corpo immerso dipende dal confronto tra il suo **peso** e la **spinta idrostatica**.

Un corpo **galleggia** se il suo peso è uguale alla spinta idrostatica.

Un corpo **va a fondo** se il suo peso è maggiore della spinta idrostatica.

DENSITÀ

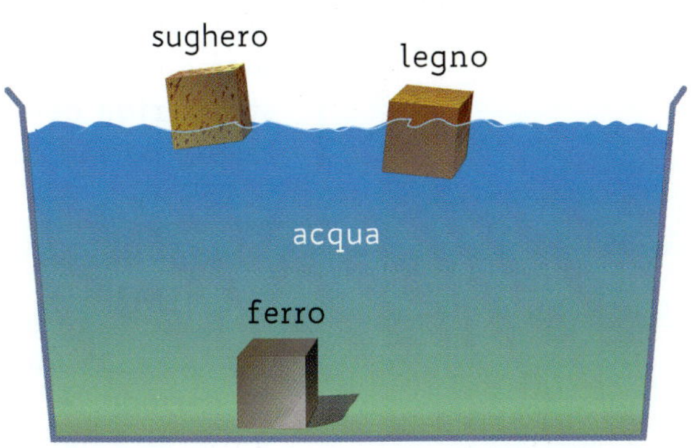

Un corpo **galleggia** quando ha una **densità** (o un **peso specifico**) minore rispetto a quella del liquido nel quale è immerso.

FLUIDI DIVERSI

Uno stesso corpo può galleggiare in un **fluido** e affondare in un altro, a seconda della **densità** del fluido.

8 GLI ELEMENTI

GLI ATOMI

Gli **atomi** costituiscono tutta la materia.

Si caratterizzano per:

NUMERO ATOMICO

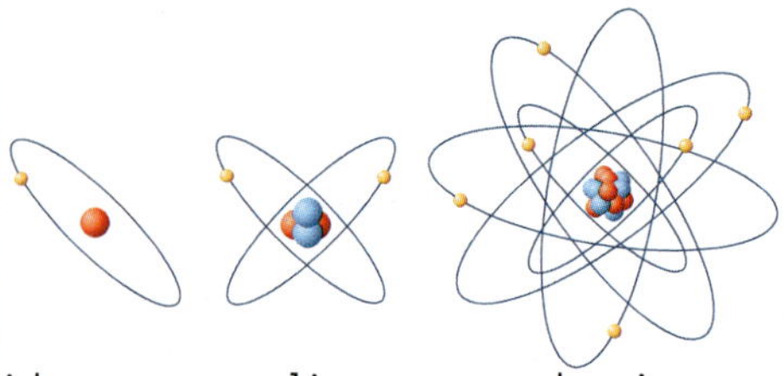

idrogeno elio carbonio

È il **numero di protoni** presenti in un atomo. Atomi di uno stesso elemento hanno tutti lo stesso numero atomico.

NUMERO DI MASSA

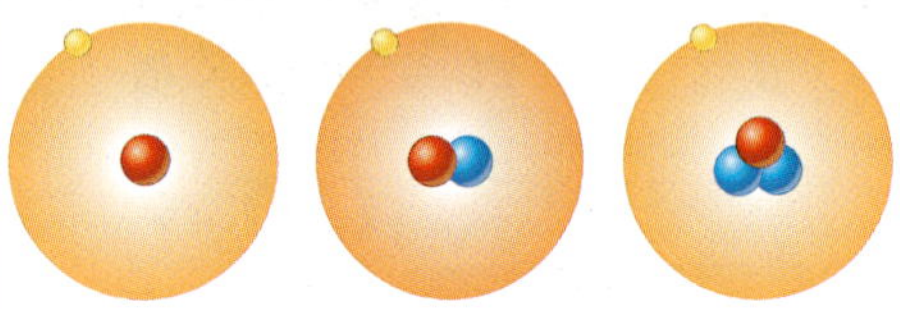

prozio deuterio trizio

È la **somma** del **numero di protoni** e di **neutroni**. Due isotopi hanno lo stesso numero atomico ma diverso numero di massa.

Sono formati da:

ELETTRONI

PROTONI

NEUTRONI

Sono nel:

NUCLEO

È la parte **centrale** dell'atomo.

ORBITALI

Sono le zone attorno al nucleo occupate dagli **elettroni**.

LA CLASSIFICAZIONE DEGLI ELEMENTI

La **tavola periodica degli elementi** riporta tutti gli elementi chimici ordinati per righe al crescere del loro numero atomico.

GRUPPI

Sono formati dagli elementi in una stessa **colonna** della tavola periodica.

PROPRIETÀ CHIMICHE

Elementi dello stesso **gruppo** hanno proprietà chimiche simili.

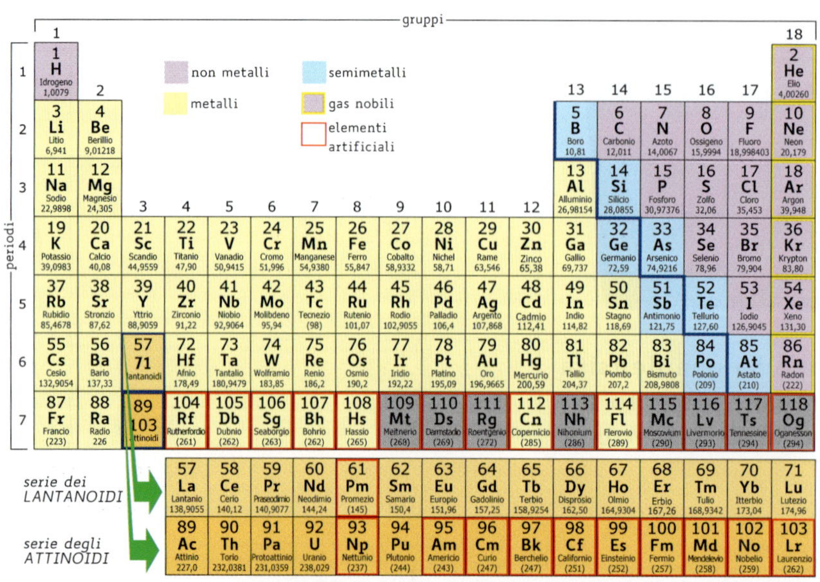

PERIODI

Sono formati dagli elementi in una stessa **riga** della tavola periodica.

PROPRIETÀ CHIMICHE

Lungo ciascun periodo le proprietà degli atomi cambiano gradualmente, passando dai **metalli** (a sinistra) ai **non metalli** (a destra).

LE TRASFORMAZIONI DEL NUCLEO

I **nuclei** degli atomi possono subire diversi tipi di **trasformazioni**.

FUSIONE NUCLEARE

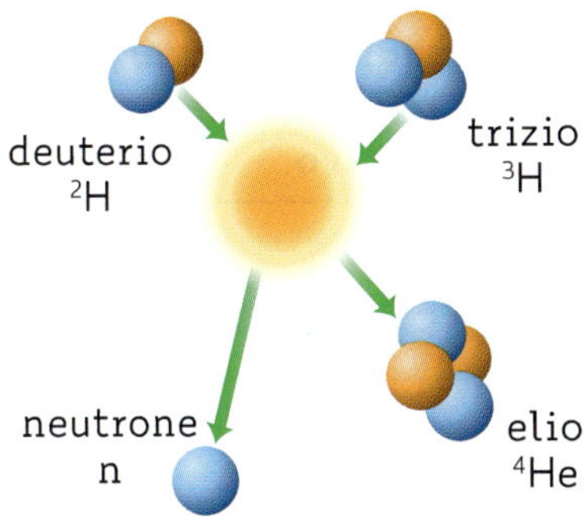

Avviene quando **nuclei leggeri** (con pochi protoni) si fondono per formarne uno più pesante. Le **stelle** producono energia tramite fusione nucleare.

FISSIONE NUCLEARE

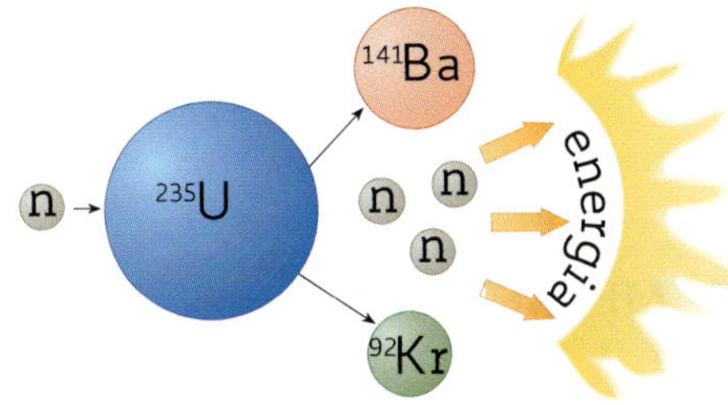

Avviene quando **nuclei pesanti** (con molti protoni) decadono in nuclei più leggeri. Le **centrali nucleari** e le **bombe atomiche** producono energia tramite fissione nucleare.

RADIOATTIVITÀ

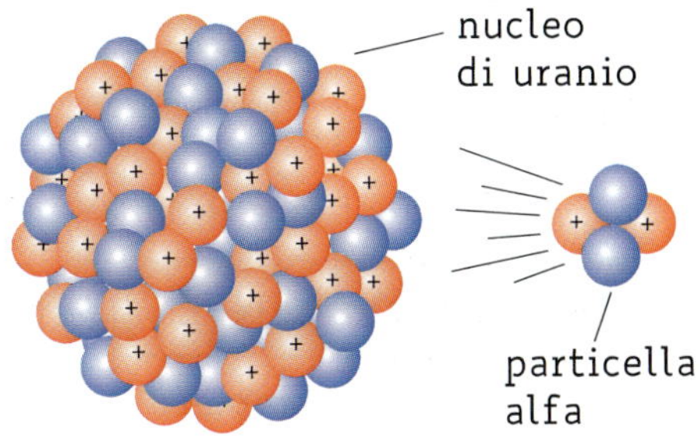

A seconda del numero di neutroni che li compongono, i nuclei possono essere **instabili** e trasformarsi in nuclei più leggeri o di altri isotopi dello stesso elemento, emettendo **radioattività**.

ELETTRONI E PROPRIETÀ CHIMICHE

Gli orbitali sono disposti in livelli energetici crescenti con la distanza dal nucleo

Le **proprietà chimiche** di un atomo dipendono dal numero di elettroni che si trovano nel livello energetico più esterno.

PRIMO LIVELLO ENERGETICO

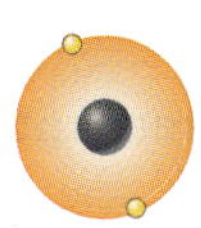

Può contenere al massimo 2 elettroni.

SECONDO LIVELLO ENERGETICO

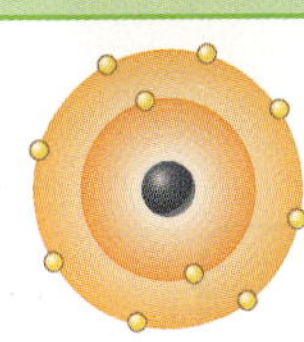

Può contenere al massimo 8 elettroni.

TERZO LIVELLO ENERGETICO

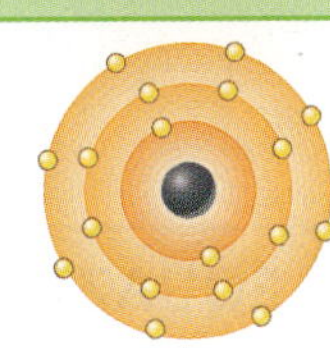

Può contenere al massimo 8 elettroni.

COMPLETAMENTO

Nella tavola periodica si "va a capo" ogni volta che un livello energetico è completo.

9 I COMPOSTI

ELETTRONI E LEGAMI

Gli atomi instaurano **legami** tra loro per raggiungere la stabilità completando gli orbitali più esterni.

IONI

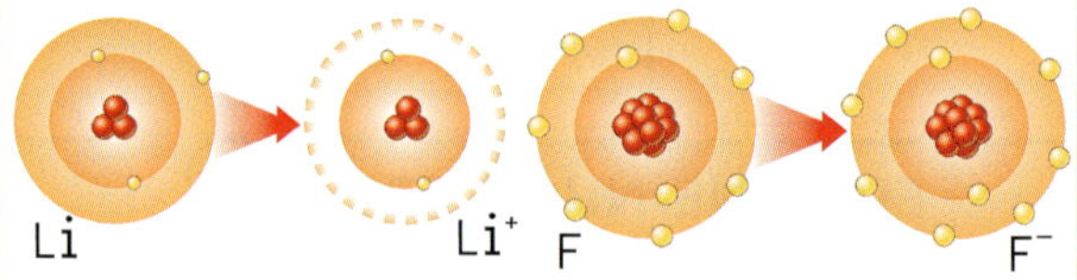

Un atomo può **acquistare** o **perdere** elettroni e diventare uno ione **positivo** o **negativo**.

LEGAME COVALENTE

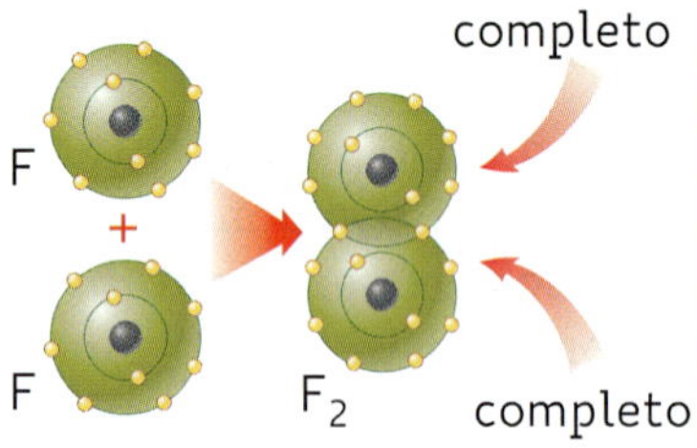

È un legame tra atomi che mettono in comune uno o più elettroni. Le particelle che si formano si chiamano **molecole**.

LEGAME METALLICO

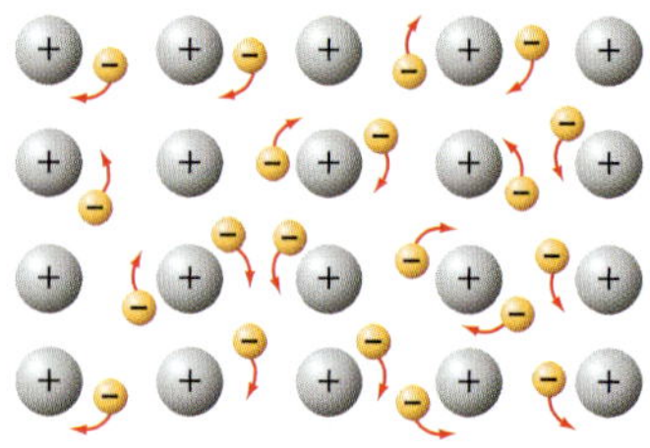

È dovuto all'attrazione elettrica tra gli ioni positivi di un **metallo**, disposti ordinatamente, e i loro elettroni che si muovono liberamente attorno a essi.

LEGAME IONICO

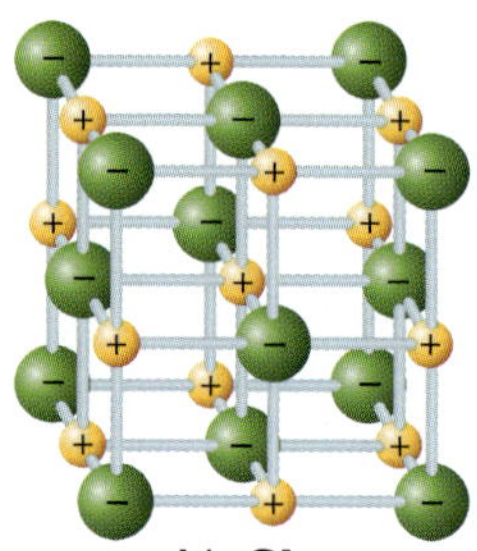

NaCl
cloruro di sodio

È un legame tra ioni di carica opposta che, tenuti insieme dall'attrazione elettrica, formano i **composti ionici** caratterizzati da una struttura cristallina regolare.

LE REAZIONI CHIMICHE

Le **reazioni chimiche** sono processi in cui le sostanze **reagenti si trasformano** in altre sostanze dette **prodotti**.

EQUAZIONI CHIMICHE

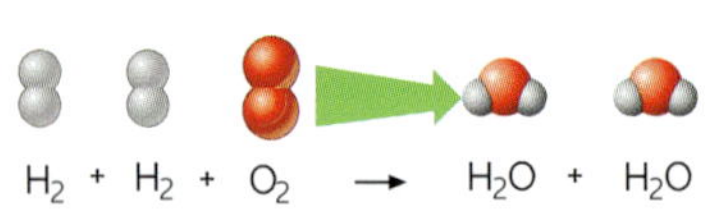

Nelle **reazioni chimiche** gli atomi non si creano né si distruggono, ma si riorganizzano in nuovi legami.

LEGGE DELLA CONSERVAZIONE DELLA MASSA

La **massa totale** dei reagenti è sempre uguale a quella dei prodotti.

LEGGE DELLE PROPORZIONI DEFINITE

Nelle reazioni chimiche le **proporzioni** tra le quantità di reagenti sono definite e costanti.

DAGLI OSSIDI AI SALI

Possiamo classificare le sostanze in base a come reagiscono con **ossigeno** o con **acqua**.

OSSIDAZIONI

Sono le reazioni chimiche che hanno l'**ossigeno** tra i reagenti. Le **combustioni** sono ossidazioni in cui viene liberata molta **energia** sotto forma di luce e calore.

OSSIDI BASICI

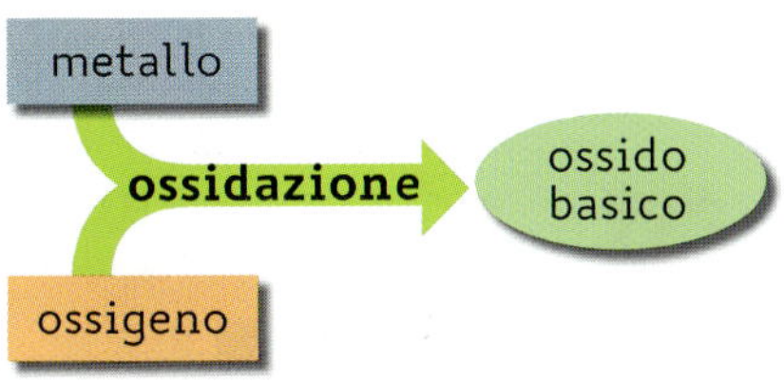

Sono il prodotto dell'ossidazione di un **metallo**. Per esempio:

$4Fe + 3O_2 \rightarrow 2Fe_2O_3$

OSSIDI ACIDI (O ANIDRIDI)

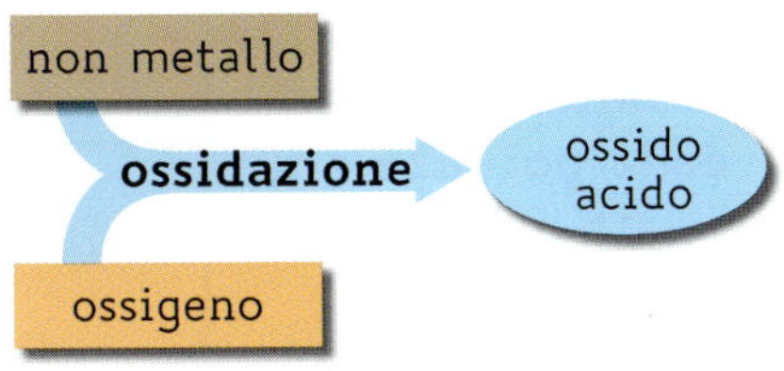

Sono il prodotto dell'ossidazione di un **non metallo**. Per esempio:

$S + O_2 \rightarrow SO_2$

In soluzione si combinano con le molecole d'acqua e danno:

IDROSSIDI (O BASI)

Composti da un **metallo** legato al gruppo OH, formato da **ossigeno** e **idrogeno**. Per esempio, l'idrossido di sodio con formula NaOH.

ACIDI

Composti formati da **idrogeno**, da un **non metallo** e (non sempre) da ossigeno. Per esempio, l'acido cloridrico (HCl) e l'acido solforico (H_2SO_4).

Si combinano tra loro e danno:

SALI

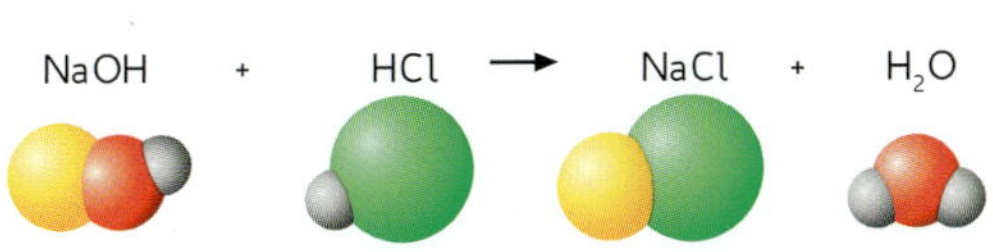

Per esempio, il cloruro di sodio.

IL CARBONIO

La **chimica organica** studia i composti organici alla base degli esseri viventi.

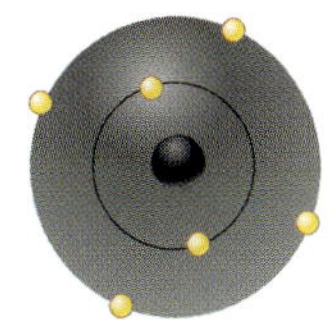

carbonio

COMPOSTI ORGANICI

Sono i composti del **carbonio**.

IDROCARBURI

metano

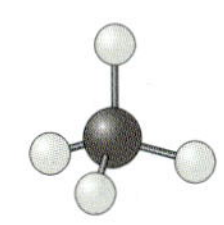

etano

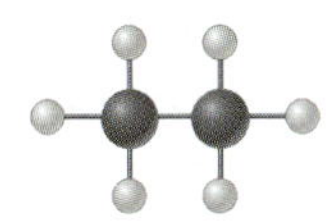

propano

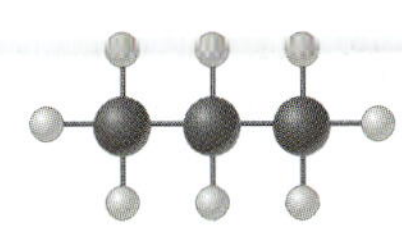

Sono composti costituiti da atomi di **carbonio** e di **idrogeno**:

- combustibili, per esempio il metano
- plastiche, per esempio il polietilene.

BIOMOLECOLE

Sono i composti organici alla **base della vita**:

- carboidrati
- lipidi
- amminoacidi e proteine
- DNA e RNA.

10 IL LAVORO E L'ENERGIA

IL LAVORO

Il **lavoro** compiuto da una forza F su un corpo è il prodotto dell'intensità della **forza** per lo **spostamento** s del corpo nella direzione della forza:
$\boldsymbol{L = F \times s}$

JOULE

L'unità di misura del **lavoro** è il joule e si indica con **J**:
1 J = 1 N × 1 m

ENERGIA

L'energia misura la capacità di **compiere lavoro**.

JOULE

L'unità di misura dell'**energia** è la stessa del lavoro, il joule (**J**):
1 J = 1 N × 1 m

POTENZA

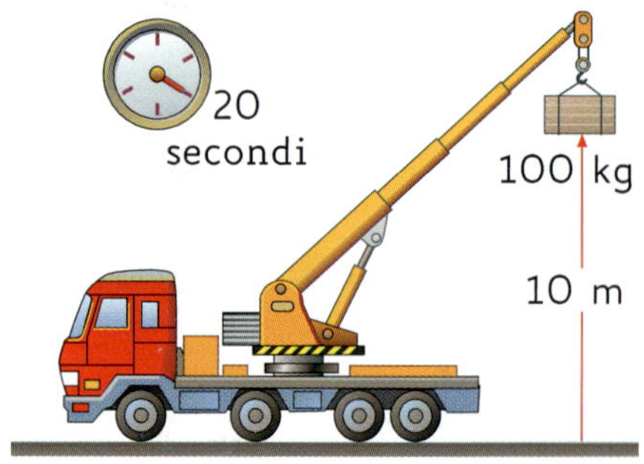

È il rapporto tra il **lavoro** compiuto e il **tempo** impiegato per compierlo:
$\boldsymbol{P = L : t}$

WATT

L'unità di misura della **potenza** è il watt e si indica con **W**:
1 W = 1 J : 1 s

L'ENERGIA MECCANICA

L'**energia meccanica** di un corpo è la somma della sua **energia potenziale** e della sua **energia cinetica**.

ENERGIA POTENZIALE GRAVITAZIONALE

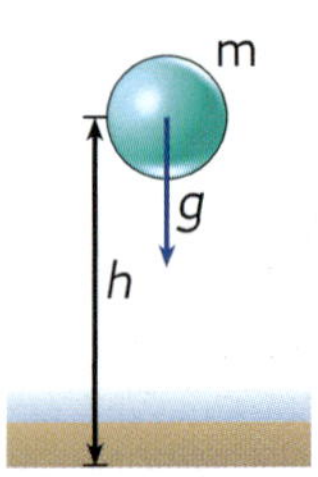

Dipende dalla **altezza** del corpo rispetto al suolo e dalla sua **massa**:
$E_g = m \times g \times h$

ENERGIA CINETICA

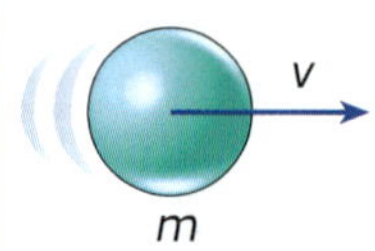

Dipende dalla **massa** del corpo e dalla sua **velocità**:
$E_c = \frac{1}{2} \times m \times v^2$

CONSERVAZIONE DELL'ENERGIA

L'energia gravitazionale può diventare energia cinetica, e viceversa, ma la loro somma in assenza di attrito si mantiene costante.

I PRINCIPI DELLA TERMODINAMICA

I **principi della termodinamica** sono le leggi che regolano le trasformazioni dell'**energia** nelle sue varie forme, compresa l'**energia termica**.

PRIMO PRINCIPIO (PRINCIPIO DI CONSERVAZIONE DELL'ENERGIA)

Nell'universo l'energia non si crea né si distrugge, ma si trasforma. L'energia totale dell'universo si **conserva**.

ENERGIA MECCANICA

FORZE DISSIPATIVE

Sono le forze che, come l'**attrito**, **dissipano** l'energia meccanica in **energia termica**.

ENERGIA TERMICA

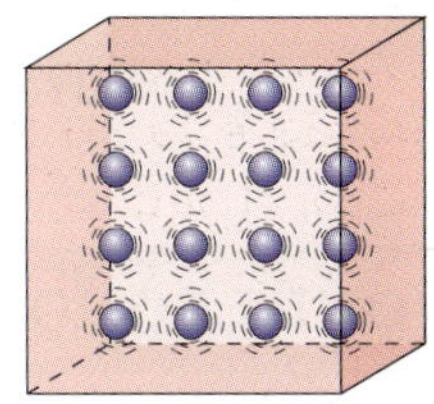

È l'energia cinetica totale di tutte le particelle che compongono un corpo. Dipende dalla sua **temperatura**.

MACCHINE TERMICHE

Sono dispositivi che, quando ricevono una certa quantità di **calore**, trasformano l'energia termica in energia meccanica, compiendo un **lavoro**.

SECONDO PRINCIPIO DELLA TERMODINAMICA

- Il calore non può fluire spontaneamente da un corpo a temperatura minore a un corpo a temperatura maggiore.
- Non è possibile costruire una **macchina termica** che trasformi in lavoro tutto il calore assorbito.

DEGRADAZIONE DELL'ENERGIA

L'energia utilizzabile nell'universo **diminuisce** nel tempo.

11 IL SUONO E LA LUCE

LE ONDE MECCANICHE

Le **onde meccaniche** sono oscillazioni che si propagano in un **mezzo elastico** e **trasportano energia** ma non materia.

CARATTERISTICHE

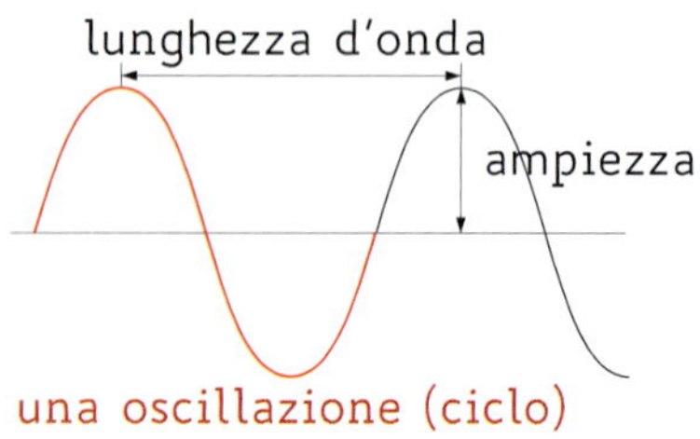

Le onde sono caratterizzate da ampiezza, lunghezza d'onda, frequenza, velocità.

Possono essere:

LONGITUDINALI

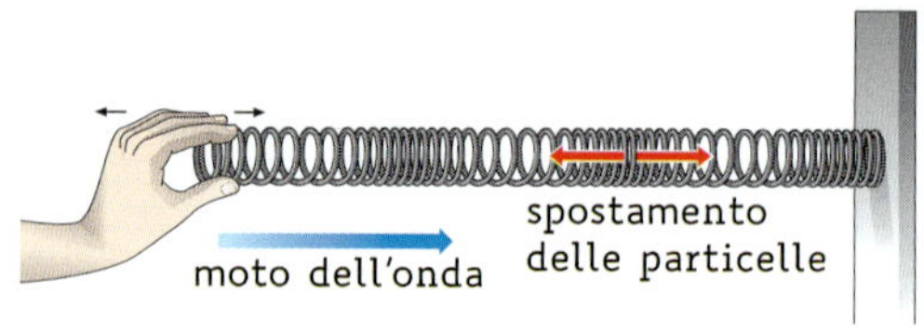

L'oscillazione è nella **stessa direzione** della propagazione.

TRASVERSALI

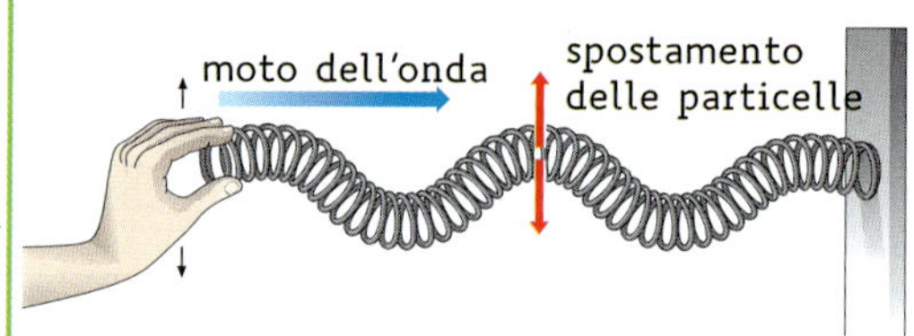

L'oscillazione è **perpendicolare** alla direzione di propagazione.

Tra cui:

ONDE SONORE (O ACUSTICHE)

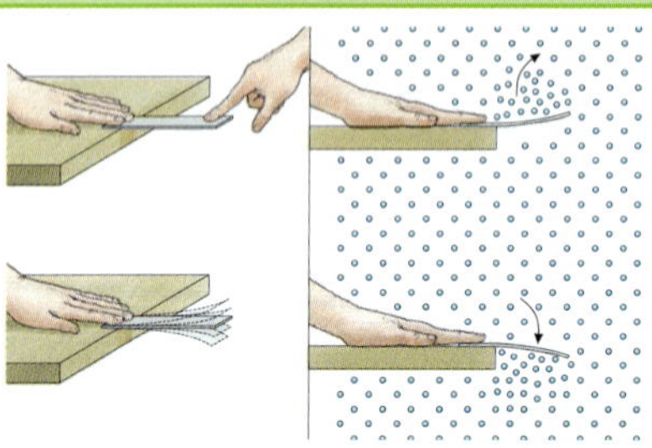

Onde meccaniche causate da un corpo che vibra in un mezzo (gas, liquido, solido) ma non nel vuoto e che sono percepite dall'orecchio come **suoni**.

Caratterizzate da:

ALTEZZA

Distingue i suoni in **acuti** o **gravi**. Dipende dalla **frequenza**, che si misura in **hertz** (**Hz**).

INTENSITÀ (O VOLUME)

Distingue i suoni **deboli** o **forti**. Dipende dall'**ampiezza** e si misura in **decibel** (dB).

TIMBRO

Distingue i suoni prodotti da sorgenti diverse. Dipende dalla **forma** dell'onda.

Fenomeni acustici

ECO E RIMBOMBO

Le onde sonore **si riflettono** contro un ostacolo e tornano indietro come suono ripetuto (**eco**) o sovrapposto (**rimbombo**).

RISONANZA

Un'onda sonora con una determinata frequenza mette in vibrazione un corpo con la stessa frequenza, producendo così un aumento dell'intensità sonora.

LA LUCE

La **luce** è formata da **onde elettromagnetiche**, ovvero da oscillazioni delle proprietà elettriche e magnetiche dello spazio. Può propagarsi anche nel vuoto.

PROPAGAZIONE

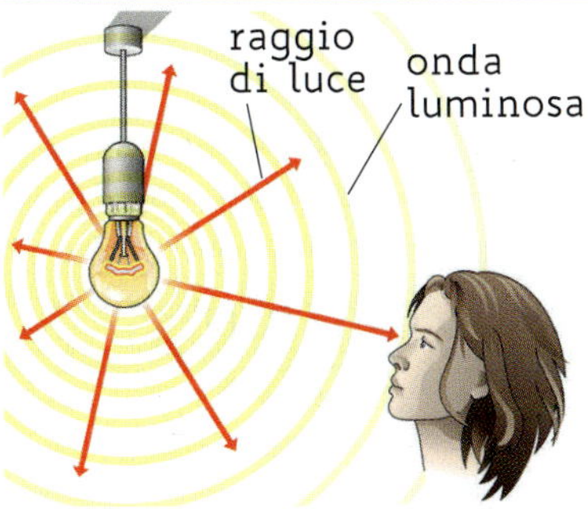

La luce si propaga lungo **raggi rettilinei**. Nel vuoto la sua velocità è di 300 000 km/s, la **massima velocità** raggiungibile nell'universo.

Fenomeni ottici

RIFLESSIONE

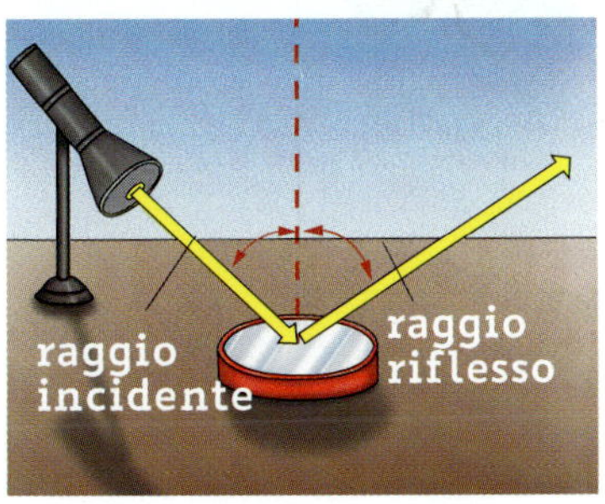

Il raggio di luce incontra una superficie molto liscia e cambia direzione secondo una legge precisa.

SPECCHIO

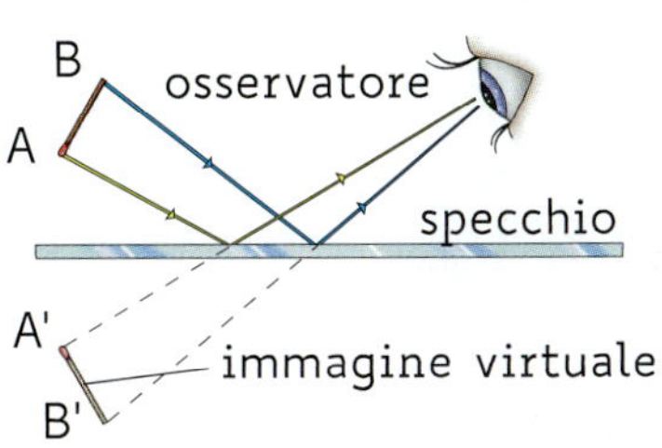

L'immagine riflessa da uno specchio è detta immagine virtuale.

RIFRAZIONE

Il raggio di luce cambia direzione quando passa da un mezzo trasparente a un altro, secondo una legge precisa.

LENTI

Sono dispositivi che sfruttano il fenomeno della rifrazione per **deviare** opportunamente i raggi di luce.

CONVERGENTI

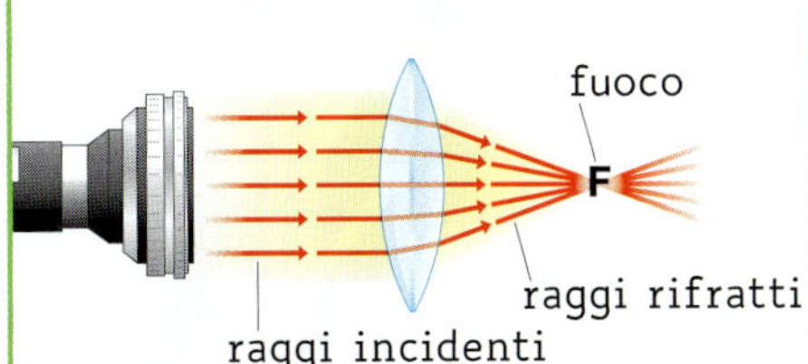

DIVERGENTI

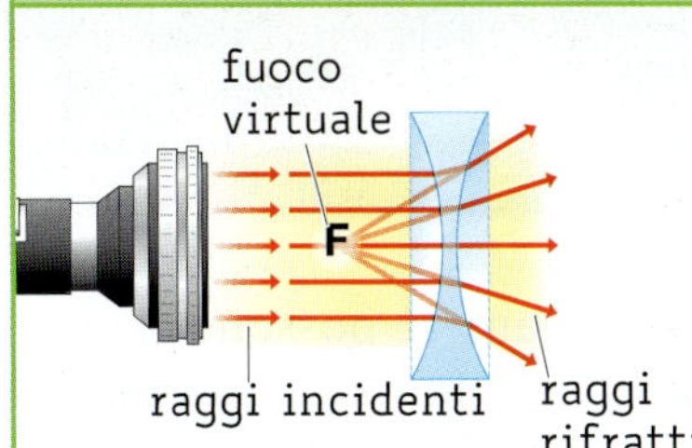

SPETTRO ELETTROMAGNETICO

È l'insieme delle **onde elettromagnetiche** di frequenza e lunghezza d'onda diversa. La luce visibile ne è solo una piccola parte.

COLORI

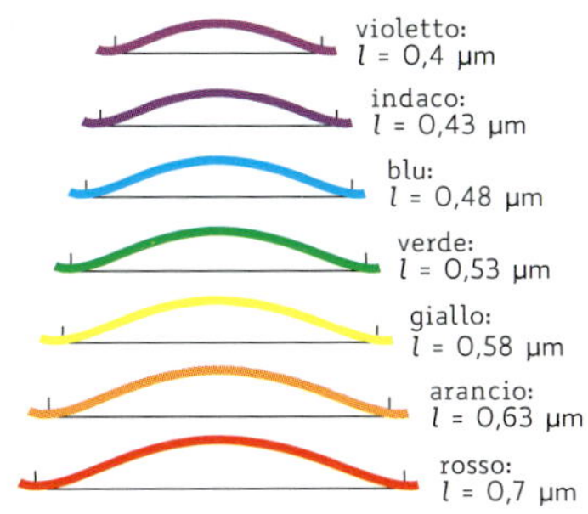

Corrispondono a onde luminose con lunghezza d'onda diversa.

PRISMA

Sfrutta la rifrazione per separare le componenti di diverso colore della luce bianca.

12 L'ELETTRICITÀ

CARICA ELETTRICA

Quando un corpo assume **carica elettrica** si dice **elettrizzato**.

REPULSIONE

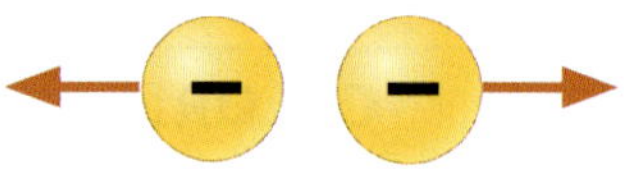

Quando due corpi hanno carica dello stesso segno si **respingono**.

ATTRAZIONE

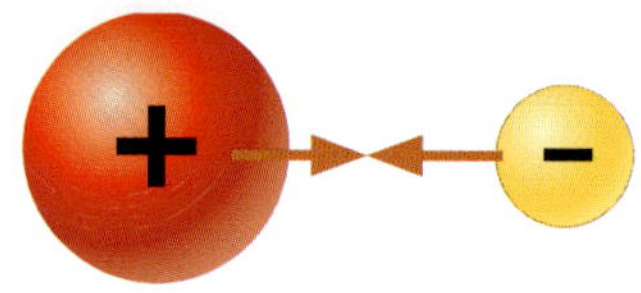

Quando due corpi hanno carica opposta si **attraggono**.

Un corpo si può elettrizzare per:

STROFINIO

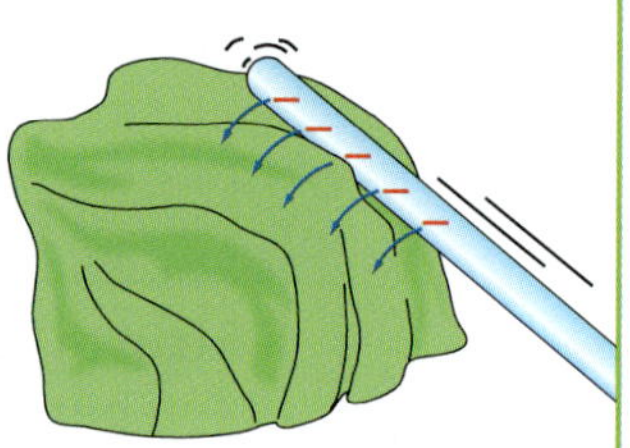

CONTATTO

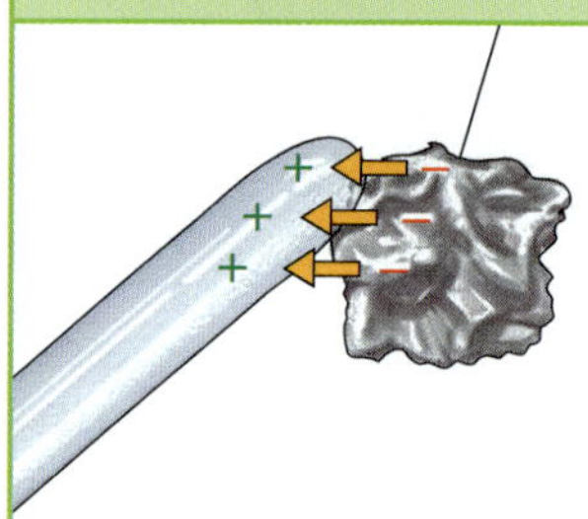

INDUZIONE

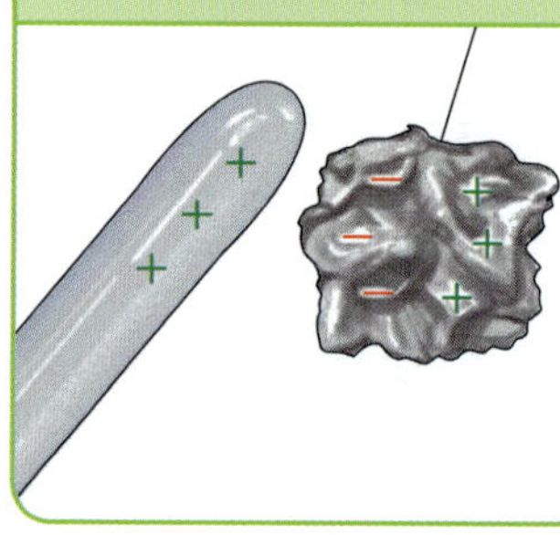

CONDUTTORI E ISOLANTI

Rispetto al movimento delle cariche, le sostanze si distinguono in **conduttori** e **isolanti**.

CONDUTTORI

Gli elettroni si possono muovere trasportando la carica da un punto all'altro. **Esempio**: metalli.

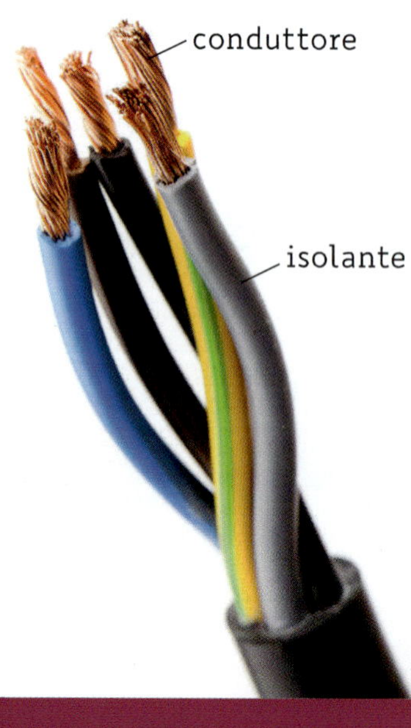

ISOLANTI

Gli elettroni non possono trasportare la carica da un punto a un altro. **Esempi**: plastica, porcellana, vetro, legno.

CORRENTE ELETTRICA

La **corrente elettrica** è un flusso di cariche elettriche all'interno di un conduttore.

È caratterizzata da:

TENSIONE

Causa del movimento delle cariche in un conduttore. Si misura in **volt** (V).

INTENSITÀ DI CORRENTE

Quantità di carica che passa in un conduttore in un secondo. Si misura in **ampere** (A).

RESISTENZA

Opposizione che un corpo offre al passaggio della corrente. Si misura in **ohm** (Ω).

PRIMA LEGGE DI OHM

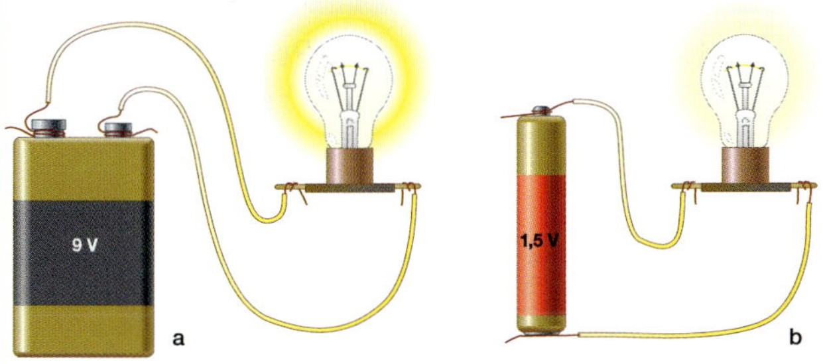

Afferma che la tensione applicata a un circuito è uguale al prodotto della resistenza del circuito per l'intensità della corrente: $V = R \times I$

SECONDA LEGGE DI OHM

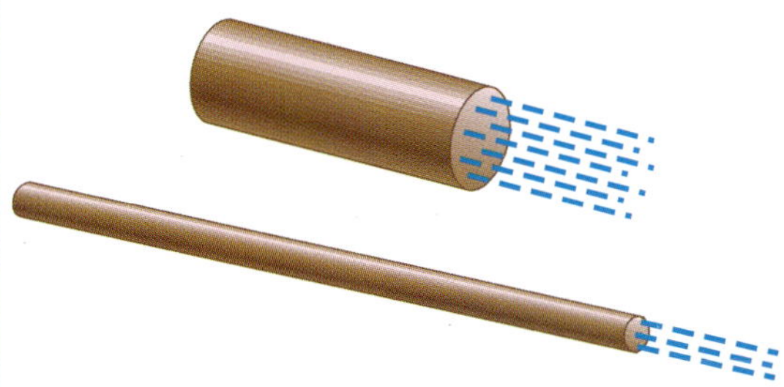

Afferma che la resistenza di un filo conduttore è direttamente proporzionale alla sua **lunghezza** e inversamente proporzionale all'area della sua **sezione**.

Produce alcuni effetti:

EFFETTO JOULE

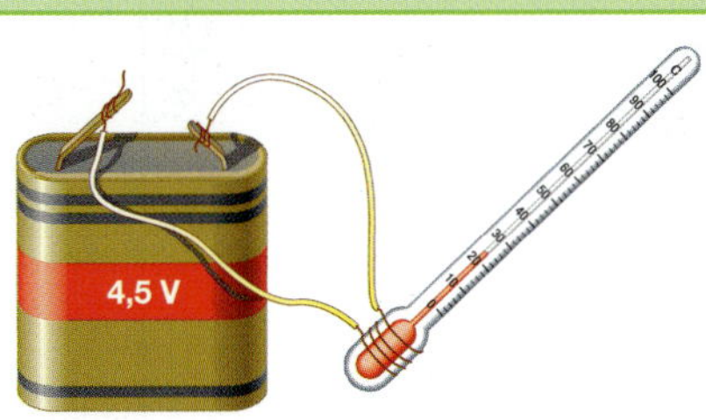

Quando la corrente elettrica percorre un conduttore **lo riscalda**.

ELETTROLISI

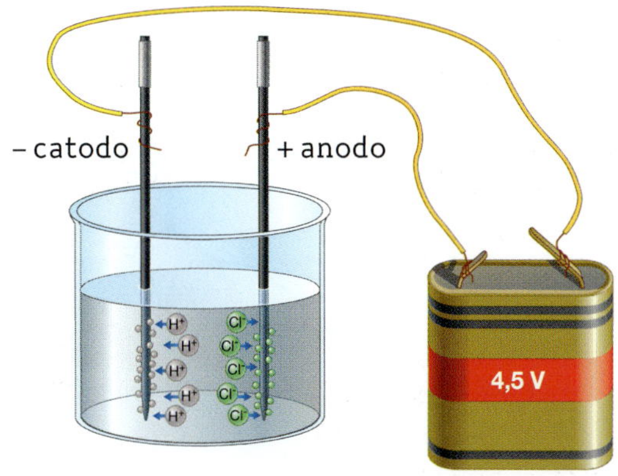

Effetto chimico in cui avviene la **scissione** di composti (acidi, sali o basi) disciolti in acqua nei loro **componenti**.

13 MAGNETISMO ED ELETTROMAGNETISMO

I MAGNETI

I **magneti** attirano i corpi di natura ferrosa, ma non esercitano alcuna azione nei confronti di tutte le altre sostanze.

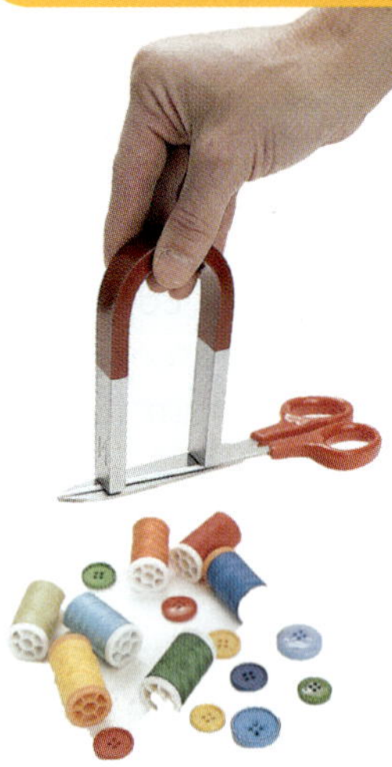

POLI MAGNETICI

Polo Sud Polo Nord

Sono le due **estremità** di un magnete dove è massima la forza magnetica.

FORZE TRA MAGNETI

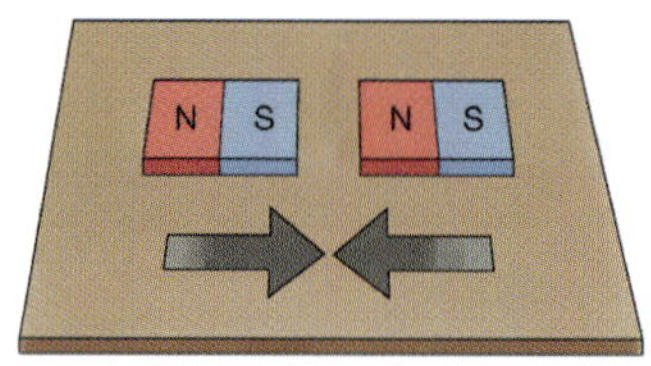

Poli **diversi** si attraggono.

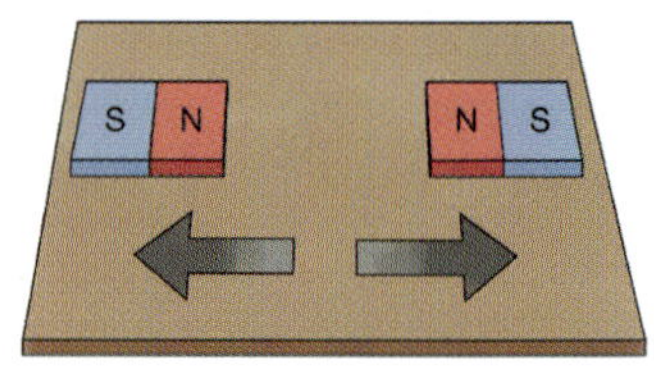

Poli **uguali** si respingono.

Si distinguono in:

MAGNETI NATURALI

Danno origine spontaneamente a fenomeni magnetici. Esempio: magnetite.

MAGNETI ARTIFICIALI

Acquistano proprietà magnetiche solo se vengono **magnetizzati**. Esempi: ferro, nichel, cobalto.

Si possono magnetizzare per:

STROFINIO

CONTATTO

INDUZIONE

MAGNETISMO TERRESTRE

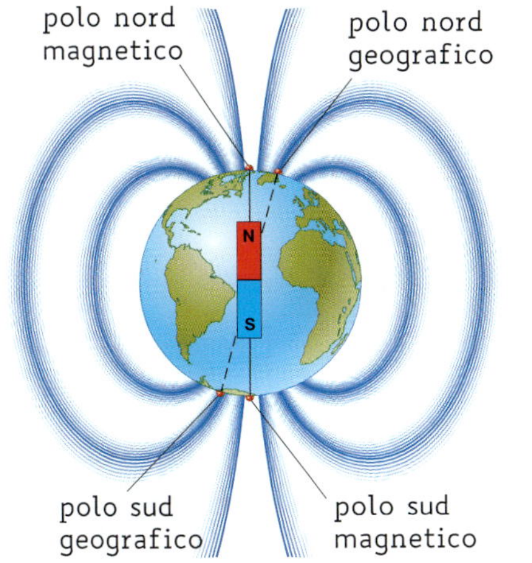

La **Terra** è un magnete.

BUSSOLA

Un **ago magnetizzato** si orienta in modo da indicare il nord e il sud di un magnete vicino o della Terra.

L'ELETTROMAGNETISMO

I **fenomeni elettrici** e **magnetici** sono tra loro collegati.

EFFETTO MAGNETICO DELLA CORRENTE

Il passaggio di corrente in un filo produce una **forza magnetica**.

INDUZIONE ELETTRICA

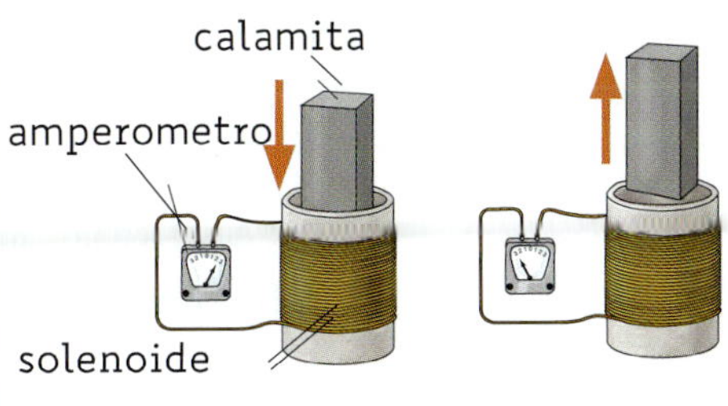

Il movimento reciproco di un magnete e un circuito produce una **corrente**.

ONDE ELETTROMAGNETICHE

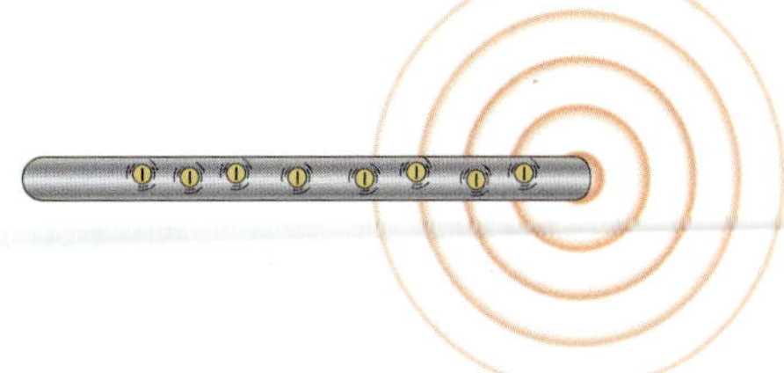

Una carica oscillante produce un'**oscillazione** delle proprietà elettriche e magnetiche che si propaga alla **velocità della luce**.

ELETTROCALAMITA

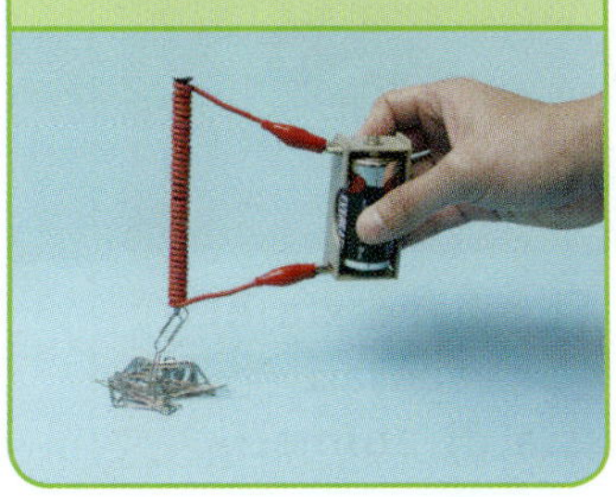

MOTORE ELETTRICO

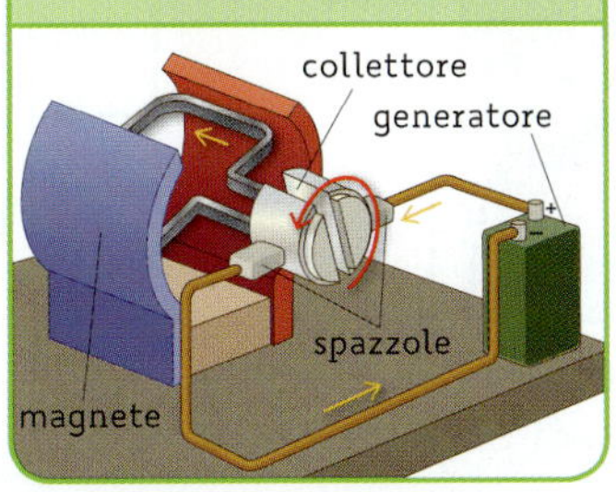

ALTERNATORE E DINAMO

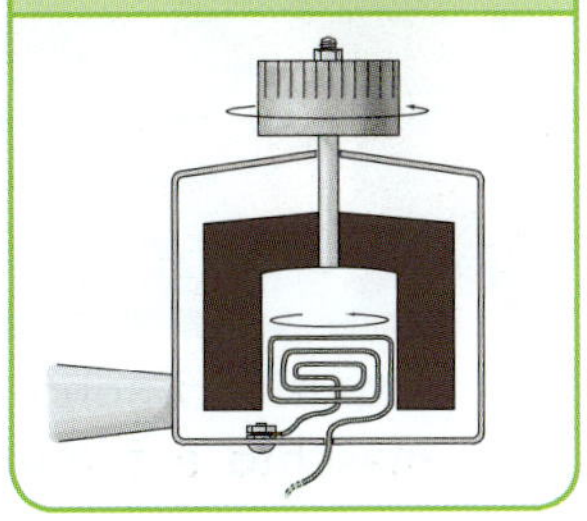

SPETTRO ELETTROMAGNETICO

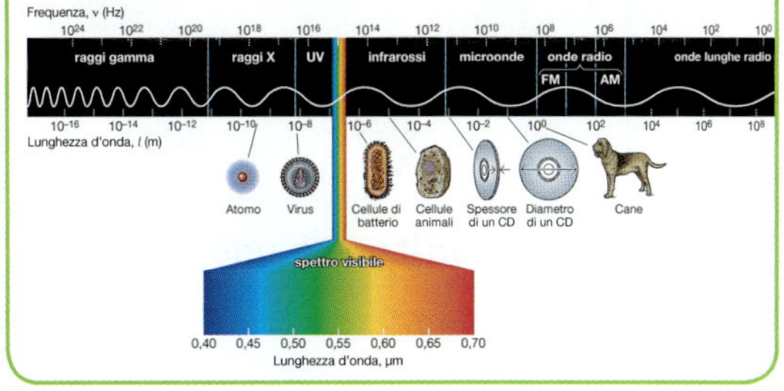

14 LE CARATTERISTICHE DELLA VITA

GLI ESSERI VIVENTI

In tutti gli **organismi**, cioè gli **esseri viventi**, sono presenti alcune caratteristiche:

REAZIONE AGLI STIMOLI

Producono risposte alle modificazioni dell'ambiente.

CICLO VITALE

Nascita, crescita e morte.

RIPRODUZIONE

Hanno la capacità di dare vita a organismi simili a loro stessi.

RIPRODUZIONE ASESSUATA

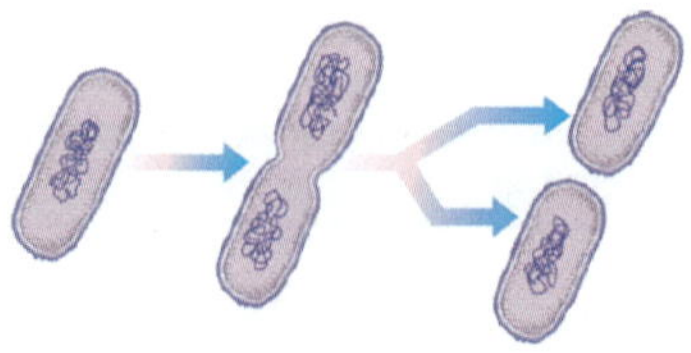

Il genitore è uno solo.

RIPRODUZIONE SESSUATA

I genitori sono due: maschio e femmina.

NUTRIZIONE

Assumono sostanze che utilizzano per:
- crescere
- produrre energia.

Si distinguono in:

ORGANISMI AUTOTROFI

Costruiscono da soli il proprio nutrimento.

ORGANISMI ETEROTROFI

Ottengono il nutrimento da altri esseri viventi.

FUNGHI

Assorbono sostanze complesse prodotte da altri organismi.

ANIMALI CARNIVORI

Si cibano di altri animali.

ANIMALI ERBIVORI

Si cibano di vegetali.

ANIMALI ONNIVORI

Si cibano sia di vegetali sia di animali.

DALLA CELLULA ALL'ORGANISMO

La **cellula** è la più piccola parte di un essere vivente che conserva le caratteristiche fondamentali della vita.

CELLULA PROCARIOTE

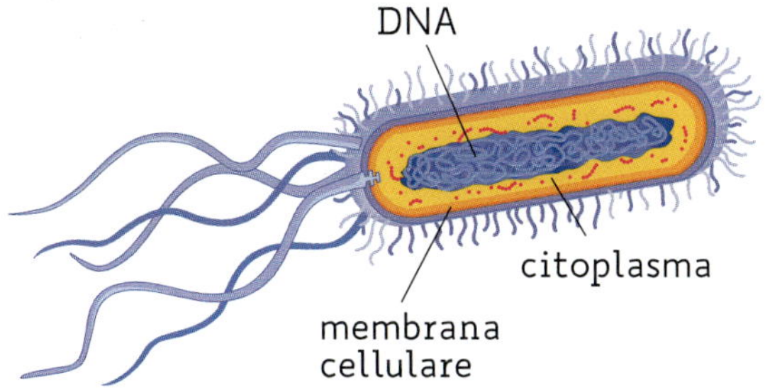

La cellula più semplice, tipica dei batteri, è priva di nucleo e il materiale ereditario è sparso nel citoplasma.

CELLULA EUCARIOTE

La cellula più complessa, composta da:
- membrana cellulare;
- citoplasma, organuli;
- nucleo con materiale genetico.

CELLULA VEGETALE

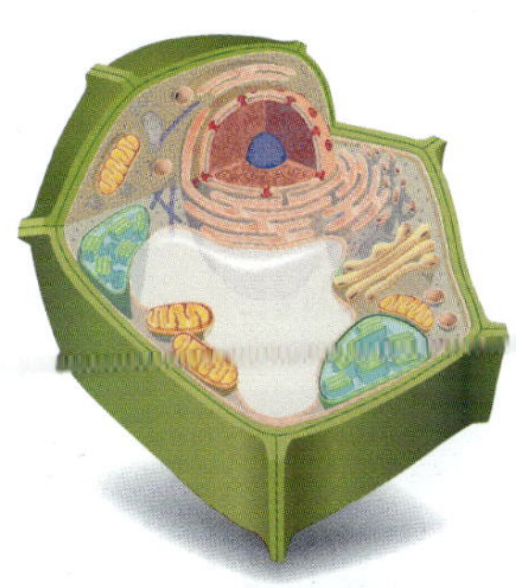

CELLULA ANIMALE

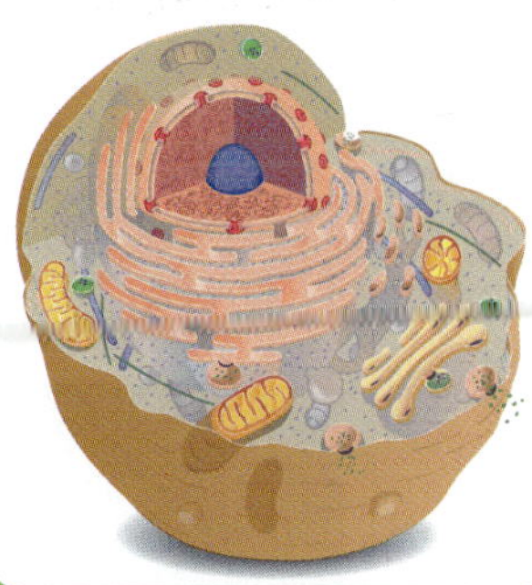

Può appartenere a:

ORGANISMI UNICELLULARI

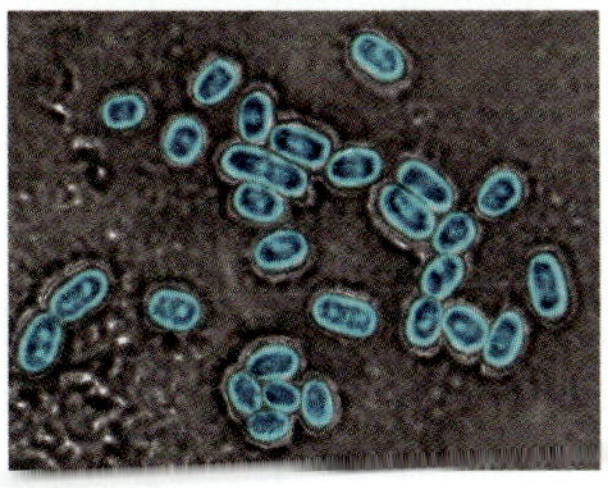

Formati da una sola cellula.

ORGANISMI PLURICELLULARI

Formati da miliardi di cellule specializzate.

Negli **individui pluricellulari** le cellule non vivono autonomamente.

SPECIALIZZAZIONE DELLE CELLULE

15 LA CLASSIFICAZIONE DEI VIVENTI

LA SISTEMATICA

La **sistematica** si occupa di classificare e raggruppare tutti gli esseri viventi in categorie.

LINNEO

La classificazione di **Linneo** considera non l'aspetto esteriore ma le **strutture interne** e il grado di complessità.

TEORIA DELL'EVOLUZIONE

Secondo **Darwin** le specie **cambiano nel tempo** e gli organismi nuovi derivano dalla modificazione di organismi vissuti in precedenza, loro antenati.

CATEGORIE SISTEMATICHE

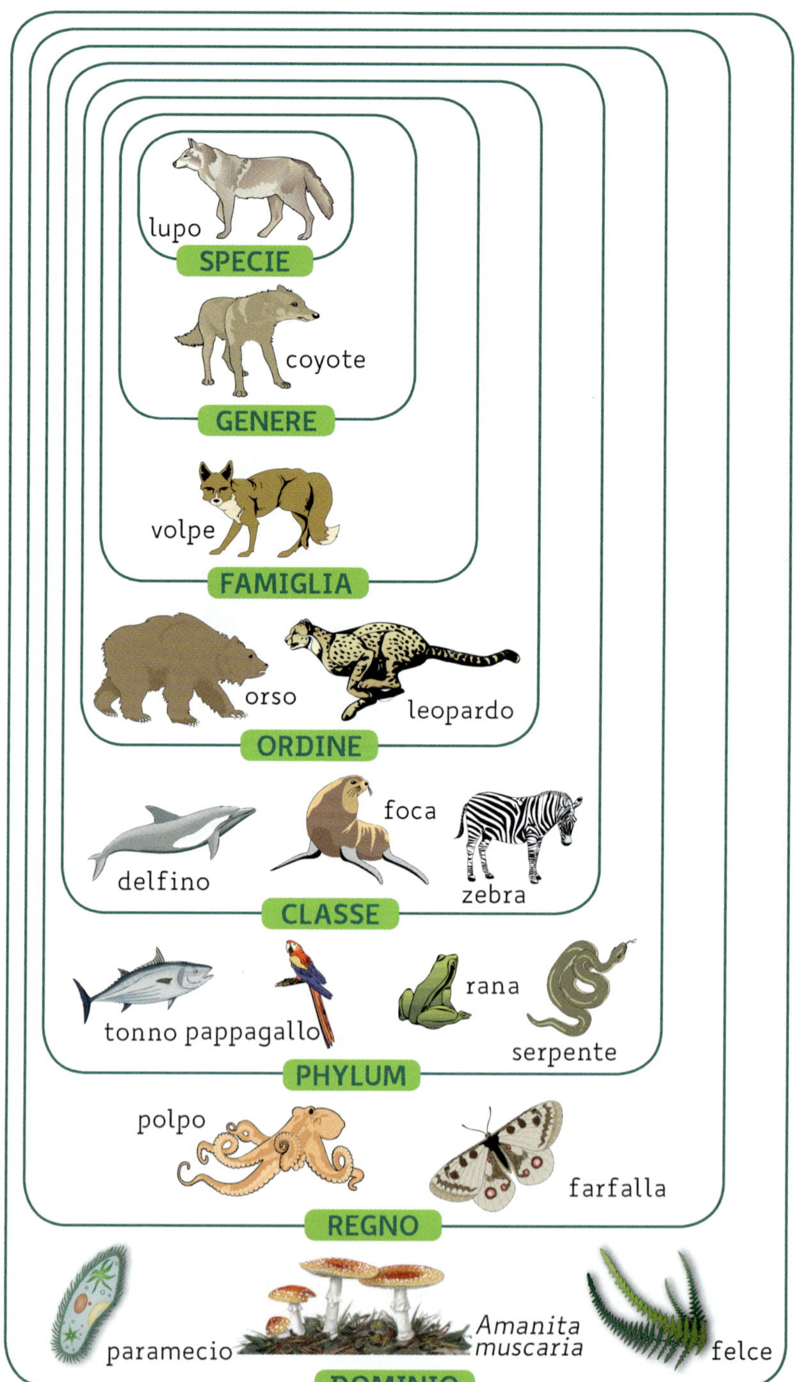

SPECIE

È l'insieme di tutti gli organismi con **caratteristiche simili** che, accoppiandosi, generano **figli fertili**, cioè a loro volta capaci di riprodursi.

NOMENCLATURA BINOMIA

Specie: *Mus musculus*
Genere: *Mus*
Famiglia: muridi
Ordine: roditori
Classe: mammiferi
Phylum: cordati
Regno: animale
Dominio: eucarioti

DOMINIO EUCARIOTI

Regno Piante
Organismi **pluricellulari autotrofi**, in grado di produrre i nutrienti attraverso la fotosintesi.

Regno Funghi
Organismi **eterotrofi**, per la maggior parte **pluricellulari**. Hanno una parete cellulare come i vegetali, ma non sono fotosintetici e si nutrono assorbendo le sostanze nutritive complesse da altri organismi.

Regno Animali
Organismi **pluricellulari eterotrofi**, che assumono sostanze nutritive dall'esterno, cibandosi di altri organismi.

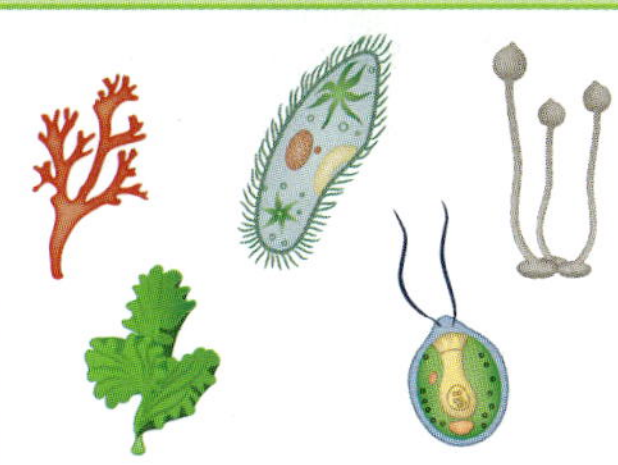

Protisti (diversi regni)
Organismi per la maggior parte **unicellulari**, ma esistono anche alcune forme pluricellulari. Possono essere **autotrofi** o **eterotrofi**.

DOMINIO BATTERI

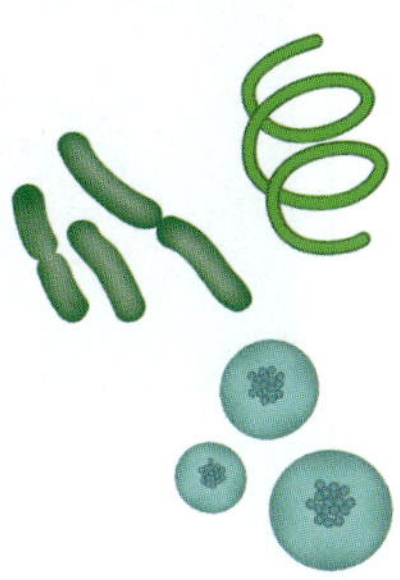

Regno Batteri
Organismi **unicellulari** di varie forme e dimensioni. Possono essere **autotrofi** o **eterotrofi**.

DOMINIO ARCHEBATTERI

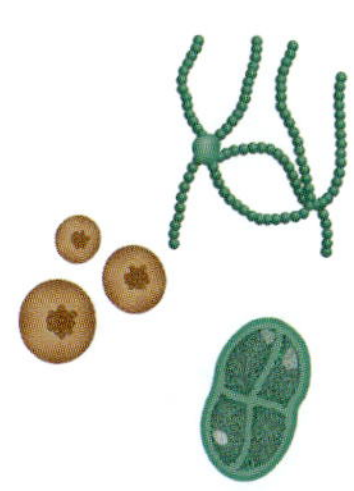

Regno Archebatteri
Organismi **unicellulari** alcuni dei quali sono in grado di vivere in condizioni estreme (altissime temperature, assenza di ossigeno o concentrazioni di sale elevate). Hanno una composizione e un metabolismo molto diverso dai batteri.

16 PROCARIOTI, PROTISTI E FUNGHI

I PROCARIOTI

I **procarioti** sono organismi **unicellulari**, formati da un'unica cellula procariote dalla struttura molto semplice.

Si dividono in:

ARCHEBATTERI

Sono i più antichi; molti di essi vivono in **ambienti estremi.**

BATTERI

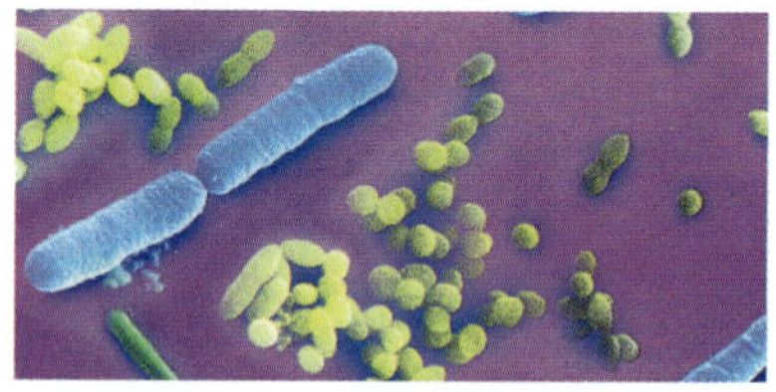

Possono essere **autotrofi** o **eterotrofi**, **aerobi** o **anaerobi.** Vivono liberi, in colonie o in relazione con altri organismi. Possono essere **agenti patogeni** e causare malattie.

In base alla **forma**, si classificano in:

BACILLI

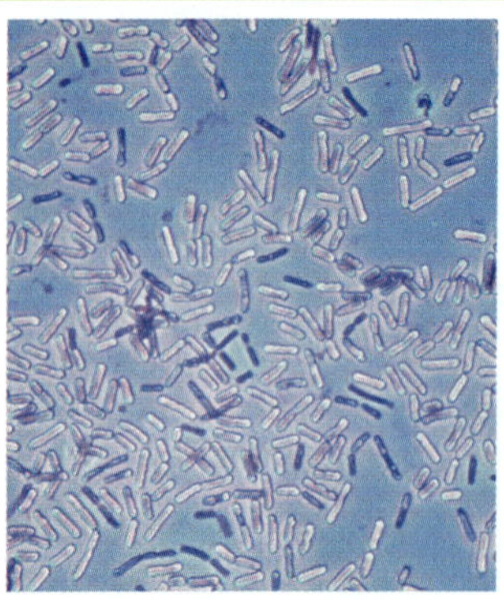

A forma di **bastoncino.**

SPIRILLI E SPIROCHETE

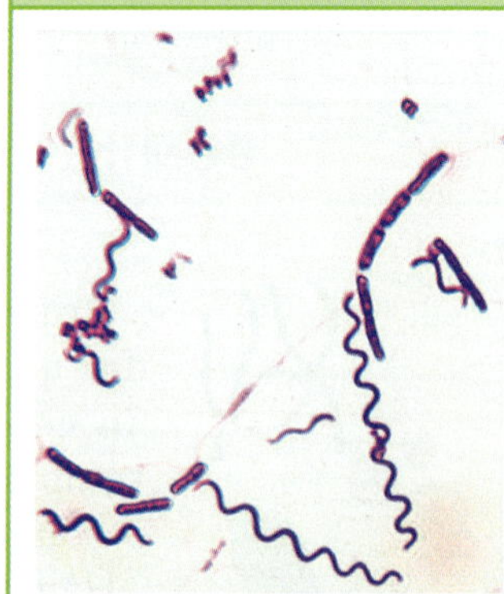

A forma di **spirale.**

VIBRIONI

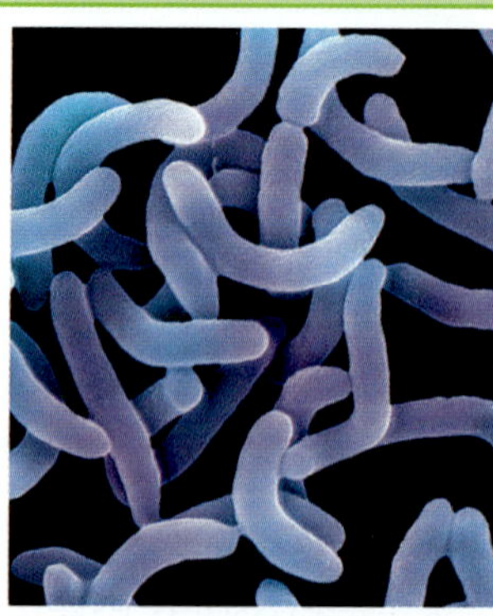

A forma di **virgola.**

COCCHI

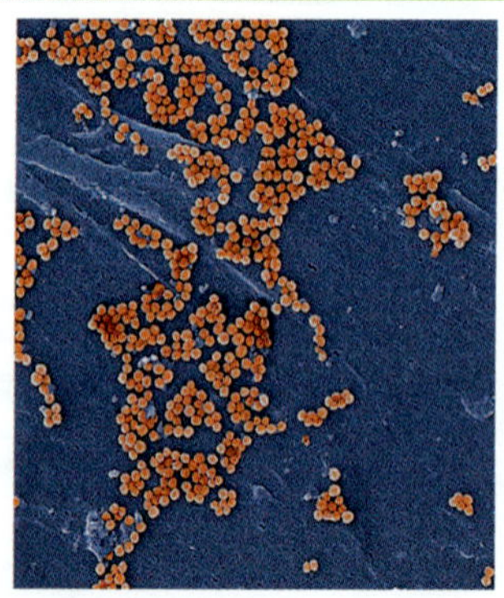

A forma **sferica.**

I PROTISTI

I **protisti** sono organismi **eucarioti**. Sono quasi tutti **unicellulari** ma esistono anche forme **pluricellulari**.

A seconda di come si **nutrono** si dividono in:

PROTISTI ETEROTROFI

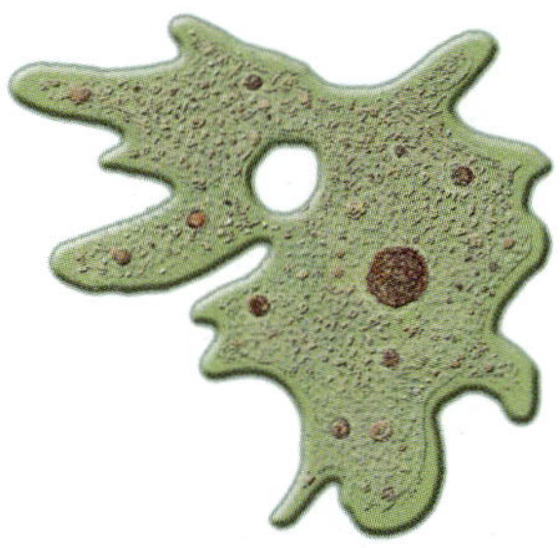

Protozoi

Muffe mucillaginose

PROTISTI AUTOTROFI

Alghe unicellulari

Alghe pluricellulari

I FUNGHI

I **funghi** sono organismi **eucarioti**, **eterotrofi**, **unicellulari** o **pluricellulari**. Come le piante, **sono incapaci di muoversi** e hanno cellule rivestite da una **parete rigida**.

In base alla **struttura** si dividono in:

CHITRIDIOMICETI

I funghi più semplici e antichi.

ZIGOMICETI

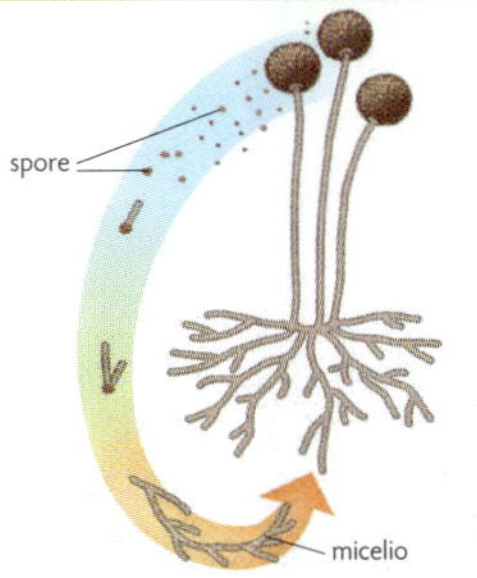

ASCOMICETI

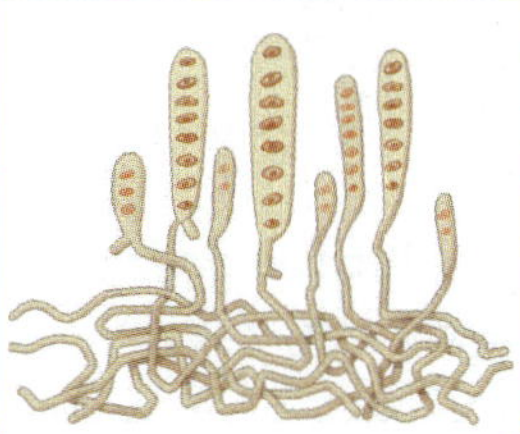

BASIDIOMICETI

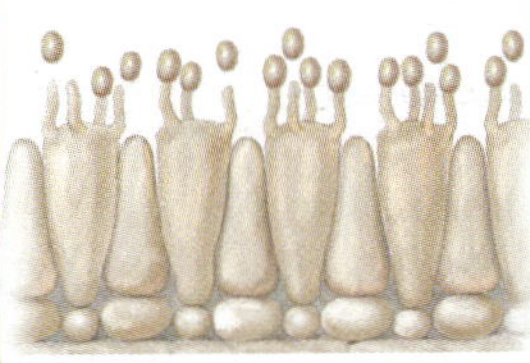

Ricavano nutrimento per **assorbimento**. Si distinguono in:

PARASSITI

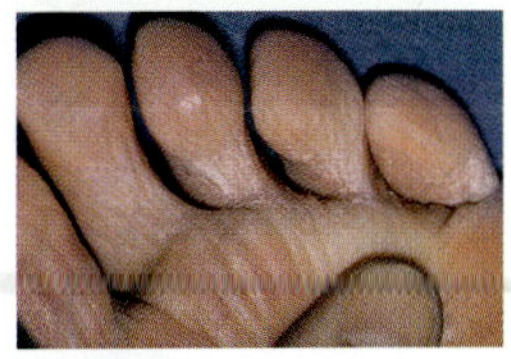

SAPROFITI

SIMBIONTI

17 LE PIANTE

COME SONO FATTE

Le **piante** sono organismi pluricellulari autotrofi, che si nutrono mediante la fotosintesi.
Possono vivere sulla terraferma grazie a **organi specializzati**.

FOGLIA

È l'organo in cui principalmente avvengono la fotosintesi e gli scambi gassosi.

FOTOSINTESI

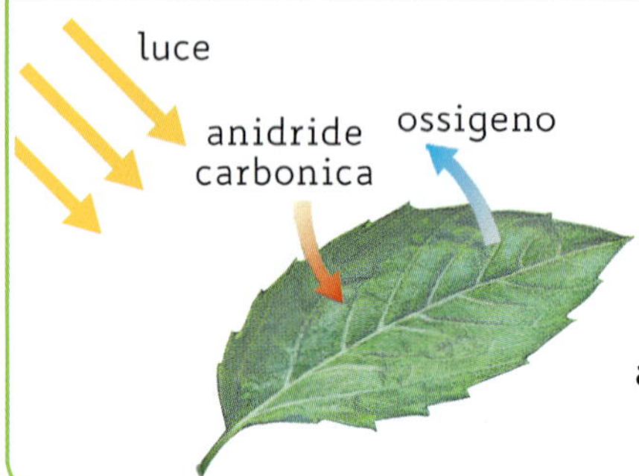

Le piante producono **glucosio** utilizzando **luce**, **anidride carbonica** e **acqua**, e liberando **ossigeno**.

RESPIRAZIONE

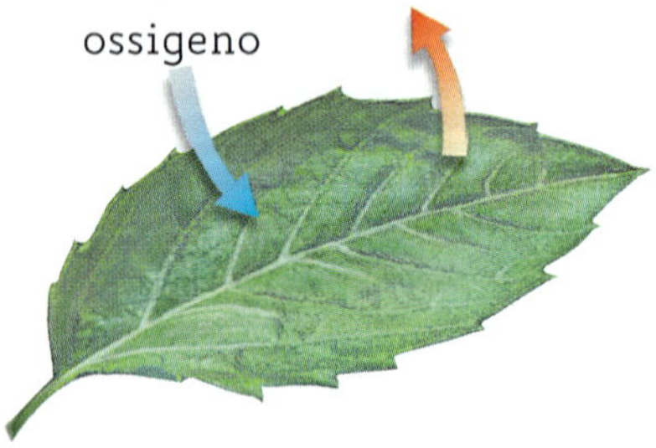

Le piante bruciano **glucosio** utilizzando **ossigeno** e producendo **anidride carbonica** e **acqua**.

TRASPIRAZIONE

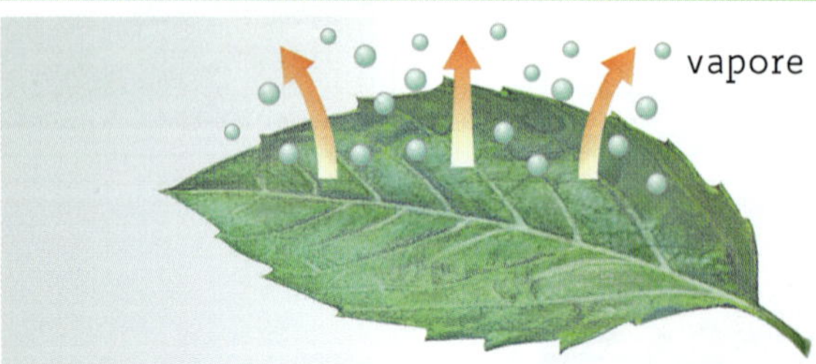

Le piante liberano acqua sotto forma di **vapore acqueo**.

RADICE

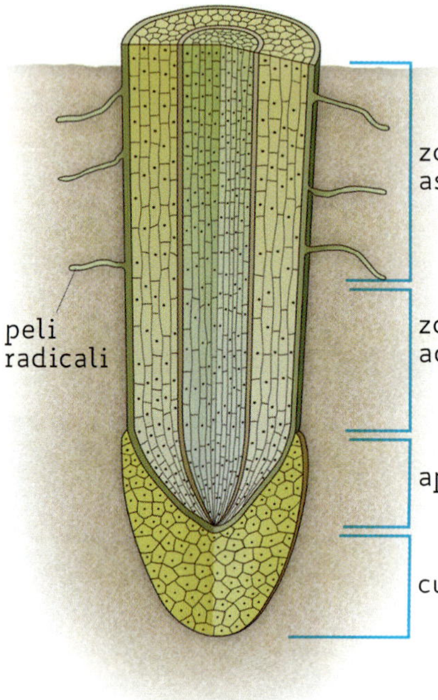

Svolge funzioni fondamentali:
- assorbe dal terreno acqua e sali minerali;
- àncora al suolo la pianta;
- immagazzina sostanze nutritive.

FUSTO

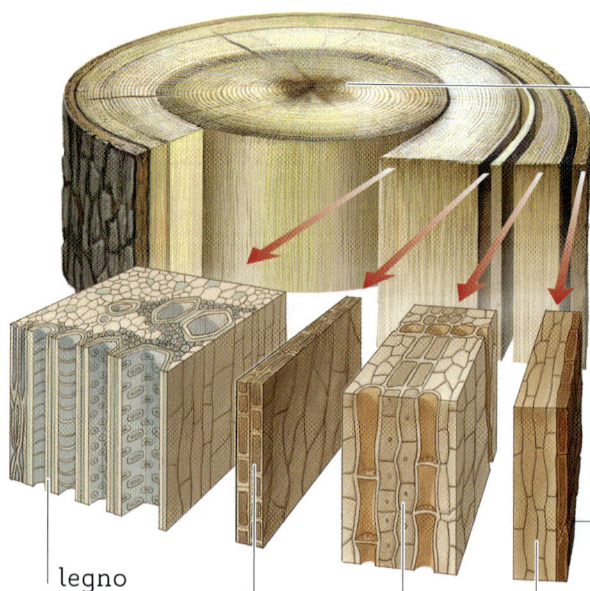

Vi si trovano i vasi in cui scorre la **linfa**: **grezza**, dalle radici verso le foglie; **elaborata**, nella direzione opposta.

COME VENGONO CLASSIFICATE

Regno delle piante

Con un sistema di trasporto

BRIOFITE

Piante prive di un **sistema di trasporto**.
Eempio: muschio.

PTERIDOFITE

Si riproducono mediante **spore**.
Esempio: felce.

SPERMATOFITE

Si riproducono mediante **semi**.

GIMNOSPERME

Con **semi nudi**.
Esempio: conifera.

ANGIOSPERME

Con **fiori e frutti**.
Esempio: pesco.

LA RIPRODUZIONE NELLE SPERMATOFITE

Le **piante con semi** possono riprodursi in due modi:

ASESSUATA O VEGETATIVA

Una parte della pianta genera un nuovo individuo.

SESSUATA

Affidata all'**impollinazione** grazie a cui i gameti maschili raggiungono quelli femminili.

18 GLI ANIMALI INVERTEBRATI

PORIFERI

Forma irregolare, priva di simmetria.
Cellule specializzate.

SPUGNE

CNIDARI

Simmetria raggiata.
Compaiono tessuti specializzati.

FORME A POLIPO

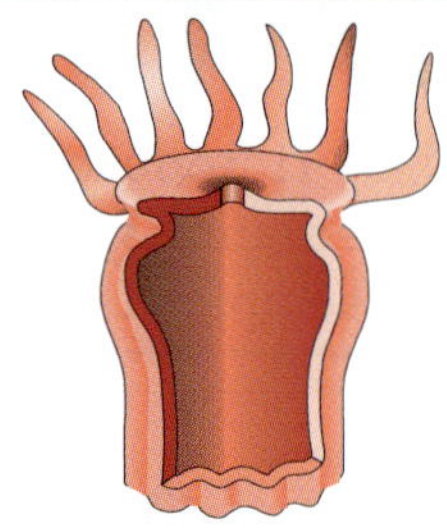

FORME A MEDUSA

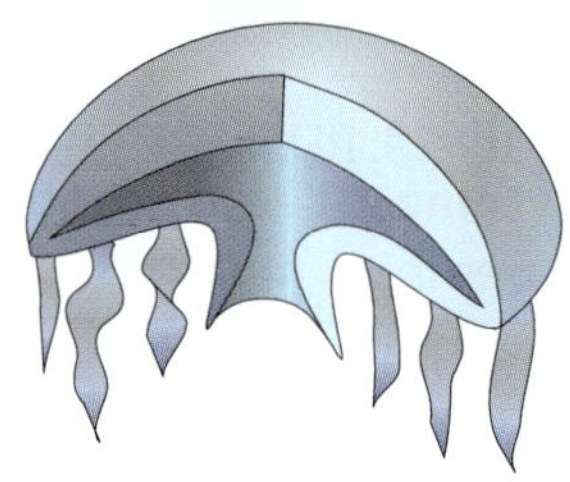

PLATELMINTI

Simmetria bilaterale.
Compaiono un capo e dei veri e propri organi.

VERMI PIATTI

NEMATODI

Apparato digerente con due aperture.

VERMI CILINDRICI

ANELLIDI

Corpo segmentato in metàmeri.
Apparato circolatorio chiuso.

VERMI AD ANELLI

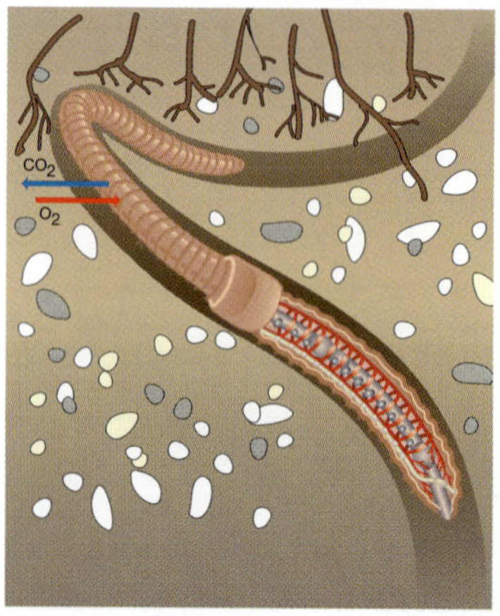

ECHINODERMI

Simmetria raggiata e dermascheletro.

STELLA MARINA

RICCIO DI MARE

MOLLUSCHI

Corpo molle a volte con conchiglia.

GASTEROPODI

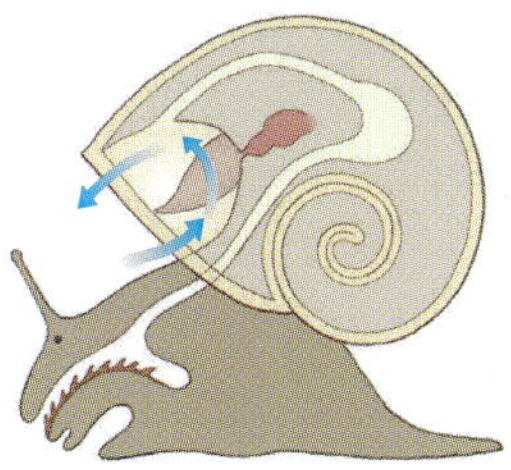

BIVALVI

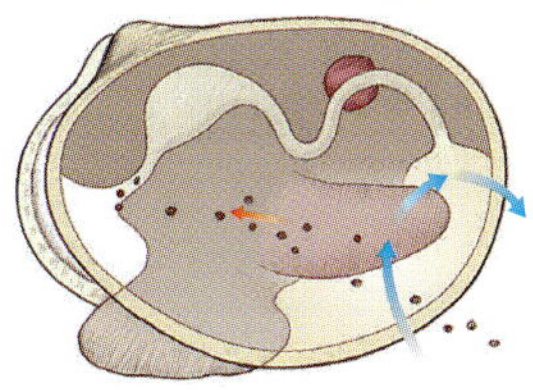

CEFALOPODI

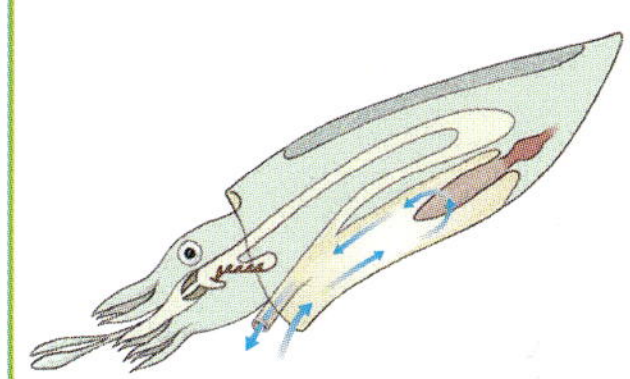

ARTROPODI

Zampe articolate; ali in molte classi.
Esoscheletro; organi di senso elaborati.

CROSTACEI

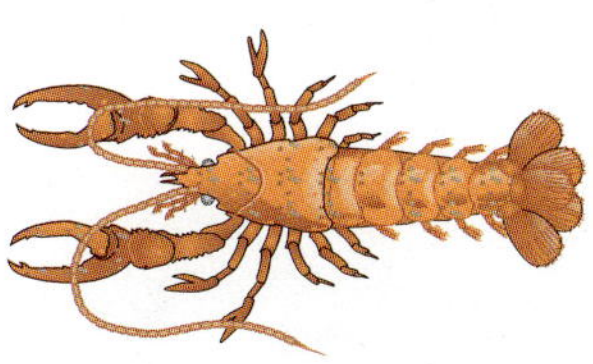

ARACNIDI

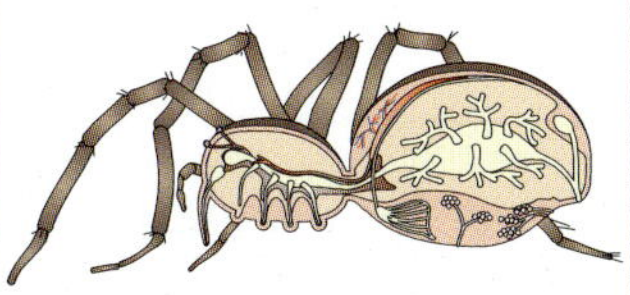

INSETTI

MIRIAPODI

19 PESCI, ANFIBI E RETTILI

CORDATI

I **cordati** possiedono, almeno in una fase della loro vita, la **corda dorsale**.

UROCORDATI

La corda dorsale è presente negli stadi larvali e solo nella coda.

CEFALOCORDATI

La corda dorsale si estende lungo tutto il corpo.

VERTEBRATI

La corda dorsale è sostituita dalla **colonna vertebrale** nell'adulto.

Possono essere:

ETEROTERMI

La loro temperatura corporea varia con la temperatura ambientale.

- **Pesci**
- **Anfibi**
- **Rettili**

OMEOTERMI

La loro temperatura corporea resta costante.

- **Uccelli**
- **Mammiferi**

PESCI

I **pesci** sono vertebrati acquatici.

RESPIRAZIONE

Respirano attraverso le **branchie**.

CIRCOLAZIONE

La circolazione è **semplice** e **completa**.

Si suddividono in:

PESCI CARTILAGINEI

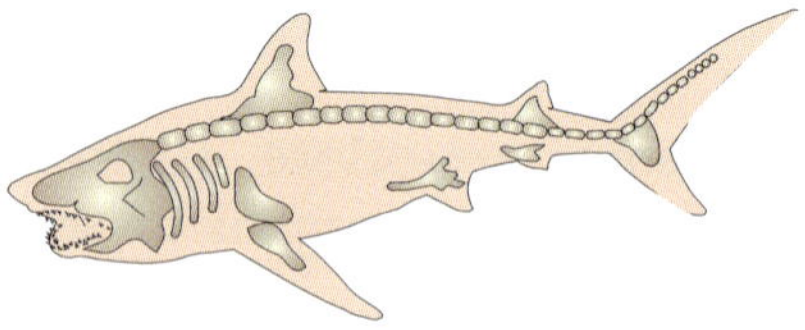

PESCI OSSEI

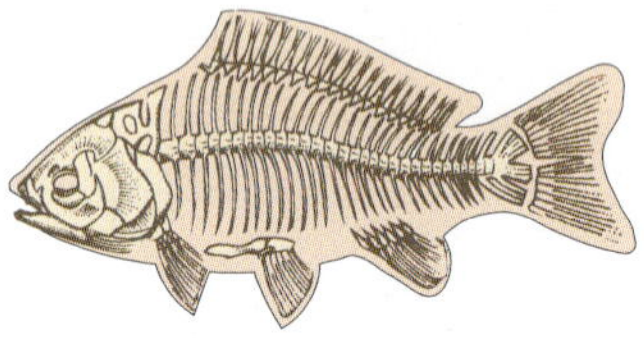

ANFIBI

Gli **anfibi** sono animali dalla "doppia vita".

ALLO STADIO LARVALE

- Vivono solo in **acqua**.
- Sono simili ai pesci.
- Respirano con le **branchie**.

ALLO STADIO ADULTO

- Respirano con i **polmoni** e la **pelle**.
- La circolazione è **doppia** e **incompleta**.

Sono classificati in tre ordini:

ANURI

Hanno il corpo **privo di coda**.

URODELI

Hanno il corpo allungato, **quattro arti** e la **coda**.

APODI

Sono **privi di zampe**.

RETTILI

I **rettili** sono i primi vertebrati adattati a vivere sulla terraferma.

CARATTERISTICHE

- Le loro uova sono protette dal **guscio**.
- La circolazione è **doppia** e **incompleta**.
- La pelle è rivestita da **squame** cornee.
- Respirano con i **polmoni**.

Sono classificati in tre ordini:

CHELONI

Hanno il corpo protetto da un **carapace**; comprendono tartarughe e testuggini.

SQUAMATI

Comprendono i **sauri**, come le lucertole, e gli **ofidi**, come i serpenti.

LORICATI

Hanno robuste **piastre cornee** sul corpo; comprendono coccodrilli e alligatori.

20 UCCELLI E MAMMIFERI

UCCELLI

Gli **uccelli** sono vertebrati adattati al **volo**.

CARATTERISTICHE GENERALI

- Omeotermia
- Polmoni
- Circolazione doppia e completa
- Rivestimento di penne e piume
- Becco, ingluvie, ventriglio
- Ovipari; fecondazione interna; cure parentali

CLASSIFICAZIONE

- Passeriformi
- Galliformi
- Columbiformi
- Rapaci
- Anseriformi
- Apodiformi

CARATTERISTICHE PER VOLARE

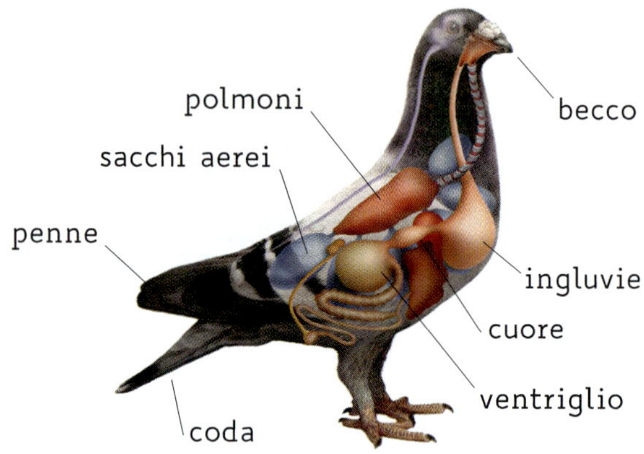

- Ali e coda con penne
- Forti muscoli pettorali e sterno carenato
- Respirazione e circolazione efficienti
- Sacchi aerei
- Ossa cave piene d'aria

MAMMIFERI

I **mammiferi** sono vertebrati che **allattano** i loro piccoli.

CARATTERISTICHE GENERALI

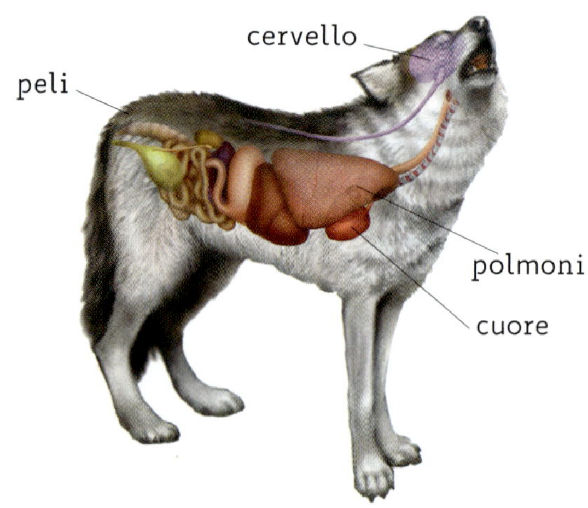

- Omeotermia
- Polmoni
- Circolazione doppia e completa
- Ghiandole mammarie
- Rivestimento di peli
- Quasi tutti vivipari, ovipari solo i monotremi

CLASSIFICAZIONE

- Monotremi
- Marsupiali
- Placentati

ORDINI DEI PLACENTATI

I principali **ordini** di placentati sono:

- INSETTIVORI  → talpe, ricci, toporagni
- RODITORI  → topi, criceti, scoiattoli, castori, marmotte, istrici, capibara
- LAGOMORFI  → lepri, conigli
- CHIROTTERI  → pipistrelli
- CARNIVORI  → gatti, leoni, tigri, cani, lupi, volpi, lontre, faine, orsi, foche
- PERISSODATTILI  → rinoceronti, tapiri, cavalli, asini, zebre
- ARTIODATTILI  → maiali, cinghiali, ippopotami, cervi, giraffe, capre, pecore, bovini
- PROBOSCIDATI  → elefanti
- CETACEI  → balene, delfini, orche, capodogli
- PRIMATI  → proscimmie, scimmie, scimmie antropomorfe, esseri umani

21 IL COMPORTAMENTO ANIMALE

IL COMPORTAMENTO

L'**etologia** è la scienza che studia il **comportamento** degli animali, cioè il loro modo di agire in risposta a:
- stimoli esterni (esempio: variazioni di luce);
- stimoli interni (esempio: fame).

I comportamenti possono essere:

INNATI

Ereditati dai genitori e presenti alla nascita.

APPRESI

Acquisiti nel corso della vita dell'animale tramite processi di **apprendimento**:
- per assuefazione
- per prove ed errori
- per imitazione
- per condizionamento
- per intuizione
- per imprinting

SEMPLICI

- Tropismi
- Riflessi

COMPLESSI

- Istinti

COMUNICAZIONE

Gli animali della stessa specie o di specie diverse **comunicano** tra loro utilizzando linguaggi diversi:

VISIVI

- Atteggiamenti
- Forme e colori
- Espressioni

ACUSTICI

- Emissione di suoni

OLFATTIVI

- Emissione di sostanze odorose

TATTILI

- Attraverso il contatto

TERRITORIALISMO

Il **territorio** rappresenta lo spazio che un animale o un gruppo di animali occupa.

DELIMITAZIONE

Viene delimitato da confini tracciati mediante segnali visivi, acustici, odorosi.

MIGRAZIONE

Alcuni animali in determinati periodi si spostano in zone con clima più favorevole.

RIPRODUZIONE

Il **comportamento riproduttivo** riguarda le modalità di accoppiamento e le cure della prole.

CORTEGGIAMENTO

In molti animali l'accoppiamento è preceduto da **rituali di corteggiamento** che sono innati e tipici di ogni specie.

CURE PARENTALI

Uccelli e mammiferi, in genere, dedicano ai loro piccoli le **cure parentali** necessarie finché essi non sono in grado di muoversi e cercare il cibo da soli.

VITA SOCIALE

Molte specie animali vivono in gruppo, formando vere e proprie **società**.

COMPORTAMENTI SOCIALI

I singoli membri collaborano per un **vantaggio comune**.

GERARCHIE

Ogni individuo occupa un **livello**. È dominante sui membri dei livelli inferiori e sottomesso ai membri dei livelli superiori.

22 GLI ORGANISMI NELL'AMBIENTE

LA BIOSFERA

La biosfera è formata da tutti gli **ecosistemi** presenti sulla Terra.

ECOSISTEMA

è costituito da

FATTORI BIOTICI

Sono le componenti viventi.

FATTORI ABIOTICI

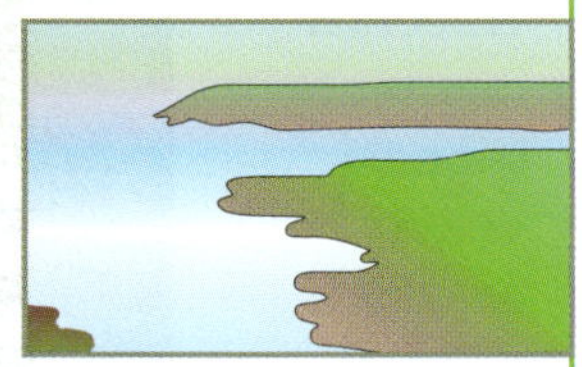

Sono le componenti non viventi.

COMUNITÀ

La **comunità** di un ecosistema è formata da più **popolazioni**.

POPOLAZIONE

Una **popolazione** è un gruppo di individui della stessa specie che vivono nello stesso luogo.
È caratterizzata da un **habitat** e da una **nicchia ecologica**.

LE RELAZIONI ALIMENTARI

All'interno di ogni ecosistema gli organismi di ogni popolazione, in base alla loro fonte di nutrimento, occupano **livelli trofici** diversi e vengono classificati in:

- produttori;
- consumatori (primari, secondari, terziari);
- decompositori.

CATENA ALIMENTARE

È costituita da una sequenza di popolazioni collegate da relazioni alimentari.

RETE ALIMENTARE

È costituita da un insieme di più catene alimentari intrecciate tra loro.

I LIVELLI TROFICI

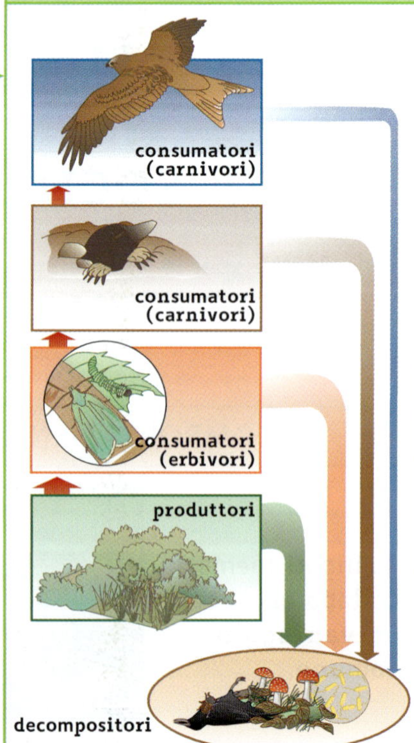

I CICLI DELLA MATERIA

La materia passa continuamente dall'ambiente agli esseri viventi e viceversa, all'interno dei **cicli della materia**, o **cicli biogeochimici**.

CICLO DEL CARBONIO

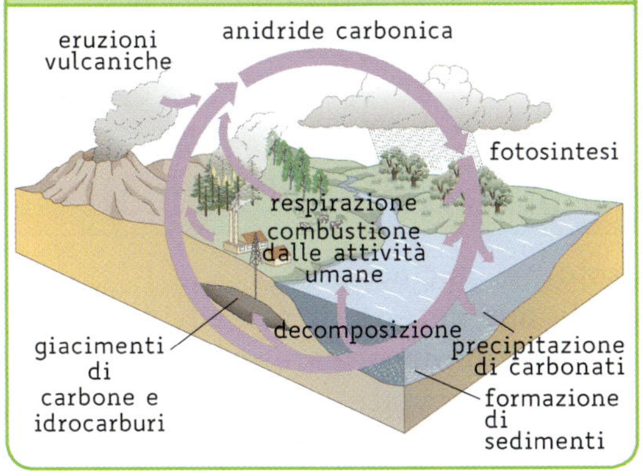

CICLO DEL FOSFORO

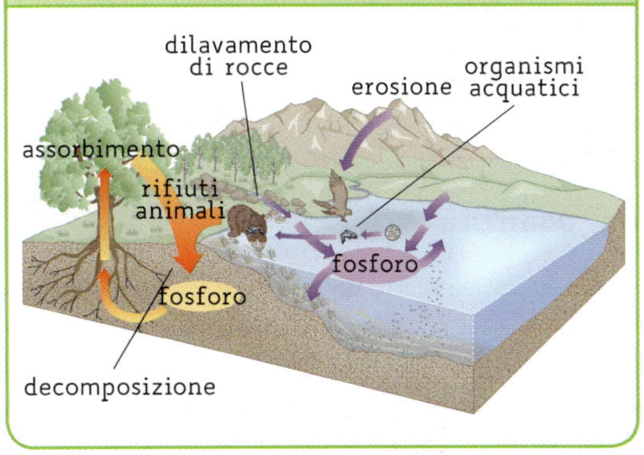

CICLO DELL'AZOTO

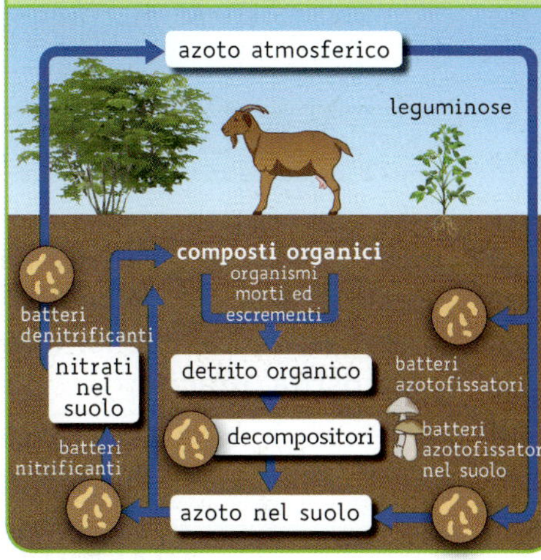

LE RELAZIONI TRA GLI ORGANISMI

Le **relazioni** tra gli organismi di un ecosistema possono essere:

Svantaggiose

PARASSITISMO

Una specie vive a spese dell'altra.

COMPETIZIONE

Due specie lottano per ottenere la stessa risorsa.

PREDAZIONE

Una specie si nutre di una specie diversa.

Vantaggiose

COMMENSALISMO

È una **simbiosi** in cui una sola specie è avvantaggiata e l'altra non ottiene né danno né beneficio.

MUTUALISMO

È una **simbiosi** in cui entrambe le specie traggono vantaggio.

23 IL CODICE DELLA VITA

DAL DNA ALLE PROTEINE

Gli **acidi nucleici** sono molecole che costituiscono il **materiale ereditario** di ogni organismo.

Sono formati da:

NUCLEOTIDI

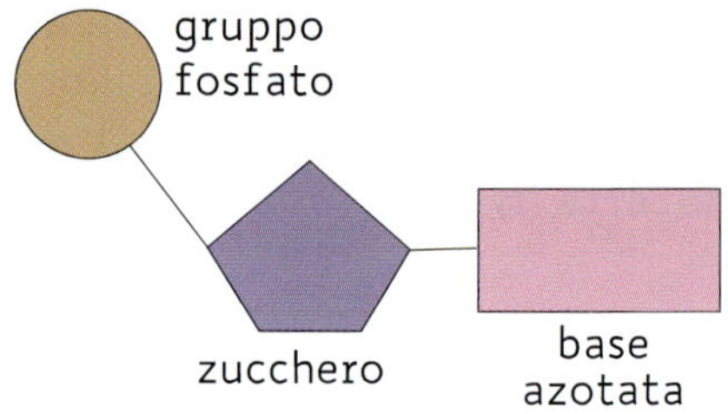

Ogni nucleotide è formato da un **gruppo fosfato**, uno **zucchero** e una **base azotata**.

Si distinguono in:

RNA (ACIDO RIBONUCLEICO)

- Si trova nel nucleo e nel citoplasma.
- È formato da **una sola catena** di nucleotidi.
- Lo zucchero è il **ribosio**.
- Le basi azotate sono: **adenina**, **guanina**, **citosina**, **uracile**.

DNA (ACIDO DESOSSIRIBONUCLEICO)

- Si trova solo nel nucleo.
- È formato da **due catene** di nucleotidi avvolte in una **doppia elica** e legate tra loro attraverso le basi azotate.
- Lo zucchero è il **desossiribosio**.
- Le basi azotate sono: **adenina**, **guanina**, **citosina**, **timina**.

TRASCRIZIONE

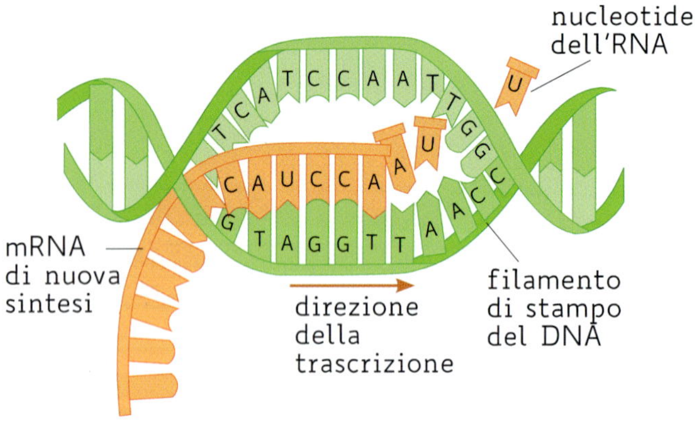

Una porzione del filamento di DNA funziona da stampo per produrre un filamento di **RNA messaggero** (**mRNA**) complementare.

DUPLICAZIONE

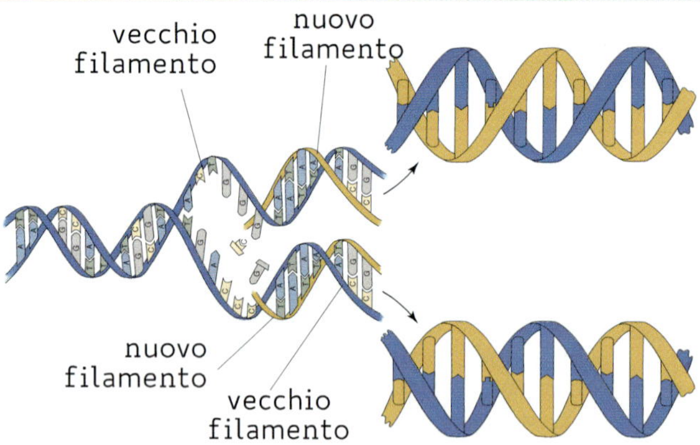

Da una doppia elica di DNA si formano due nuove doppie eliche perfettamente identiche a quella di partenza.

CODICE GENETICO

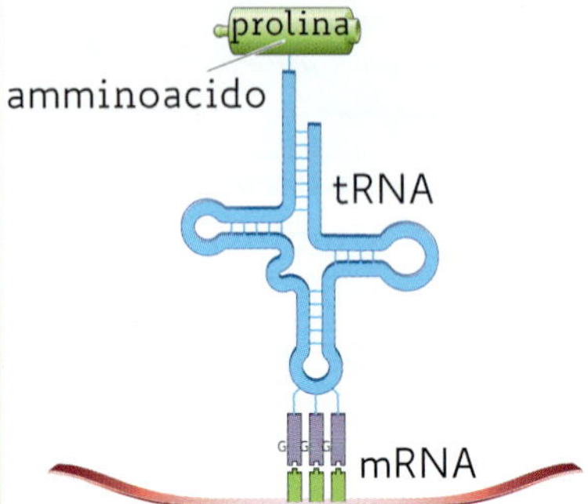

A ogni **tripletta** di basi azotate sull'mRNA corrisponde uno specifico **RNA di trasporto** (**tRNA**), a sua volta associato a un determinato **amminoacido**.

GENE

Tratto di DNA che contiene le istruzioni per la costruzione di una **proteina** caratterizzata da una sequenza specifica di **amminoacidi**.

IL CICLO CELLULARE

Il **ciclo cellulare** di una cellula rappresenta il suo ciclo vitale.

È costituito da due fasi:

INTERFASE

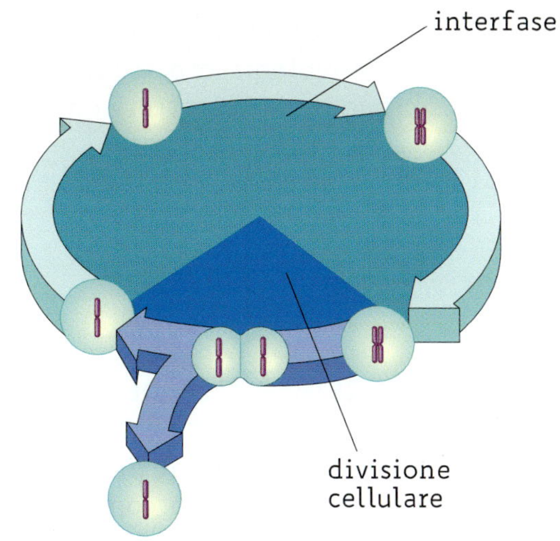

Periodo in cui la cellula:

- si accresce
- si nutre
- si prepara alla divisione.

DIVISIONE CELLULARE

Periodo in cui la cellula si divide in cellule figlie. Può avvenire per **mitosi** o per **meiosi**.

CROMOSOMI

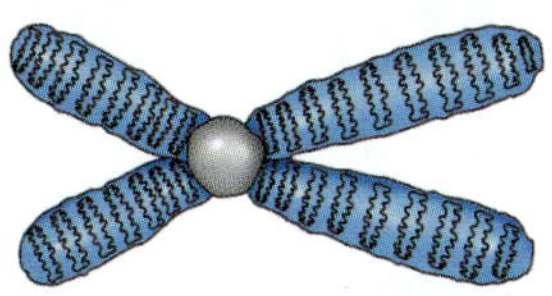

Nella divisione cellulare il DNA che si è duplicato si organizza in **cromosomi**.

MITOSI

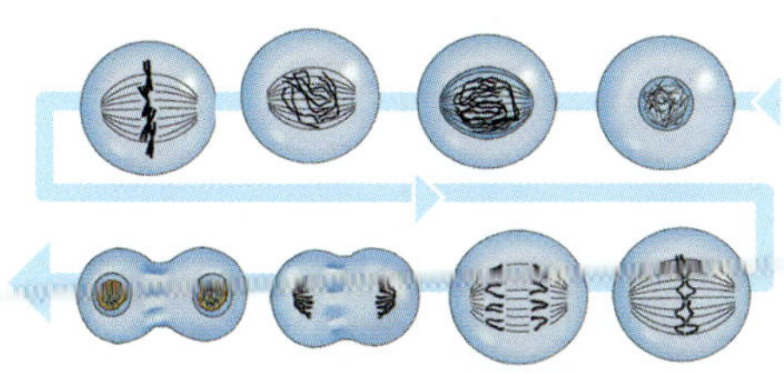

La cellula si divide in due **cellule figlie** identiche, cioè con lo stesso patrimonio genetico.

CROSSING OVER

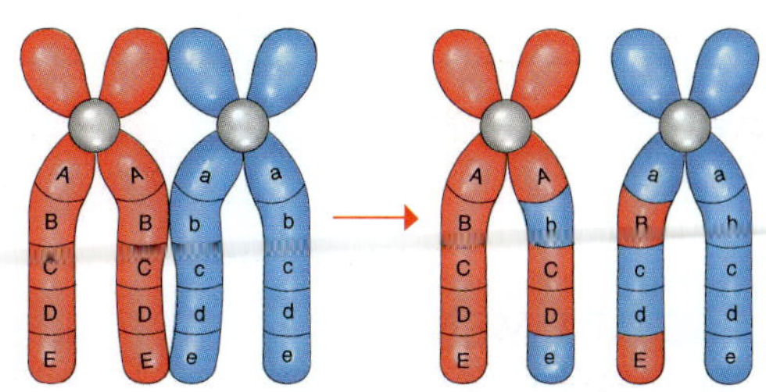

Durante la **meiosi** avviene lo **scambio** di parti di DNA tra coppie di cromosomi omologhi.

MEIOSI

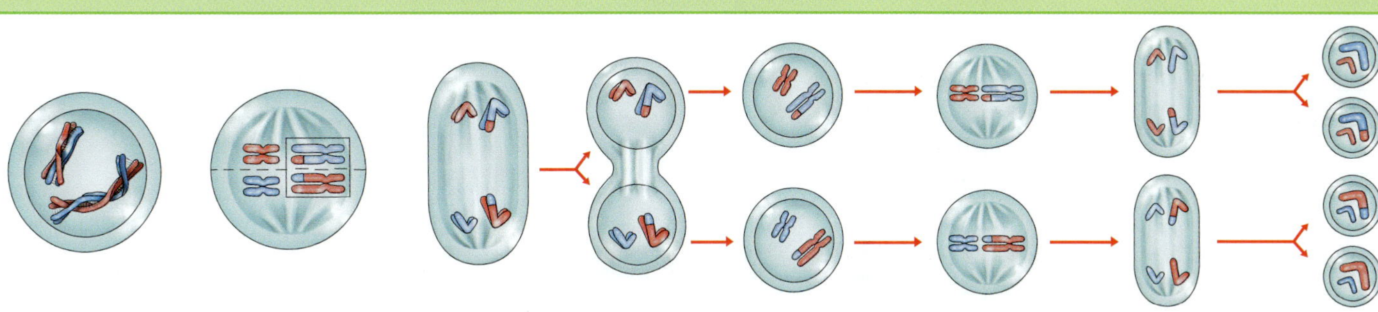

La cellula si divide formando quattro cellule con un numero di cromosomi ridotto alla metà. Da queste cellule si formano i **gameti**.

24 EREDITARIETÀ DEI CARATTERI

LA GENETICA E LE LEGGI DI MENDEL

La **genetica** è il ramo della biologia che studia la trasmissione dei caratteri ereditari.

GREGOR MENDEL

Fu il primo scienziato a compiere studi sulla trasmissione dei caratteri. Attraverso i suoi esperimenti sulle piante di pisello intuì che i figli **ereditano i caratteri** dai genitori grazie a **fattori** che si trasmettono da una generazione all'altra, secondo **leggi precise**.

GENI

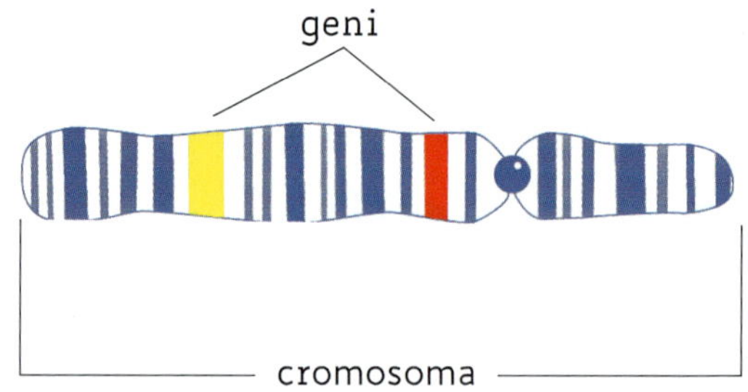

I fattori ipotizzati da Mendel sono i geni, **porzioni di DNA** localizzate in posizioni precise di un dato cromosoma e che contengono le informazioni necessarie per la comparsa di un **carattere specifico**.

1ª LEGGE DI MENDEL: DOMINANZA DEI CARATTERI

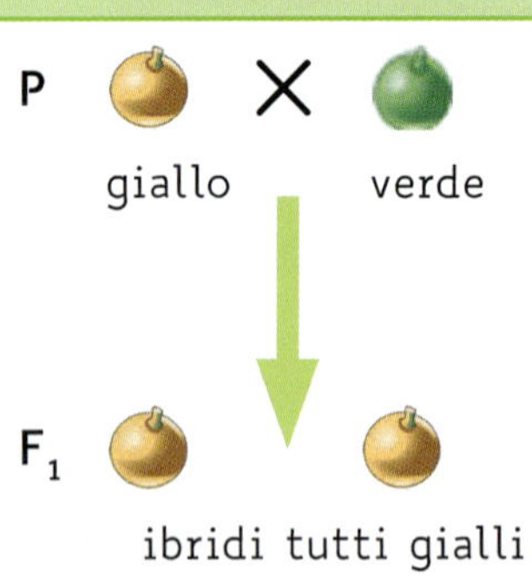

2ª LEGGE DI MENDEL: SEGREGAZIONE DEI CARATTERI

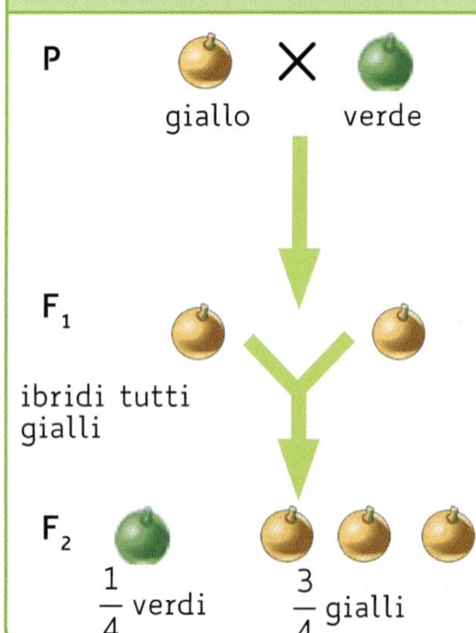

3ª LEGGE DI MENDEL: INDIPENDENZA DEI CARATTERI

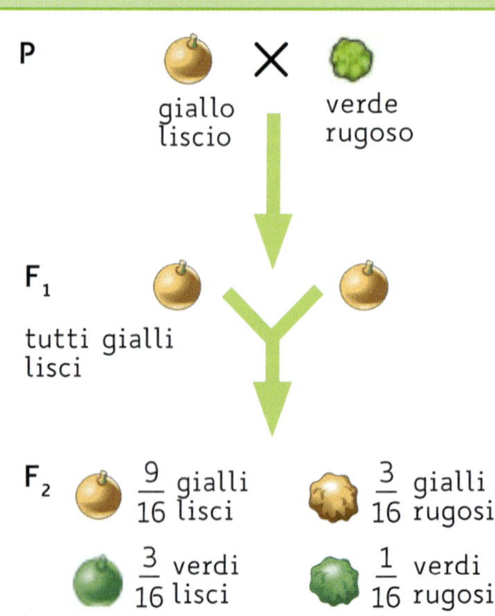

LA GENETICA UMANA

Il **corredo cromosomico umano** è formato da **23 coppie** di cromosomi omologhi.

ALLELI

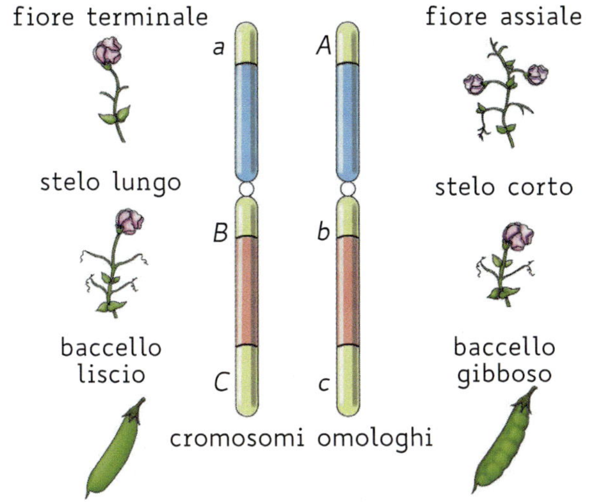

Sono le forme alternative con cui ogni gene si presenta su due **cromosomi omologhi**, che provengono uno dalla madre e uno dal padre.

GENOTIPO

È l'insieme degli alleli di un determinato carattere.

FENOTIPO

È la manifestazione **visibile** di un carattere.

ETEROZIGOTE

Lo è l'individuo che ha i due **alleli diversi** di un carattere.

OMOZIGOTE

Lo è l'individuo che ha i due **alleli uguali** di un carattere.

Possono essere:

DOMINANTI

In un individuo **eterozigote** (***Gg***) si esprime l'allele ***G***: si dice che ***G*** è dominante su ***g***.

RECESSIVI

L'allele **recessivo *g*** si manifesta solo in un individuo **omozigote**.

CROMOSOMI SESSUALI

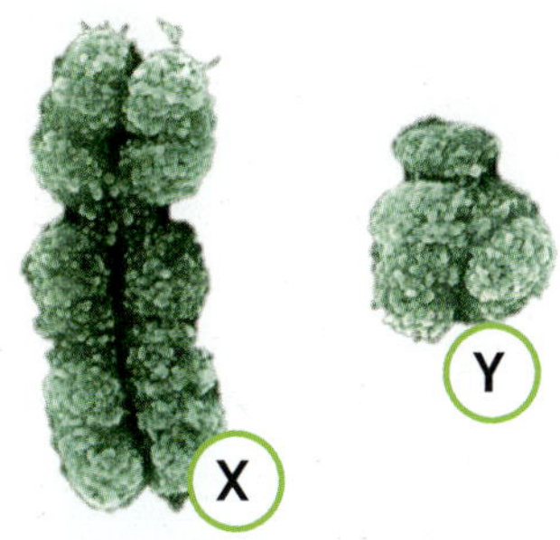

Coppia di cromosomi **responsabili del sesso** di un individuo. I cromosomi delle restanti 22 coppie sono detti **autosomi**.

DONNA

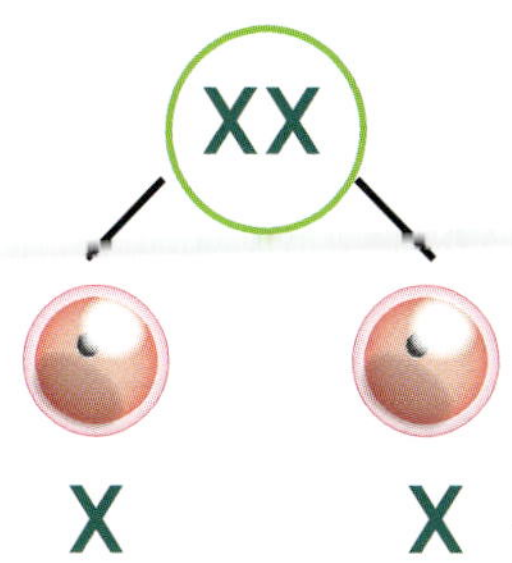

I cromosomi sessuali sono **XX**. Le cellule uovo contengono solo geni **X**.

UOMO

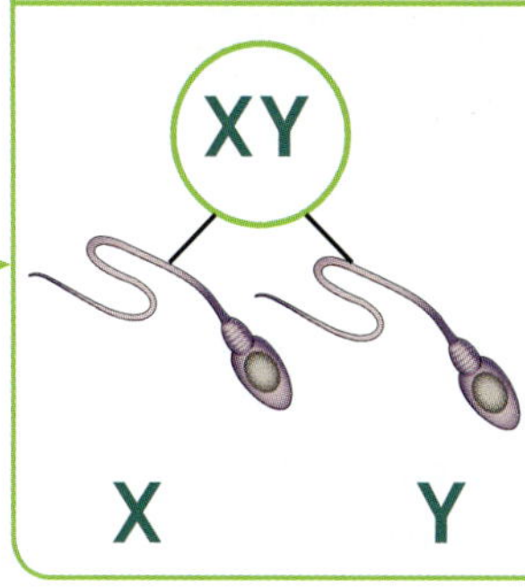

I cromosomi sessuali sono **XY**. Gli spermatozoi contengono un gene **X** o un gene **Y**.

25 L'EVOLUZIONE DELLA VITA

L'EVOLUZIONE

L'**evoluzione** è il processo attraverso il quale le specie viventi si modificano nel tempo.

Nel corso della storia sono state elaborate diverse teorie per spiegare il fenomeno dell'evoluzione.

CREAZIONISMO, FISSISMO E TEORIA DELLE CATASTROFI

Teoria del passato secondo cui le specie conservano la **forma immutabile** con cui sono state **create**. L'estinzione delle specie nel tempo è dovuta all'azione di **catastrofi naturali**.

LAMARCK E L'EREDITARIETÀ DEI CARATTERI ACQUISITI

Teoria errata secondo cui gli organismi acquisiscono caratteristiche nel corso della vita e le trasmettono ai figli.

DARWIN

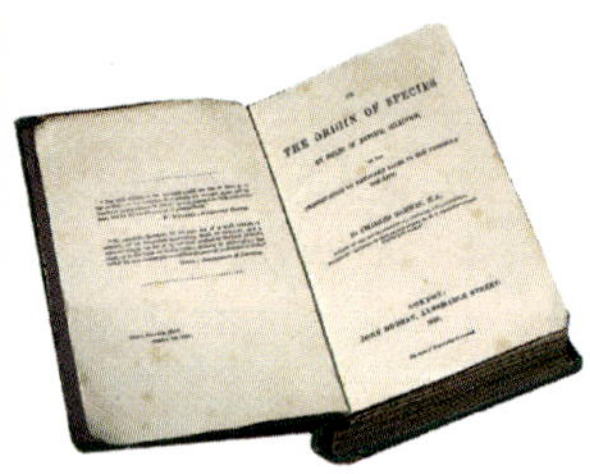

Introduce la teoria oggi accettata della **evoluzione per selezione naturale.**

VARIABILITÀ DEI CARATTERI

Secondo Darwin all'interno di una stessa specie gli individui presentano **caratteri differenti**.

LOTTA PER L'ESISTENZA

Gli organismi con caratteri **meno adatti** all'ambiente hanno vita più breve.

SELEZIONE NATURALE

Gli organismi con caratteri **più adatti** vivono più a lungo e si riproducono di più, trasmettendo quei caratteri alla prole.

Prove a favore dell'evoluzione sono fornite da:

PALEONTOLOGIA

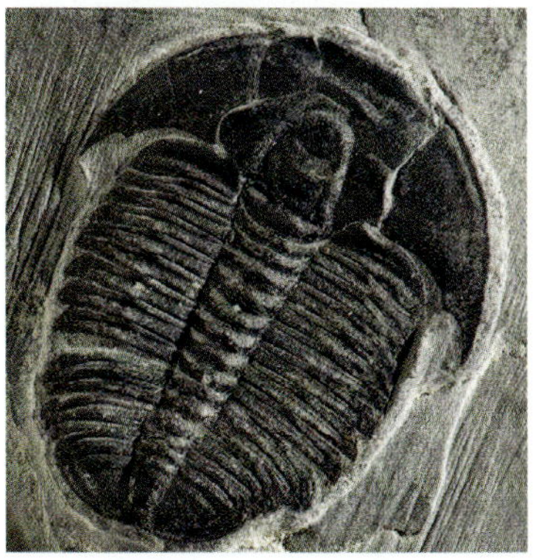

Studio dei **fossili**, cioè dei resti di organismi vissuti in epoche passate.

ANATOMIA ED EMBRIOLOGIA COMPARATA

Confronto tra le strutture di organismi diversi allo stadio adulto ed embrionale.

GENETICA

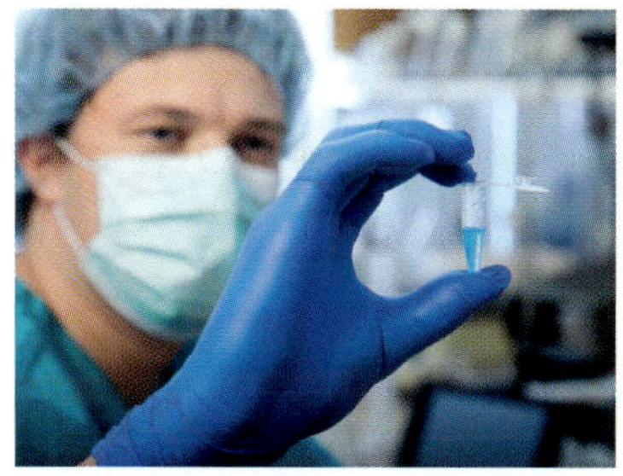

Confonto tra i genomi di organismi diversi.

BIOGEOGRAFIA

Studio della distribuzione geografica degli organismi.

ADATTAMENTO

È un carattere che fa aumentare la probabilità di un individuo di sopravvivere e riprodursi. Può essere:

- morfologico se riguarda la forma
- comportamentale se riguarda il comportamento
- fisiologico se riguarda le funzioni biologiche.

SPECIAZIONE

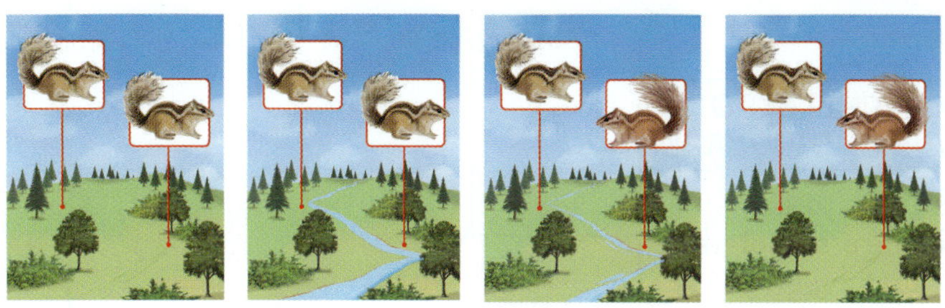

E l'insieme dei processi che portano alla comparsa di una **nuova specie**. Può essere la conseguenza di una **barriera geografica** che separa due popolazioni.

26 LA STRUTTURA DEL CORPO UMANO

CORPO UMANO

Il **corpo umano** è una macchina meravigliosa, costituita da cellule, tessuti, organi.

STRUTTURA

Nella struttura del corpo umano si distinguono:
- capo
- arti superiori
- torace
- addome
- arti inferiori

FUNZIONAMENTO

Il funzionamento del nostro corpo è affidato agli organi.

Più organi insieme formano:

APPARATI

- Tegumentario
- Digerente
- Respiratorio
- Circolatorio
- Escretore
- Riproduttore

SISTEMI

- Scheletrico
- Muscolare
- Endocrino
- Nervoso

SISTEMA SCHELETRICO

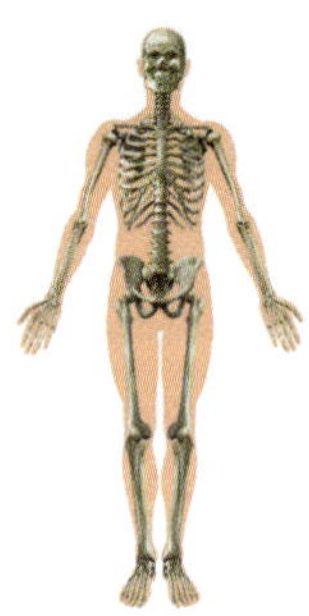

Svolge funzioni di:
- sostegno
- movimento
- protezione
- produzione delle cellule del sangue
- riserva di sali minerali

Si divide in:

SCHELETRO ASSILE

È formato da:
- cranio
- colonna vertebrale
- gabbia toracica

SCHELETRO APPENDICOLARE

È formato da:
- cinto scapolare
- arti superiori
- cinto pelvico
- arti inferiori

È formato da:

OSSA

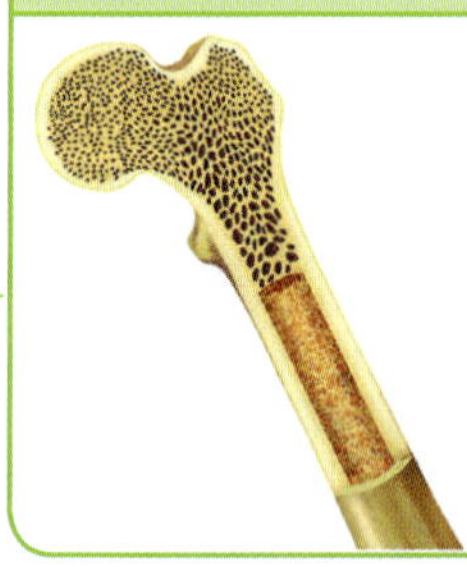

Possono essere lunghe, corte, piatte. Sono formate da **tessuto osseo** e **tessuto cartilagineo**.

ARTICOLAZIONI

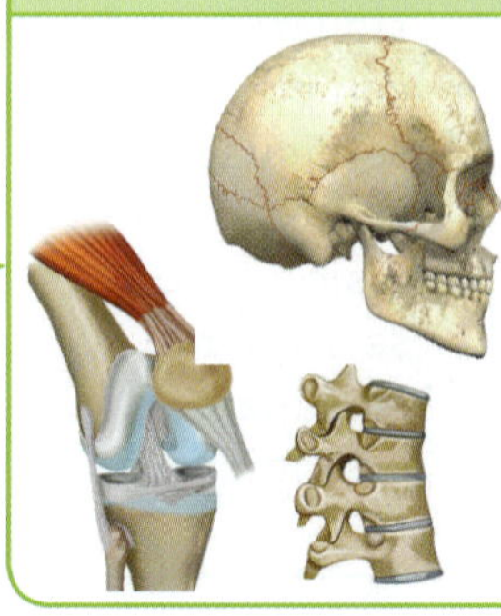

Collegano le ossa. In base al **movimento** si distinguono in:
- mobili
- semimobili
- fisse

APPARATO TEGUMENTARIO

Svolge le funzioni di:
- difesa e protezione
- sintesi
- equilibrio delle condizioni corporee
- sensibilità

È formato da:

PELLE (O CUTE)

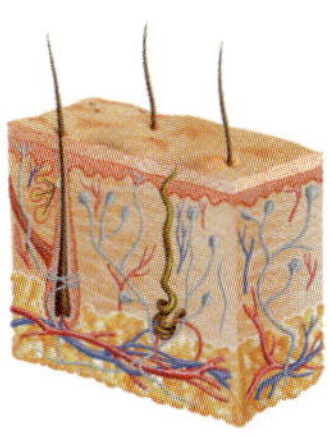

Nella pelle si distinguono 3 strati:
- epidermide
- derma
- ipoderma

ANNESSI CUTANEI

Gli annessi cutanei sono:
- peli, capelli e unghie
- ghiandole sebacee e sudoripare
- ghiandole mammarie

SISTEMA MUSCOLARE

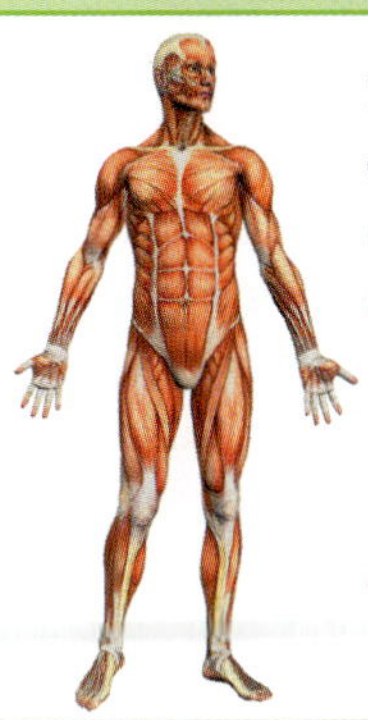

Svolge funzioni di:
- sostegno
- movimento delle ossa e degli organi interni
- produzione di calore

CONTRAZIONE

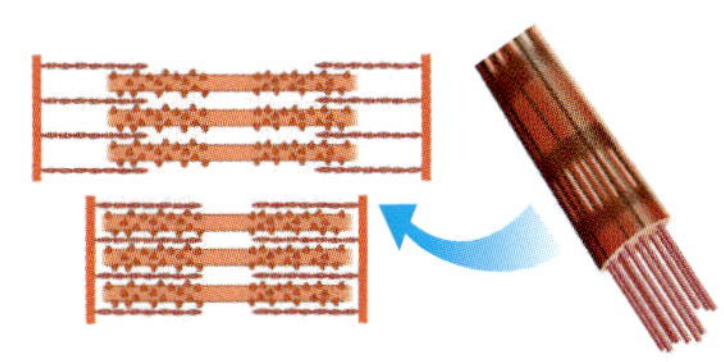

Avviene attraverso le miofibrille che costituiscono il tessuto muscolare.

È formato da:

MUSCOLI INVOLONTARI

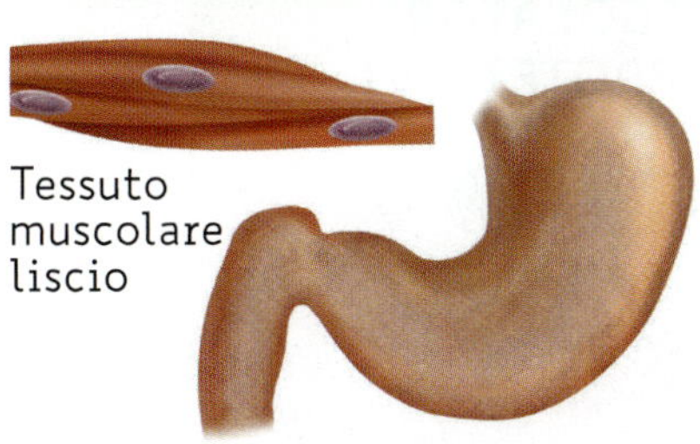

Presenti in tutti gli organi interni, la loro contrazione avviene durante la respirazione, la digestione e così via ed è indipendente dalla nostra volontà.

MUSCOLI VOLONTARI

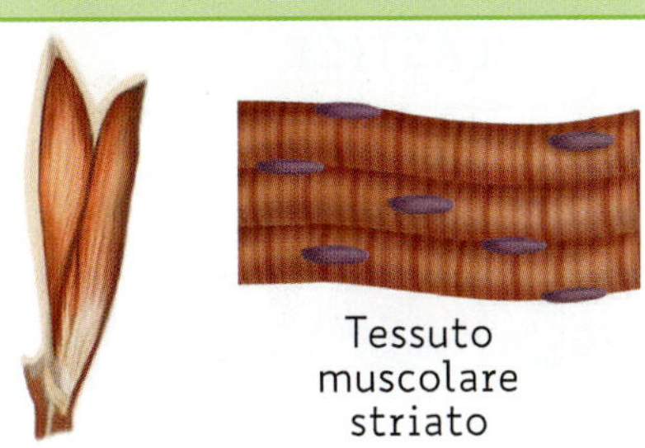

Presenti in tutte le parti del corpo, muovono il sistema scheletrico e la pelle, si dividono in muscoli scheletrici e pellicciai.

MUSCOLO CARDIACO

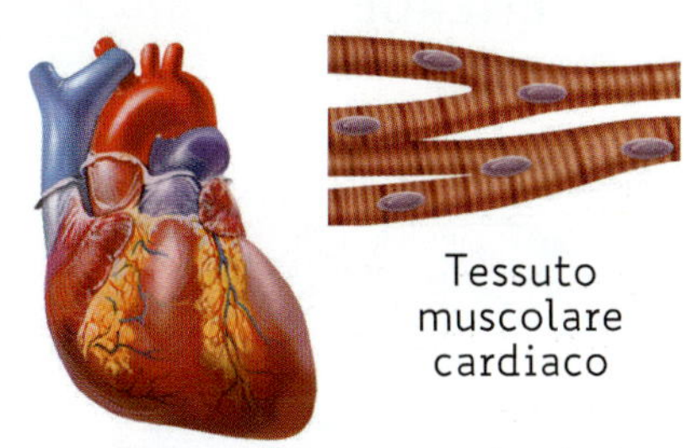

Il **cuore** fa eccezione: fa parte della muscolatura involontaria ma è formato da tessuto muscolare striato.

27 L'ALIMENTAZIONE

I PRINCIPI NUTRITIVI

I **principi nutritivi** sono indispensabili per la vita dell'organismo.

A seconda della loro composizione chimica si dividono in:

NUTRIENTI INORGANICI

Costituiti da molecole non a base di carbonio.

ACQUA

Rappresenta circa i due terzi del nostro corpo.

SALI MINERALI

Regolano varie attività dell'organismo e forniscono i materiali necessari alla costruzione dei tessuti.

A seconda della loro funzione si dividono in:

ENERGETICI

Forniscono energia per le reazioni metaboliche.

PLASTICI

Forniscono sostanze per costruire e riparare cellule e tessuti.

REGOLATORI O PROTETTIVI

Permettono il corretto svolgimento delle reazioni chimiche dell'organismo.

NUTRIENTI ORGANICI

Costituiti da molecole a base di **carbonio**.

CARBOIDRATI

MONOSACCARIDI

Sono costituiti da un anello a 5-6 atomi di carbonio, come il **glucosio** e il **fruttosio**.

DISACCARIDI

Sono formati dal legame di due monosaccaridi, come il **saccarosio** e il **lattosio**.

POLISACCARIDI

Sono formati da catene di monosaccaridi, come la **cellulosa**, l'**amido** e il **glicogeno**.

PROTEINE

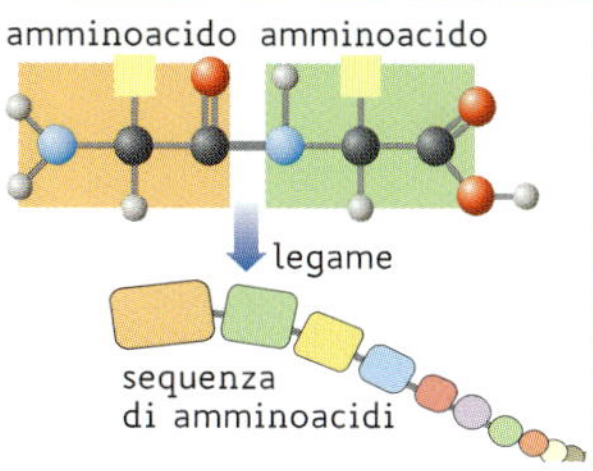

Sono formate da lunghe catene di molecole più piccole, dette **amminoacidi**.

LIPIDI

TRIGLICERIDI

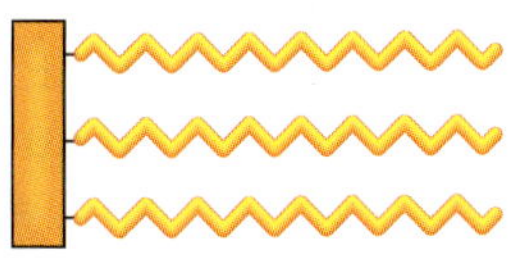

Usati dall'organismo soprattutto come **riserva di energia**.

FOSFOLIPIDI

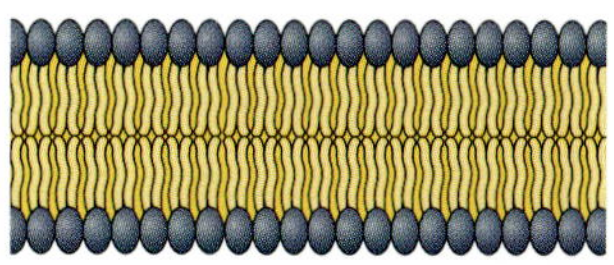

Costituenti delle **membrane cellulari**.

STEROIDI

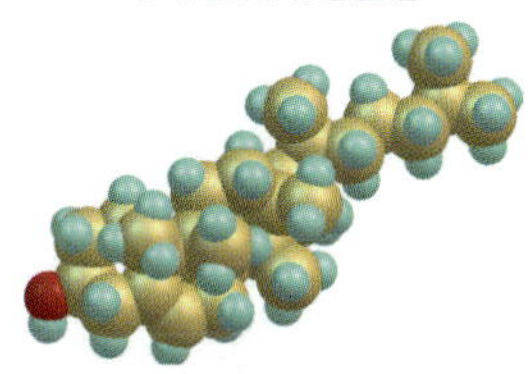

Includono alcuni **ormoni** come il colesterolo.

VITAMINE

A, B_1, B_2, B_3, B_{12}, C, D, E, K: micronutrienti essenziali per il metabolismo.

APPORTO CALORICO

Il **fabbisogno energetico** è la quantità di energia che ci serve giornalmente.

- Per soddisfare le richieste del metabolismo.
- Per compiere le diverse attività.
- Dipende da:
  - età e sesso;
  - corporatura;
  - clima;
  - attività fisica.
- Si misura in **calorie** (o **kilocalorie**).
- È soddisfatto con la dieta, grazie all'**apporto calorico** fornito dagli alimenti.

28 L'APPARATO DIGERENTE

I PROCESSI DIGESTIVI

Attraverso i **processi digestivi**, che avvengono nell'**apparato digerente**, l'organismo trasforma gli alimenti in principi nutritivi.

APPARATO DIGERENTE

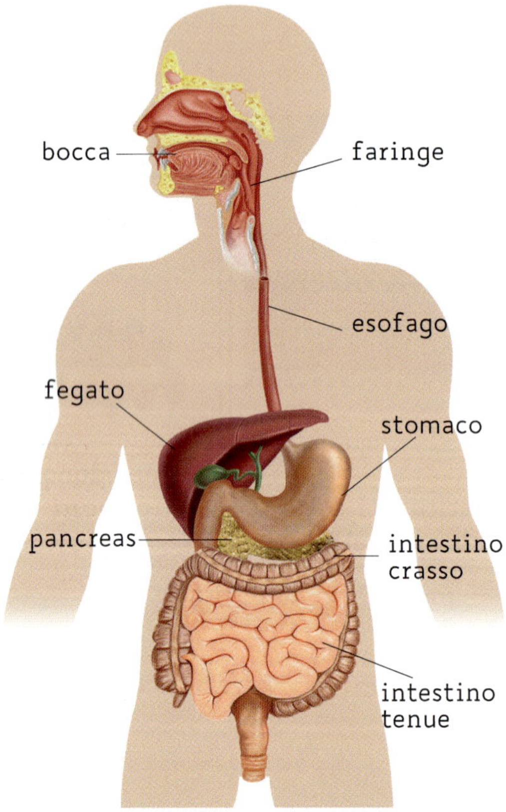

È formato da diversi organi, ognuno dei quali svolge una precisa funzione nel processo della digestione.

DIGESTIONE MECCANICA

I cibi vengono sminuzzati e rimescolati nella bocca con la **masticazione**.

DIGESTIONE CHIMICA

carboidrati 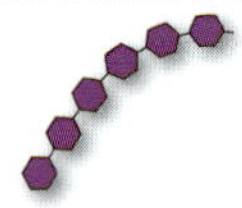	glucosio 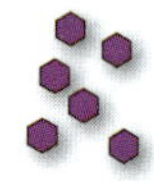
trigliceridi 	glicerolo 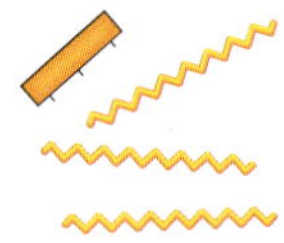 acidi grassi
proteine 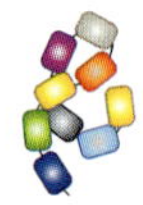	amminoacidi 

È la **demolizione** dei principi nutritivi in molecole elementari: avviene principalmente nella bocca, nello stomaco e nel duodeno.

attraverso gli

ENZIMI

Proteine che rendono possibili e più veloci le trasformazioni chimiche.

ASSORBIMENTO

È il **passaggio nel circolo sanguigno**, principalmente ad opera dell'intestino grazie alla sua lunghezza e alla struttura delle pareti che ne aumenta la superficie.

BOCCA

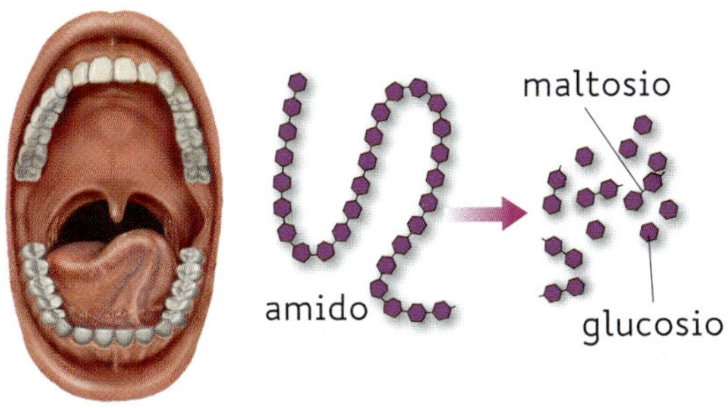

Inizia la **digestione meccanica** (per azione dei **denti**) e quella chimica (grazie alla **saliva**).

STOMACO

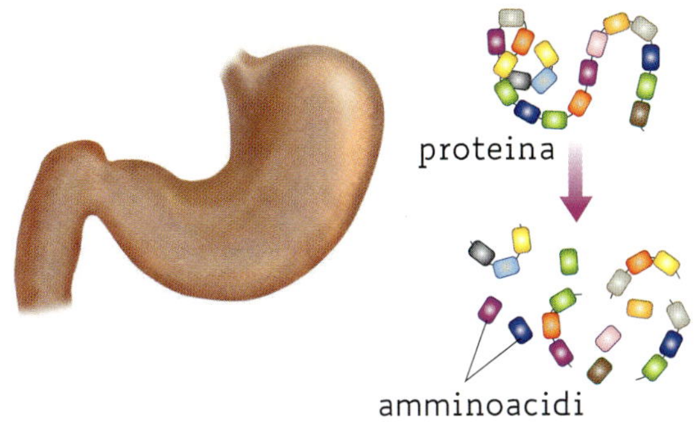

Prosegue la digestione chimica per azione degli enzimi, presenti nel **succo gastrico**.

FEGATO

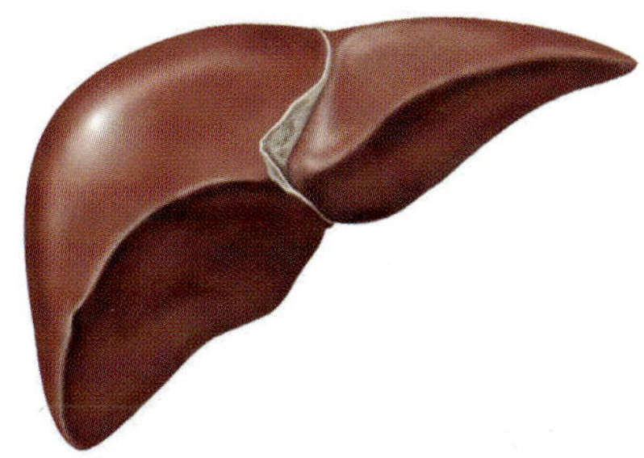

Secerne la **bile** (raccolta nella cistifellea) per la digestione dei grassi; **filtra le sostanze tossiche** dal sangue proveniente dall'intestino.

PANCREAS E DUODENO

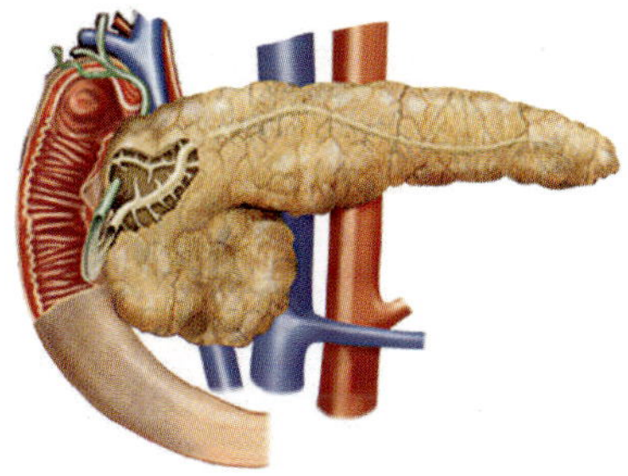

Il **pancreas** produce **succo pancreatico** ricco di enzimi digestivi che vengono immessi nel **duodeno**, che secerne **succo enterico**.

INTESTINO TENUE

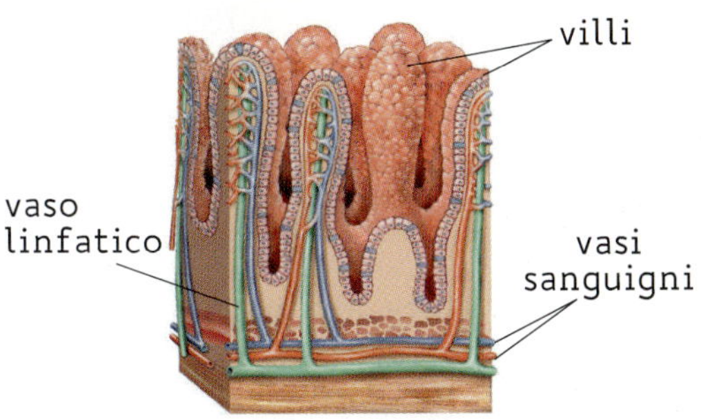

Completa la digestione nel **duodeno** e inizia l'assorbimento dei principi nutritivi per azione dei **villi intestinali**.

INTESTINO CRASSO

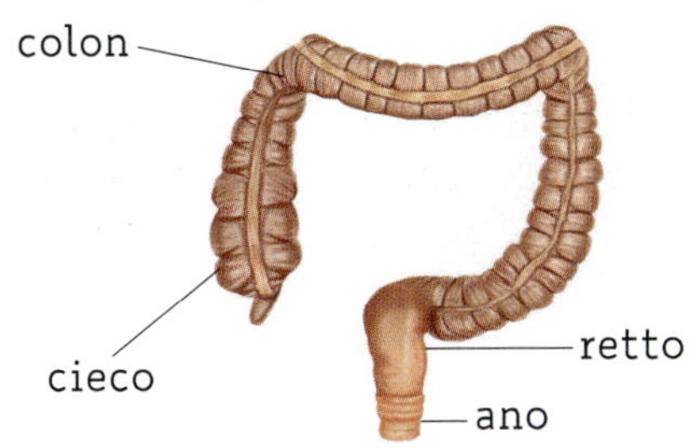

Raccoglie il materiale non digerito dal quale **assorbe acqua**, **sali minerali** e **vitamine** e poi lo espelle sotto forma di feci.

29 L'APPARATO RESPIRATORIO

LA RESPIRAZIONE

La **respirazione** è un processo comune a tutti gli esseri viventi.

RESPIRAZIONE CELLULARE (O INTERNA)

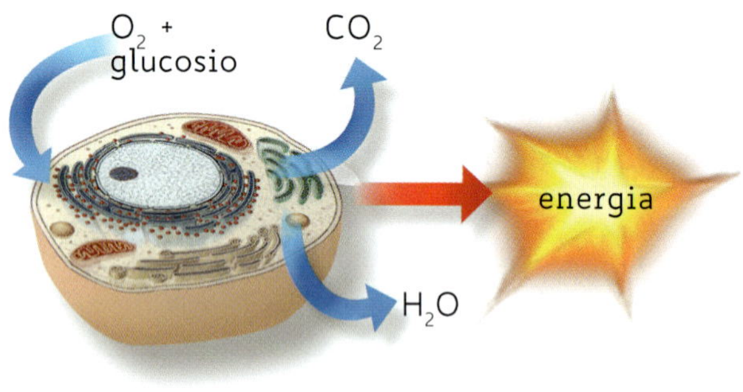

- Avviene all'interno di tutte le cellule.
- Consuma ossigeno e glucosio.
- Produce energia.

RESPIRAZIONE POLMONARE (O ESTERNA)

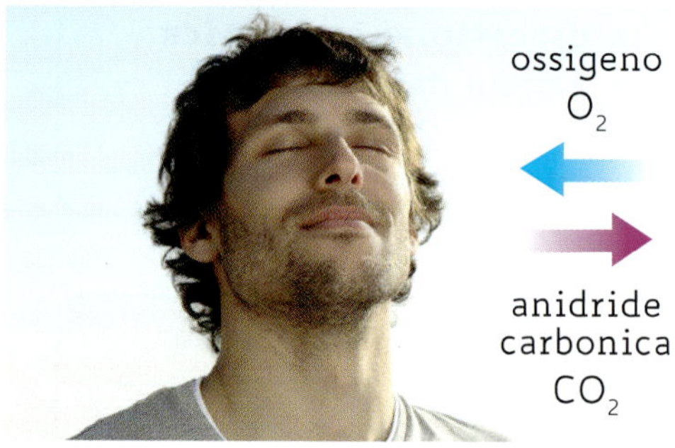

- È svolta dall'**apparato respiratorio.**
- **Preleva ossigeno** dall'ambiente esterno e lo immette nel sangue.
- **Espelle anidride carbonica** presente nel sangue.

Avviene in due fasi:

INSPIRAZIONE

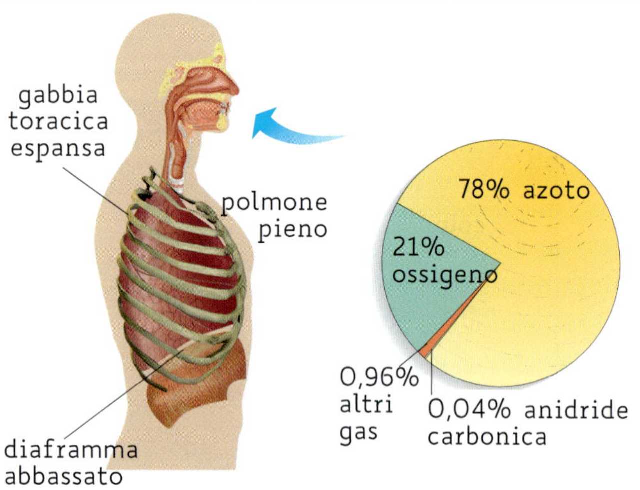

Il volume dei polmoni aumenta e viene introdotta aria ricca di **ossigeno**.

ESPIRAZIONE

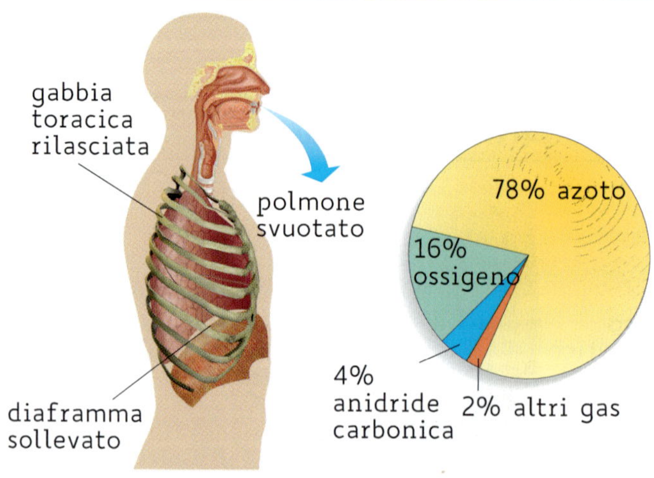

Il volume dei polmoni diminuisce e viene eliminata aria ricca di **anidride carbonica**.

IL PERCORSO DELL'ARIA

L'aria percorre le **vie aeree** dell'**apparato respiratorio**.

L'APPARATO RESPIRATORIO

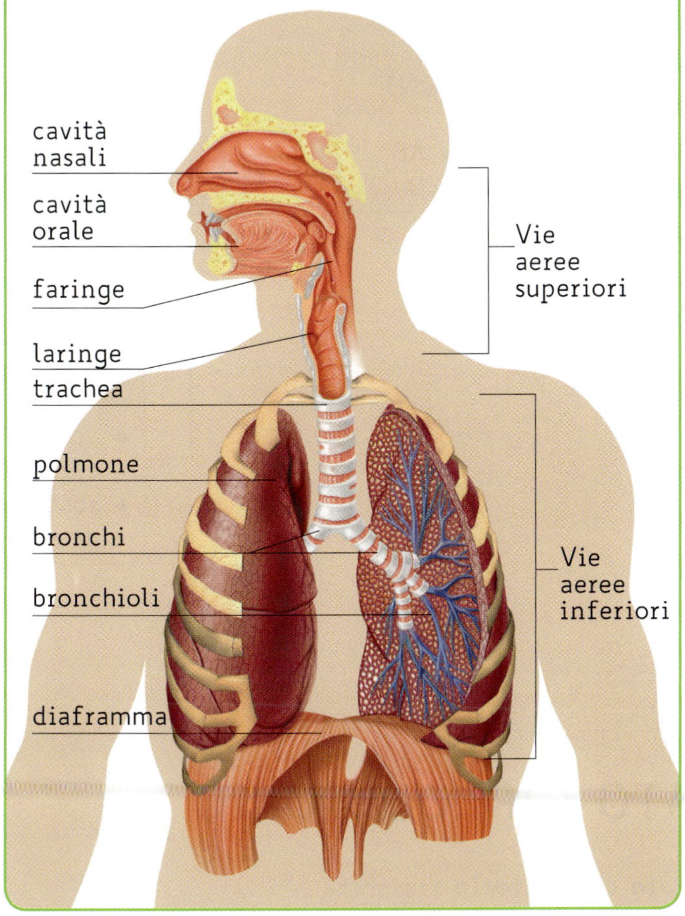

CORDE VOCALI

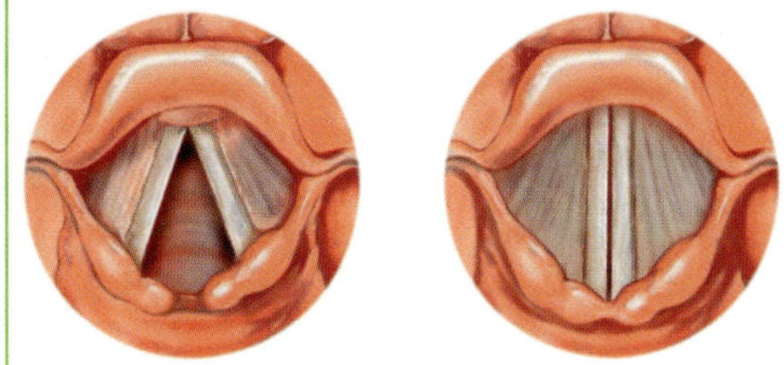

Nella **laringe** si trovano le **corde vocali**. Attraversate dall'aria, possono vibrare consentendoci l'emissione di suoni.

VIE AEREE

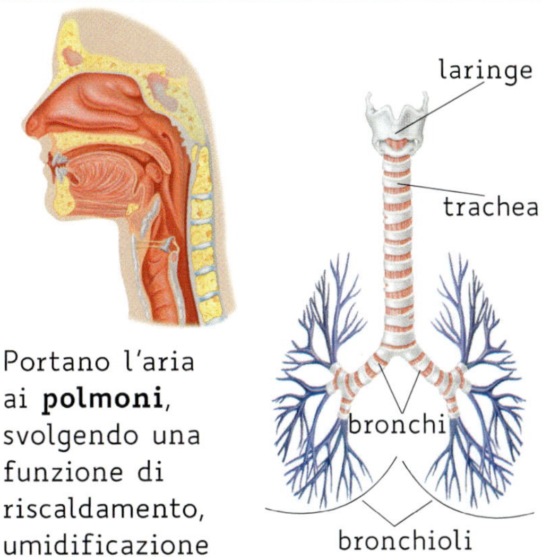

Portano l'aria ai **polmoni**, svolgendo una funzione di riscaldamento, umidificazione e filtrazione dell'aria inspirata.

POLMONI

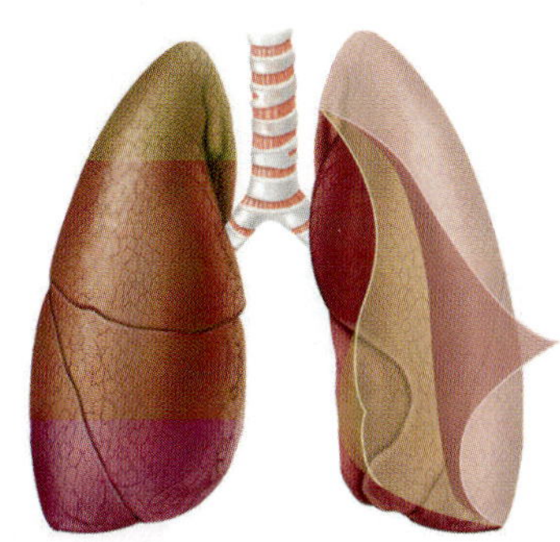

Sono formati dagli **alveoli polmonari**, circondati da numerosi capillari. Ogni polmone è rivestito da due sottili membrane: le **pleure**.

ALVEOLI POLMONARI

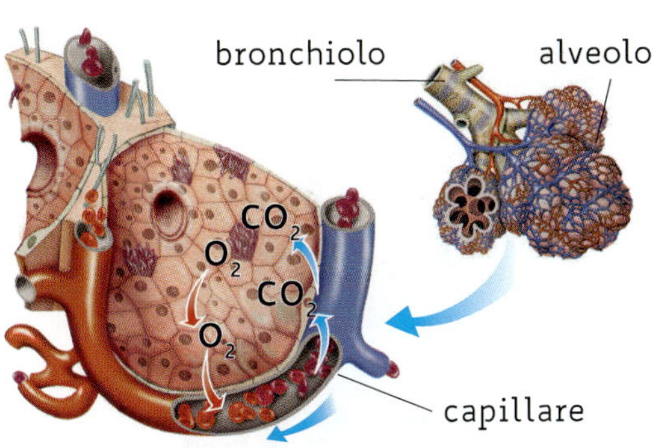

Qui avvengono gli **scambi gassosi** tra l'aria contenuta negli alveoli e il sangue contenuto nei capillari. Lo scambio avviene per diffusione.

30 LA CIRCOLAZIONE E L'ESCREZIONE

IL SANGUE

Il **sangue** è un tessuto liquido.

Si compone di:

PARTE CELLULARE

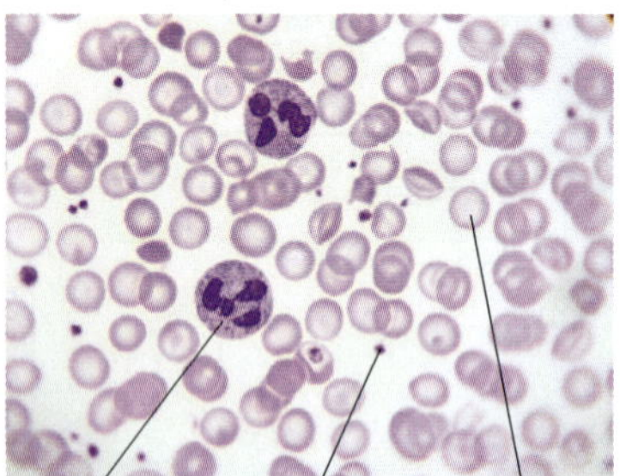

È formata da:
- **globuli rossi** che trasportano ossigeno
- **globuli bianchi** che difendono l'organismo
- **piastrine** che fanno coagulare il sangue

PARTE LIQUIDA

È rappresentata dal **plasma**, che è formato da:
- acqua
- nutrienti
- scorie

Si distingue in:

GRUPPI SANGUIGNI

- A
- B
- AB
- O

Trasporta:

ALLE CELLULE

- ossigeno
- nutrienti
- messaggi chimici

VIA DALLE CELLULE

- anidride carbonica
- sostanze di rifiuto

L'APPARATO CIRCOLATORIO

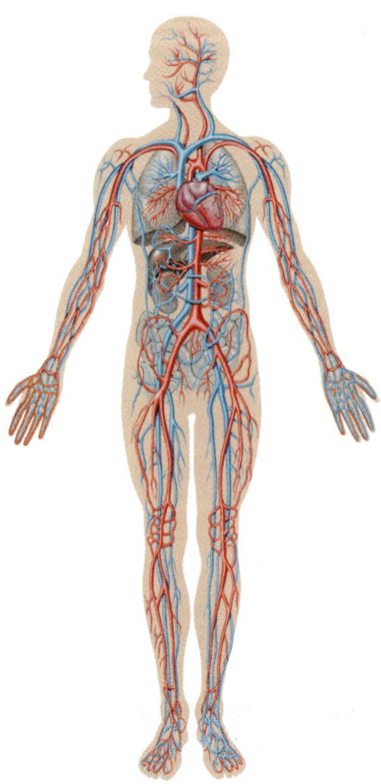

L'**apparato circolatorio** trasporta il sangue in tutto il corpo.

È formato da:

VASI SANGUIGNI

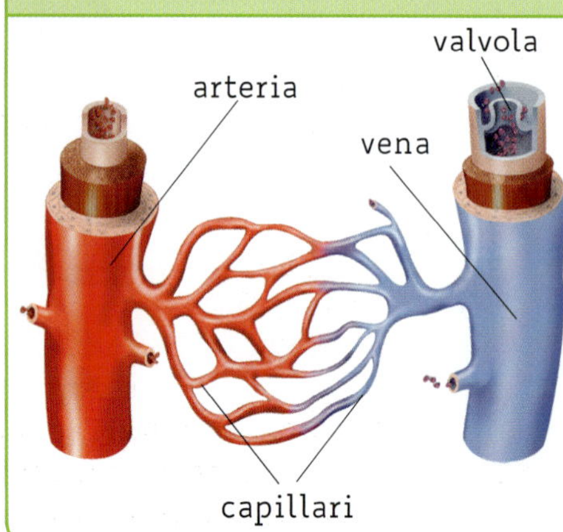

CUORE

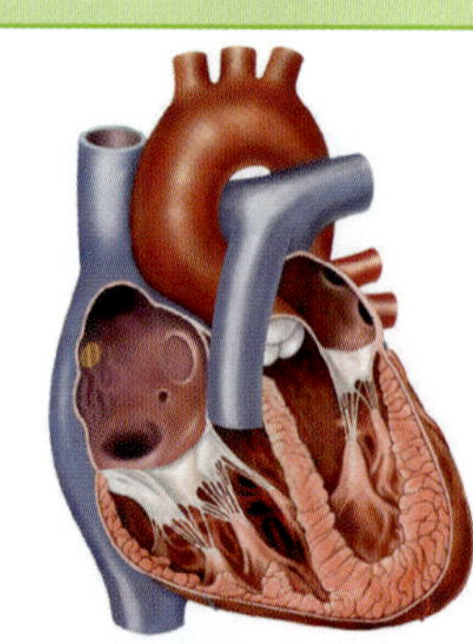

Muscolo involontario che pompa il sangue.

L'ESCREZIONE

Con l'**escrezione** il sangue viene depurato dai materiali di rifiuto che vengono espulsi.

L'APPARATO ESCRETORE

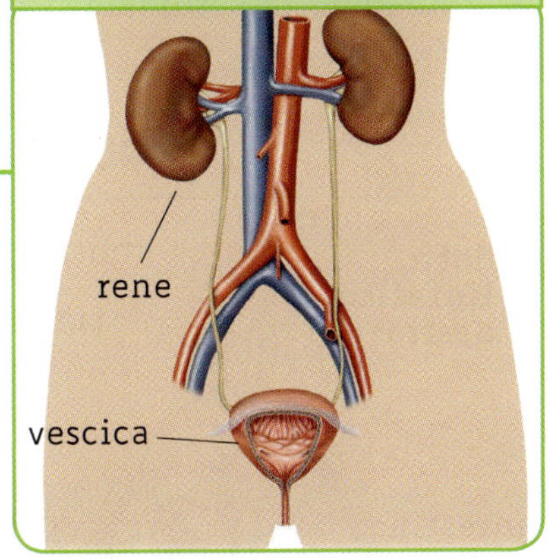

I suoi organi principali sono:

RENI

Gli organi più importanti dell'apparato escretore, collegati alla **vescica** dagli **ureteri**.

VESCICA

Sacca elastica dove si raccoglie l'**urina**, che viene poi espulsa attraverso l'**uretra**.

UREA

È il prodotto di scarto finale del metabolismo degli amminoacidi.

Filtrate da:

tra cui

NEFRONI

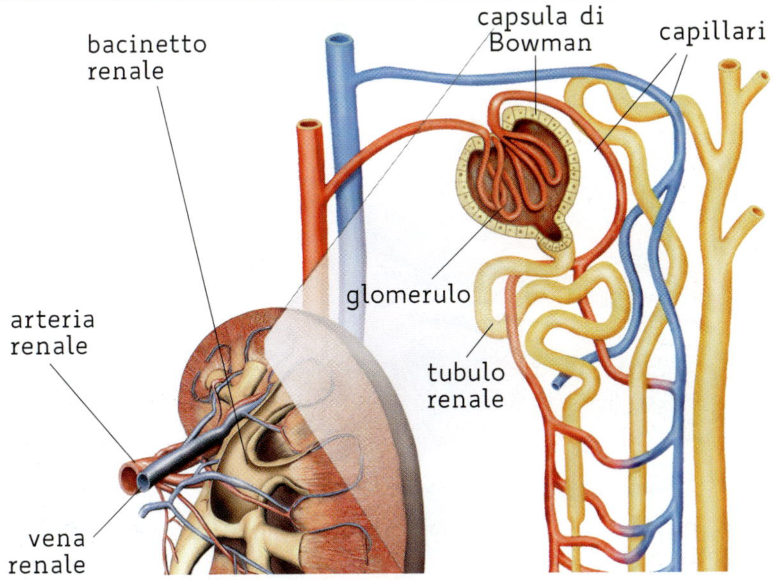

I **nefroni** filtrano il sangue e riversano le scorie in esso presenti nel **dotto collettore** e quindi nel **bacinetto renale** sotto forma di **urina**.

CIRCOLAZIONE POLMONARE

Il sangue è pompato verso i **polmoni**.

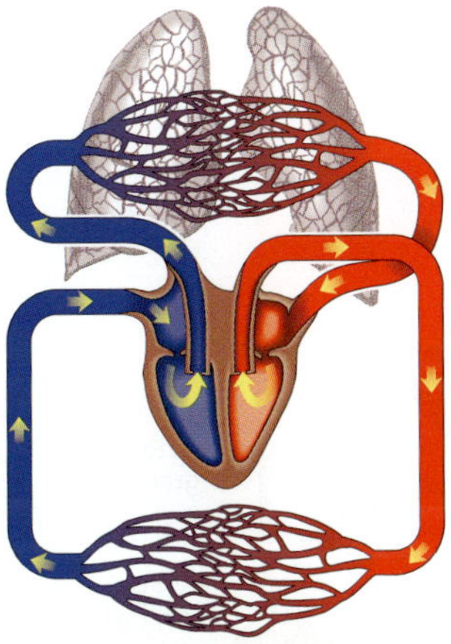

CIRCOLAZIONE SISTEMICA

Il sangue è pompato verso il resto del **corpo**.

31 LE DIFESE DELL'ORGANISMO

IL SISTEMA LINFATICO

Il **sistema linfatico** ha tre funzioni: drenaggio, assorbimento intestinale e difesa.

STRUTTURA

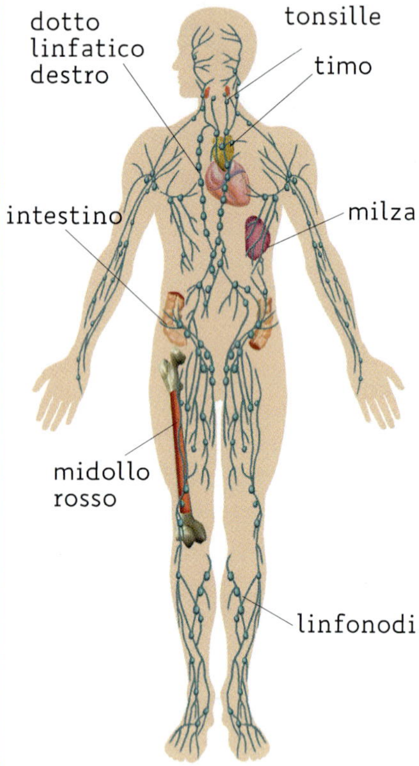

È composto da:
- linfa
- vasi linfatici
- linfonodi
- timo
- milza
- tonsille

MILZA E TIMO

Sono coinvolti nella produzione, maturazione e conservazione dei **globuli bianchi** e nella regolazione dello sviluppo dei **linfonodi**.

LINFONODI

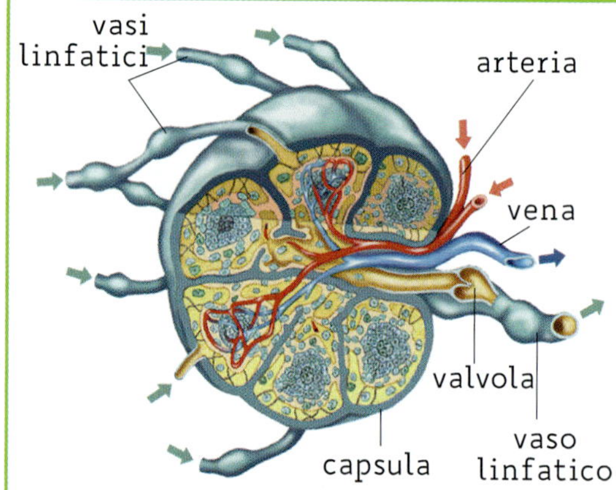

Filtrano e purificano la **linfa** e contengono diversi tipi di **globuli bianchi**.

LINFA E VASI LINFATICI

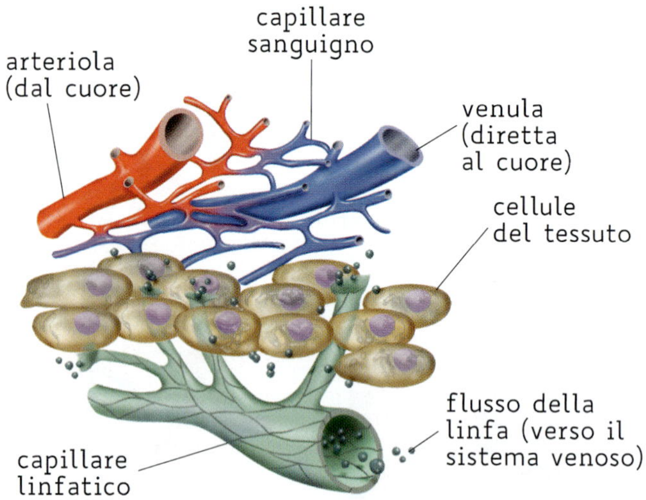

Attraverso i **vasi linfatici**, il liquido interstiziale viene drenato dai tessuti e confluisce come **linfa** nei vasi sanguigni.

L'ASSORBIMENTO DEI LIPIDI

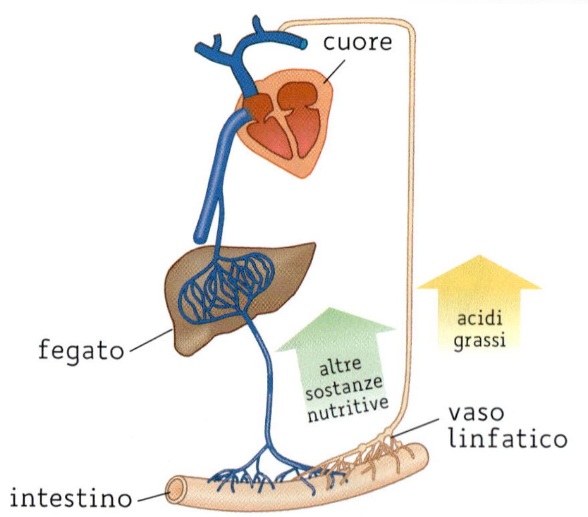

Gli acidi grassi che derivano dalla digestione dei **trigliceridi** passano dai villi intestinali ai **vasi linfatici** e vengono poi riversati nel circolo sanguigno.

LE DIFESE DELL'ORGANISMO

L'organismo instaura meccanismi di **difesa** contro gli agenti patogeni.

DIFESE DI BARRIERA

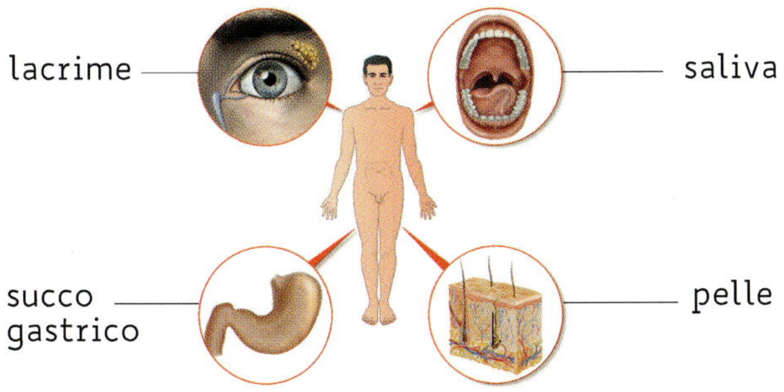

Impediscono l'ingresso dei microrganismi nel nostro corpo.

I GLOBULI BIANCHI

Quando le **difese di barriera** vengono attraversate, il corpo risponde attivando i **globuli bianchi**.

DIFESA ASPECIFICA

La difesa aspecifica è dovuta a **globuli bianchi non specializzati**, per esempio i **macrofagi**.

RISPOSTA INFIAMMATORIA

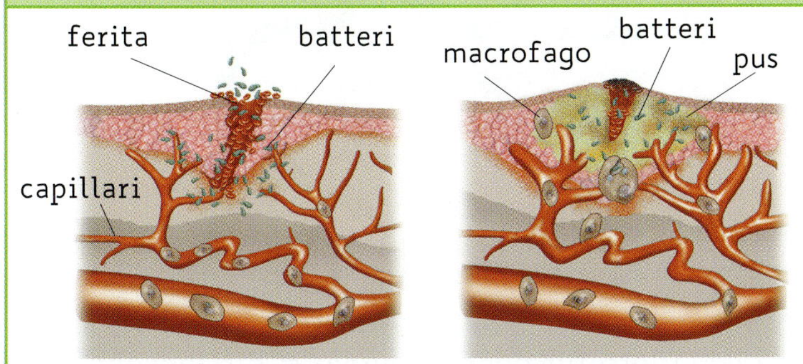

È una tipica **difesa aspecifica**.

DIFESA SPECIFICA

Azione dei linfociti B **Azione dei linfociti T**

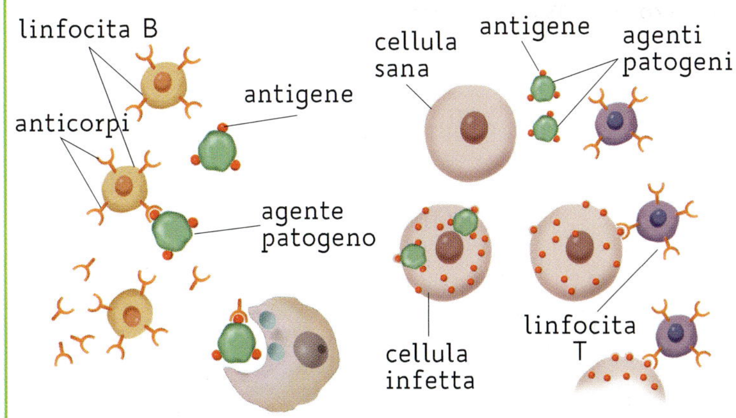

I **linfociti B** e i **linfociti T** sono **globuli bianchi specializzati** per il riconoscimento e l'eliminazione di un determinato agente patogeno attraverso la produzione di **anticorpi** specifici.

Dà luogo alla:

IMMUNITÀ

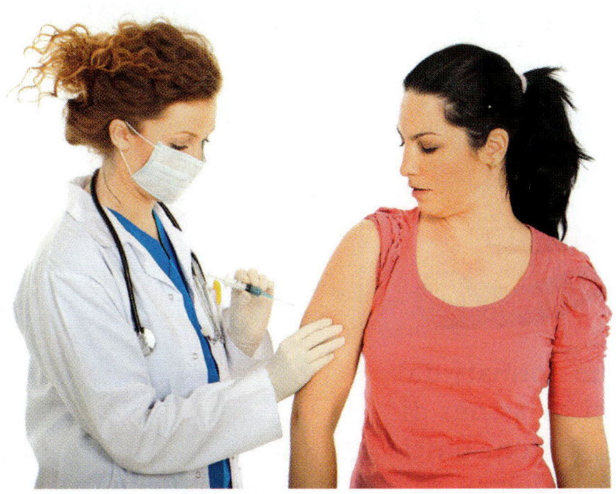

Attraverso le **cellule della memoria**, l'organismo ricorda i microrganismi con cui è venuto a contatto: si parla di **immunità passiva**. I **vaccini** sono invece un esempio di **immunità attiva**.

32 IL COORDINAMENTO E IL CONTROLLO

IL SISTEMA NERVOSO

Il **sistema nervoso** è il centro di controllo di tutto l'organismo:
- ne coordina le attività;
- raccoglie gli stimoli dall'esterno;
- interpreta le informazioni ricevute;
- elabora risposte.

Si divide in:

SISTEMA NERVOSO PERIFERICO

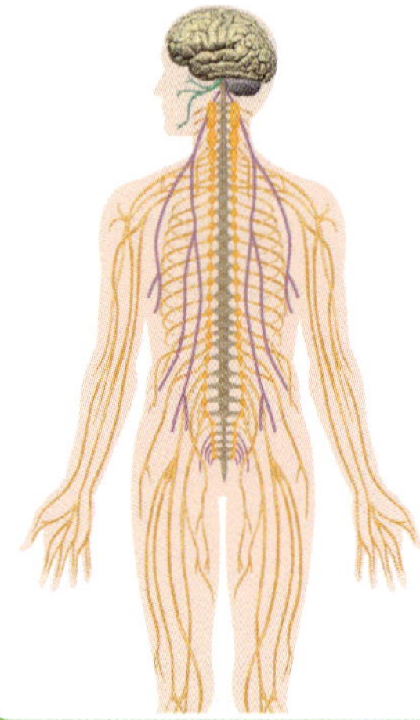

È formato dai **nervi** che collegano il sistema nervoso centrale ai vari organi.

SISTEMA NERVOSO CENTRALE

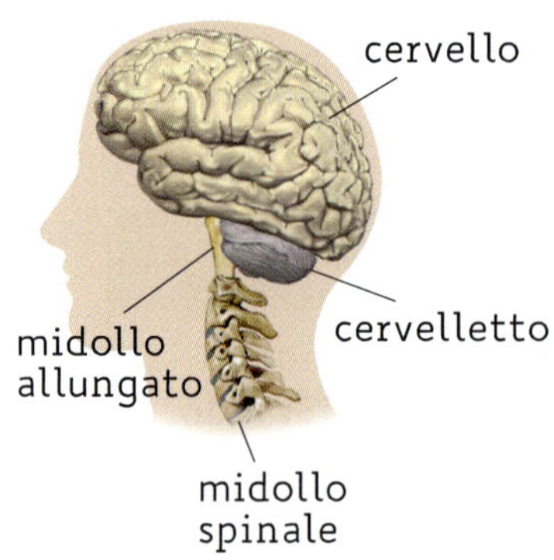

È formato da
- **midollo spinale** contenuto nella colonna vertebrale;
- **encefalo** contenuto nella scatola cranica e formato da **cervello**, **cervelletto** e **midollo allungato**.

Le sue cellule sono i:

NEURONI

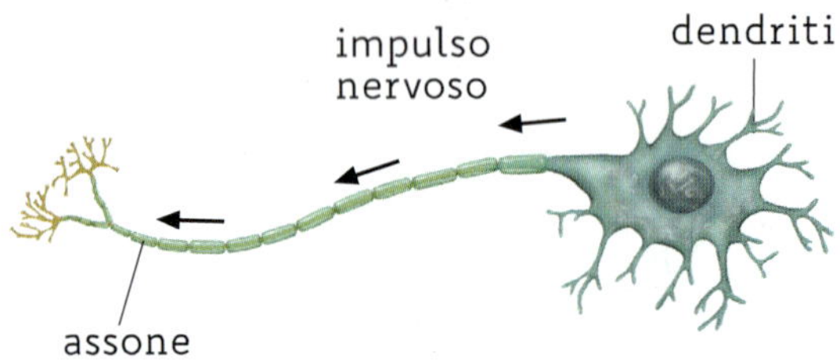

Trasmettono gli **impulsi nervosi** sotto forma di corrente elettrica che va dai dendriti agli assoni.

Formano i:

NERVI

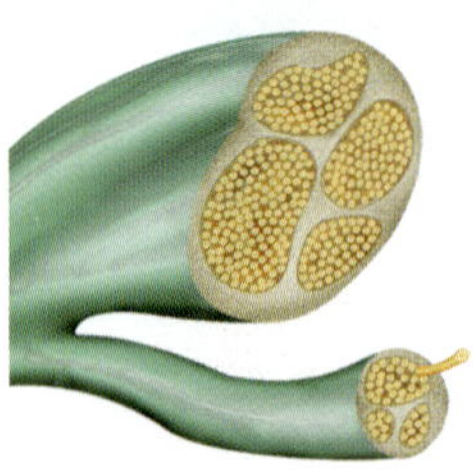

Sono formati da fasci di assoni di più neuroni uniti insieme.

Comunicano tramite le:

SINAPSI

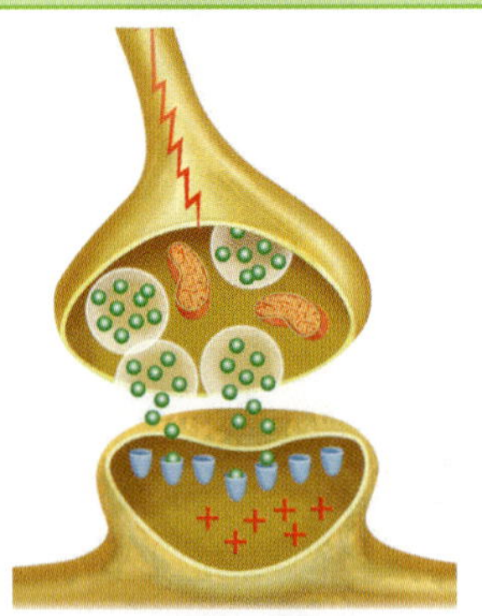

Il segnale elettrico è trasformato in un **segnale chimico** rilasciando **neurotrasmettitori**.

formando dei:

CIRCUITI

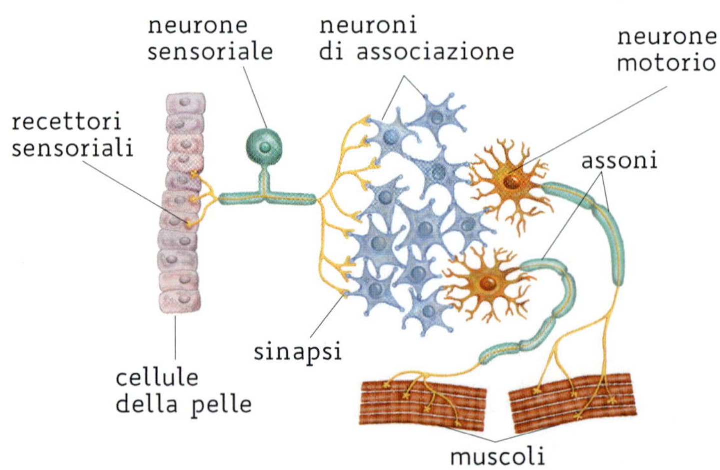

A seconda della loro funzione i neuroni si distinguono in: **sensoriali**, **motori**, **di associazione**.

Si divide in:

SISTEMA NERVOSO VEGETATIVO O AUTONOMO

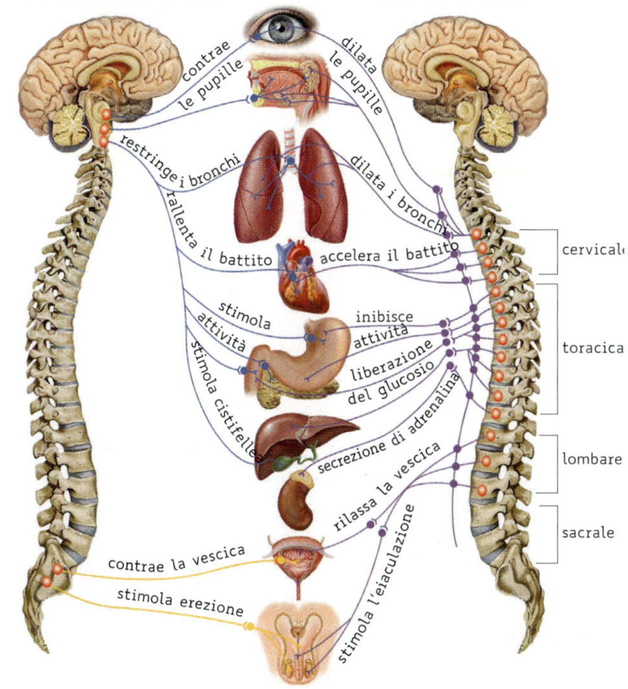

Controlla l'attività involontaria degli organi interni.
Si divide in **sistema simpatico** e **sistema parasimpatico**.

SISTEMA NERVOSO SOMATICO O VOLONTARIO

Controlla le azioni volontarie.

TALAMO, IPOTALAMO E IPOFISI

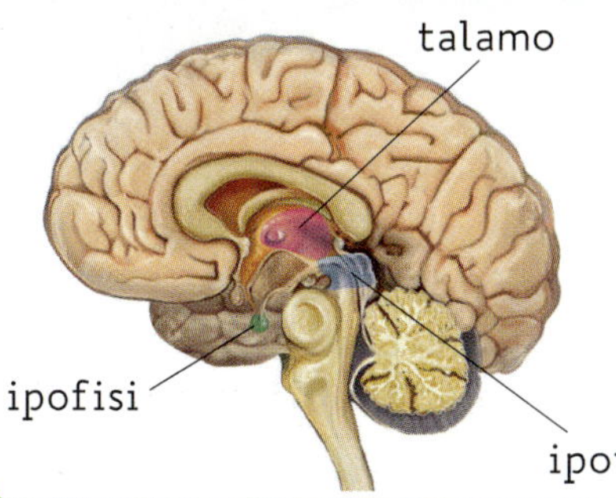

Fanno parte del cervello. La loro azione controlla le **ghiandole endocrine**.

IL SISTEMA ENDOCRINO

Il **sistema endocrino** controlla molte funzioni dell'organismo attraverso l'azione degli ormoni.

GHIANDOLE ENDOCRINE

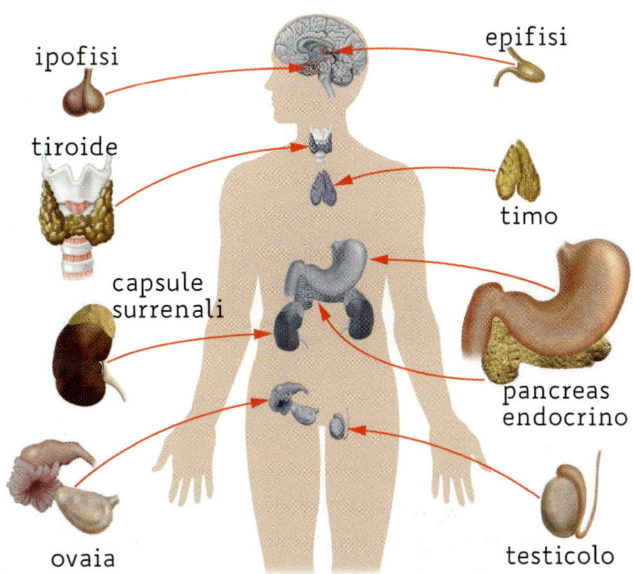

Gli **ormoni** sono molecole complesse che vengono prodotte dalle **ghiandole endocrine** in risposta a uno stimolo. Circolano nel sangue e agiscono solo sugli **organi bersaglio**.

33 I SENSI

GLI ORGANI DI SENSO

L'organismo raccoglie gli **stimoli esterni** e **interni** attraverso i **recettori sensoriali** che trasformano gli stimoli in impulsi nervosi, poi trasmessi al sistema nervoso.

STIMOLI INTERNI

Sono quelli provenienti dai nostri visceri, e raccolti da appositi **eterorecettori**.

TATTO

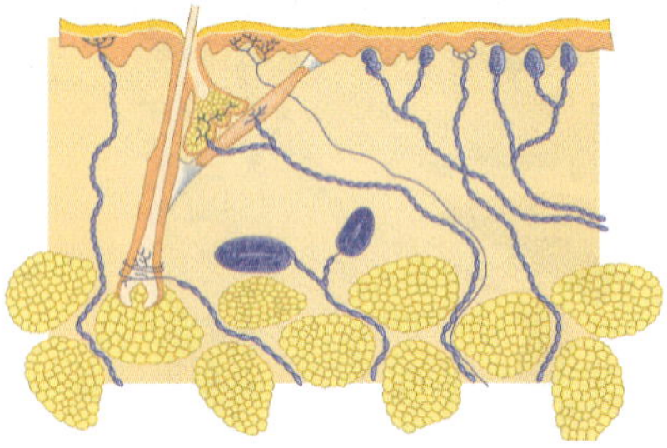

I **recettori cutanei** si trovano nella **pelle** e rilevano:

- la **pressione** dei corpi sulla pelle;
- il **dolore**;
- le variazioni di **temperatura**.

PROPRIOCEZIONE

Rileva la **posizione** del corpo nello spazio, grazie a **propriocettori** posti in muscoli e articolazioni, e all'**apparato vestibolare**, cioè l'organo dell'equilibrio situato nell'orecchio interno.

UDITO

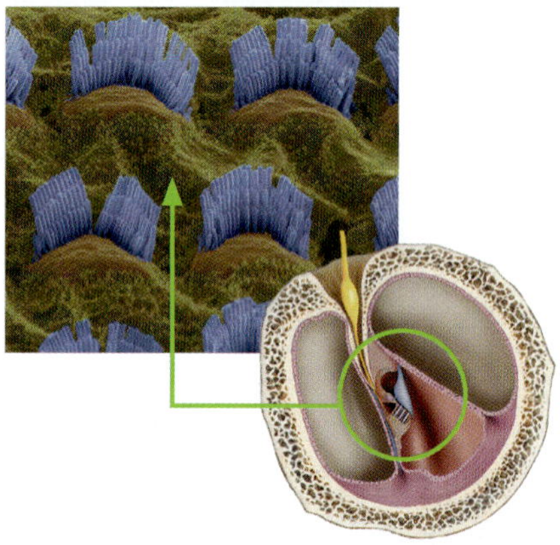

I **recettori acustici** si trovano nell'**orecchio** e riconoscono gli **stimoli sonori**.

ORECCHIO

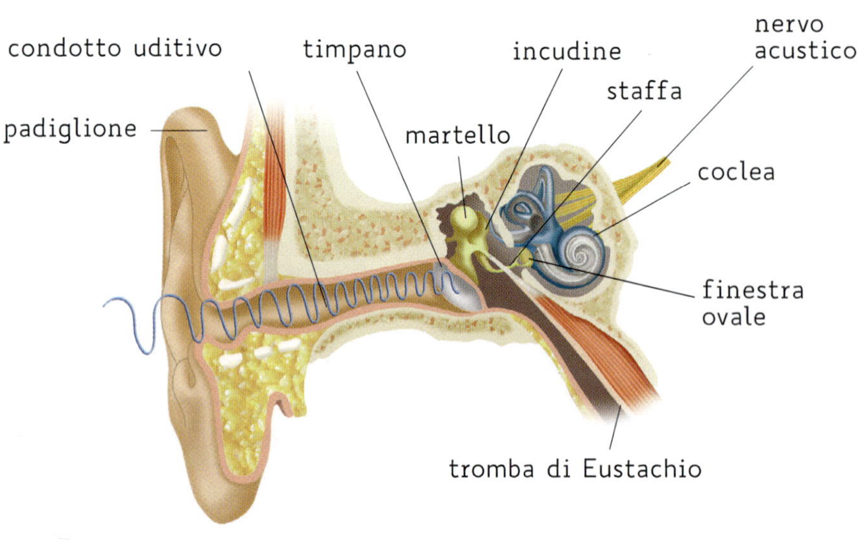

È l'organo dell'udito. Si divide in:

- **orecchio esterno**, che raccoglie le vibrazioni sonore dall'ambiente;
- **orecchio medio**, che amplifica le vibrazioni raccolte;
- **orecchio interno**, che le trasmette ai **recettori acustici** e quindi al cervello.

L'orecchio interno è anche sede dell'**apparato vestibolare**.

STIMOLI CHIMICI

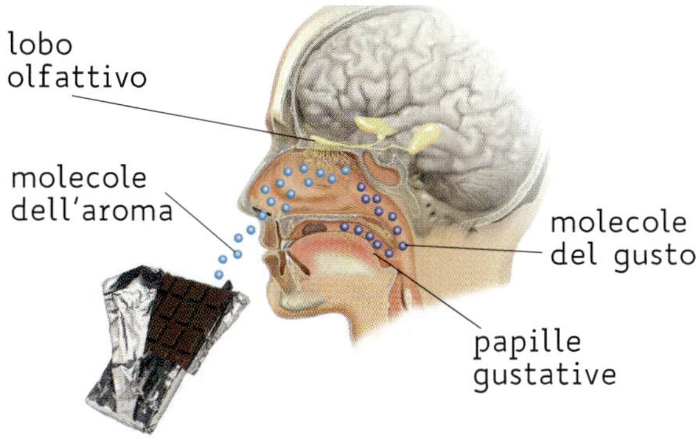

I **recettori chimici** identificano le sostanze chimiche e sono fondamentali per **gusto** e **olfatto**.

GUSTO

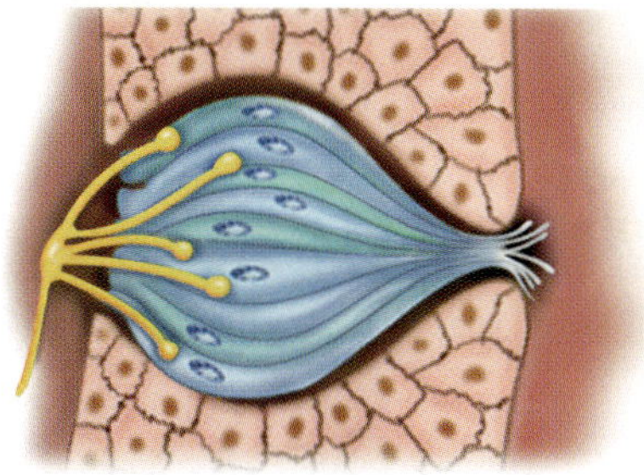

I recettori del gusto sono i **calici gustativi**, situati sulla lingua, all'interno delle papille gustative.

OLFATTO

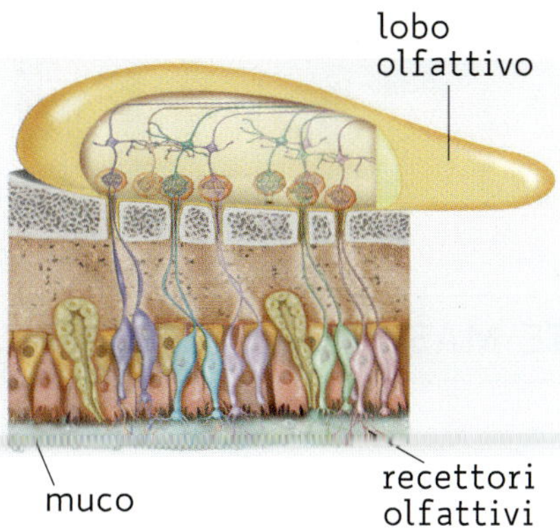

I **recettori olfattivi** si trovano nelle cavità nasali e possono riconoscere un'ampia varietà di **odori**.

SAPORI

- I **calici gustativi** possono riconoscere cinque **sapori**:
- dolce
- amaro
- acido
- salato
- *umami*

VISTA

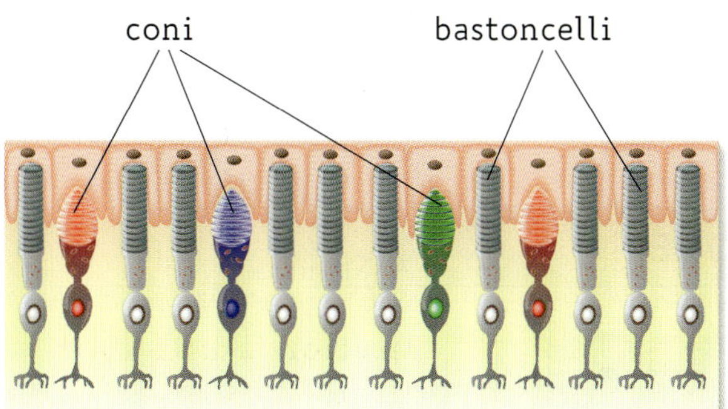

I recettori luminosi sono i **coni** e i **bastoncelli**, che rilevano gli **stimoli luminosi** e sono alla base della **vista**.

OCCHIO

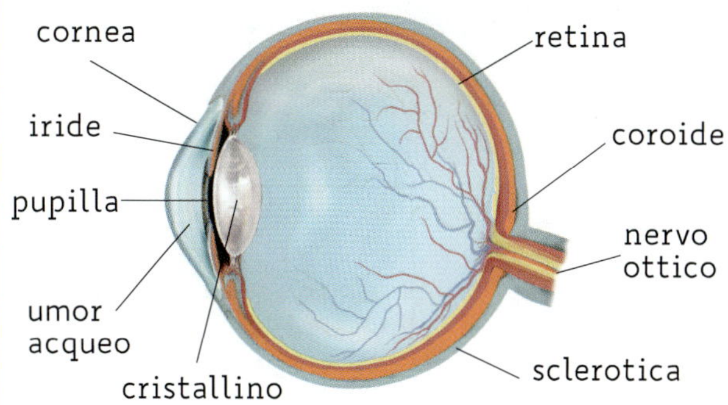

È l'organo della vista; quasi sferico, è racchiuso da membrane. La luce attraversa la cornea e la pupilla ed è convogliata dal cristallino sulla retina, dove si forma l'**immagine**.

34 LA RIPRODUZIONE

I GAMETI E GLI APPARATI RIPRODUTTORI

Gli **apparati riproduttori** consentono la **funzione riproduttiva** cioè la generazione di nuovi organismi simili ai genitori. Sono molto diversi nell'**uomo** e nella **donna**.

APPARATO RIPRODUTTORE FEMMINILE

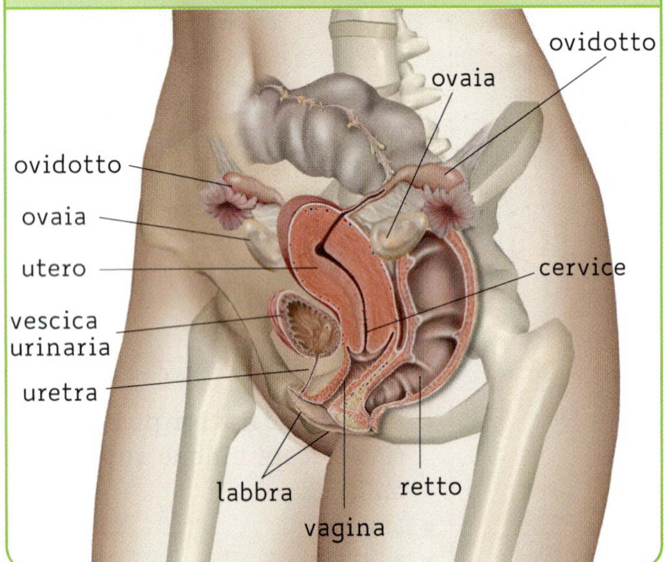

APPARATO RIPRODUTTORE MASCHILE

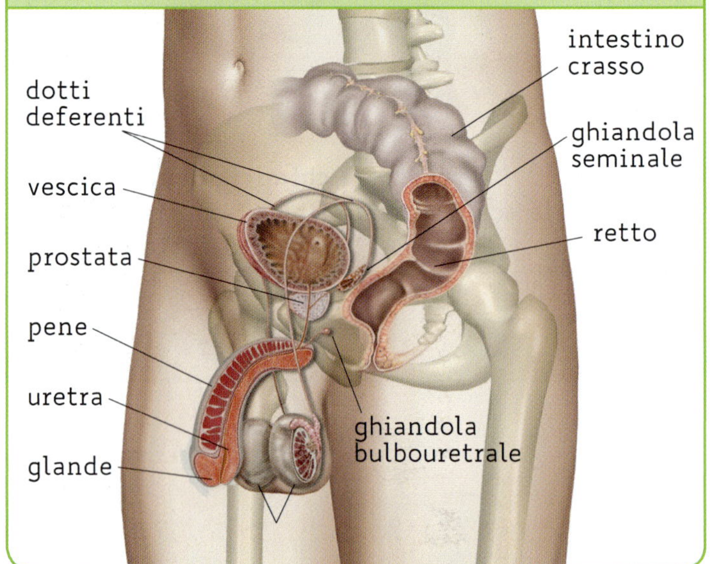

GAMETE FEMMINILE: OVULO

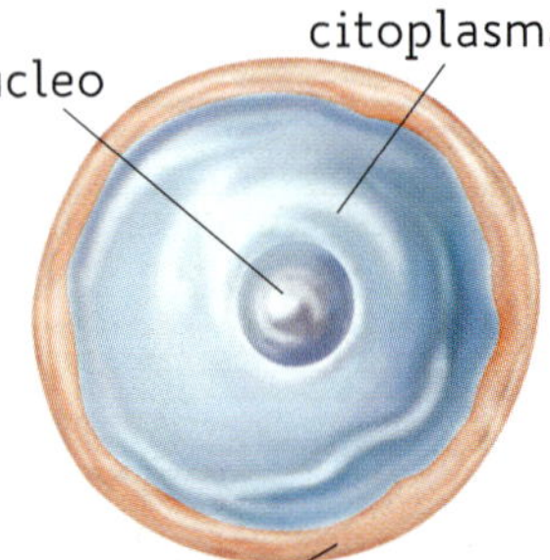

- Prodotto nelle **ovaie**
- Grandi dimensioni
- Poco mobile

GAMETE MASCHILE: SPERMATOZOO

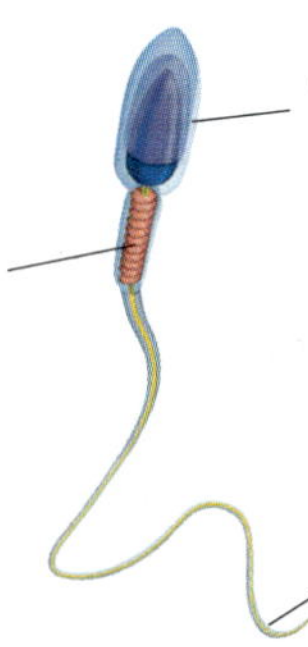

Prodotto nei **testicoli**
Piccole dimensioni
Mobile

FECONDAZIONE

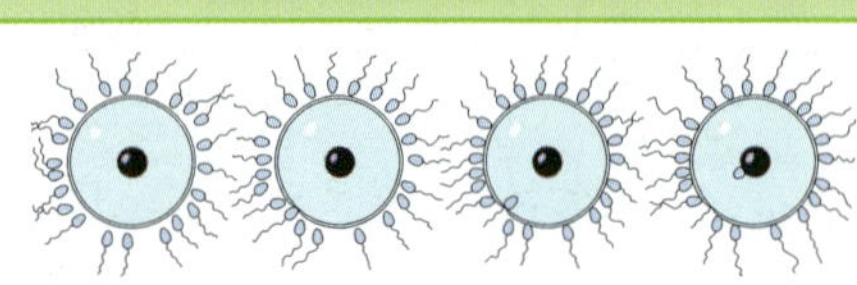

È la **fusione** di due gameti, maschile e femminile. Da essa ha origine lo **zigote**, che rappresenta la prima cellula del nuovo organismo.

GLI ORMONI SESSUALI

Il funzionamento degli apparati riproduttori è regolato dagli **ormoni sessuali** prodotti da: ipofisi; ovaie (nella donna); testicoli (nell'uomo).

PUBERTÀ

Età in cui inizia la produzione degli ormoni e si determinano una serie di **modificazioni** nell'**organismo**.

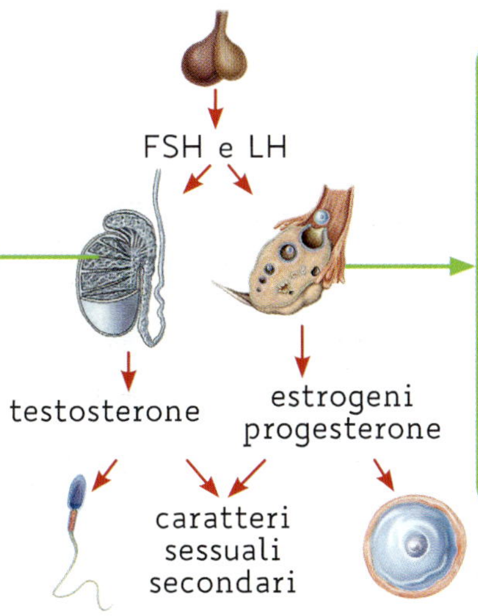

NELL'UOMO

L'ormone **testosterone** induce:

- sviluppo dei **caratteri sessuali maschili**;
- produzione degli spermatozoi.

NELLA DONNA

Gli ormoni **progesterone** ed **estrogeni** inducono:

- sviluppo dei **caratteri sessuali femminili**;
- maturazione delle cellule uovo che avviene durante il **ciclo ovarico**.

DALLA FECONDAZIONE ALLA NASCITA

Quando un ovulo viene fecondato da uno spermatozoo si ha il **concepimento**. Si forma lo **zigote**, che è la prima cellula del nuovo individuo.

CONCEPIMENTO

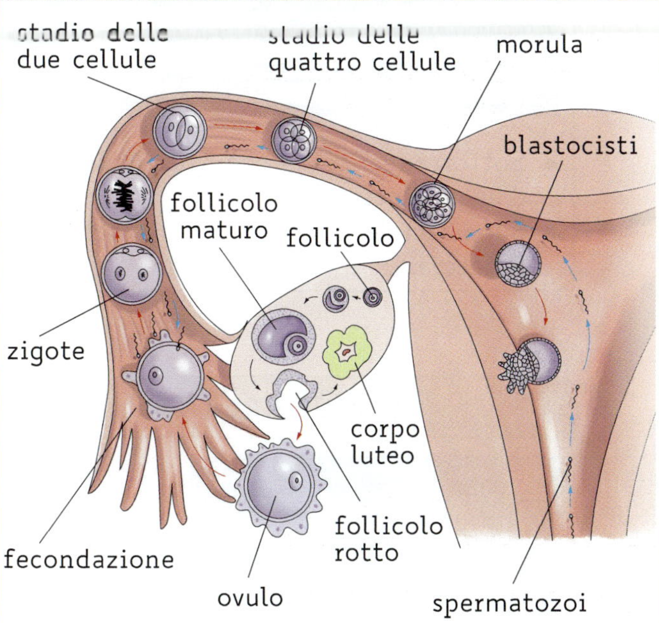

La fecondazione dell'ovulo avviene nell'**ovidotto**. Lo **zigote** a questo punto scende nell'utero dove avviene l'**annidamento**.

GRAVIDANZA

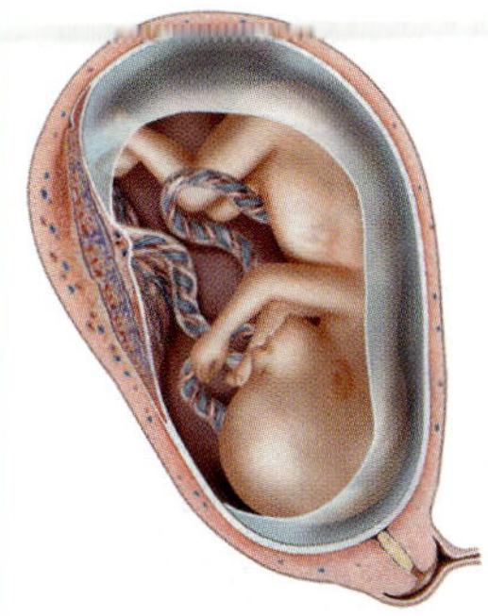

Al concepimento segue la **gravidanza**.
In questo periodo il **feto** è:

- annidato nell'utero;
- racchiuso nel sacco amniotico;
- nutrito dalla madre attraverso la placenta.

TRAVAGLIO E PARTO

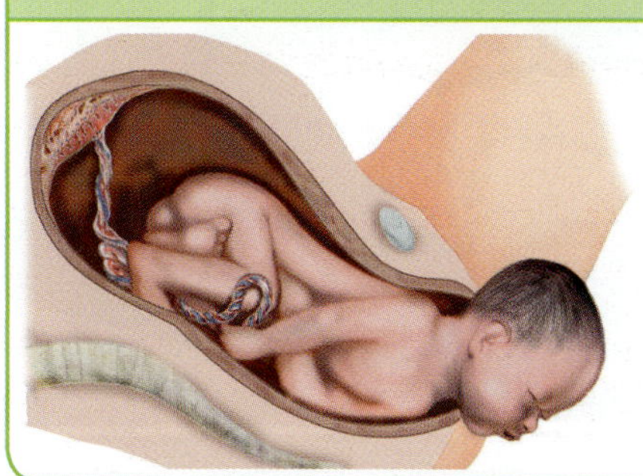

Al termine della gravidanza inizia il **travaglio** che porta al **parto**, con la nascita del nuovo individuo.

35 ACQUA, ARIA E TERRA

IL SISTEMA TERRA

Il nostro pianeta è un sistema formato dall'interazione di tre "sfere".

IDROSFERA

ATMOSFERA

LITOSFERA

L'IDROSFERA

È l'insieme delle acque che si trovano sul nostro pianeta, sempre in movimento in una sequenza chiamata **ciclo dell'acqua**.

È costituita da:

ACQUE DOLCI

- Sotterranee: falde acquifere, corsi d'acqua sotterranei
- Superficiali: torrenti, fiumi, laghi, ghiacciai

ACQUE SALATE

- mari
- oceani

IL CICLO DELL'ACQUA

- evaporazione
- precipitazioni
- scorrimento

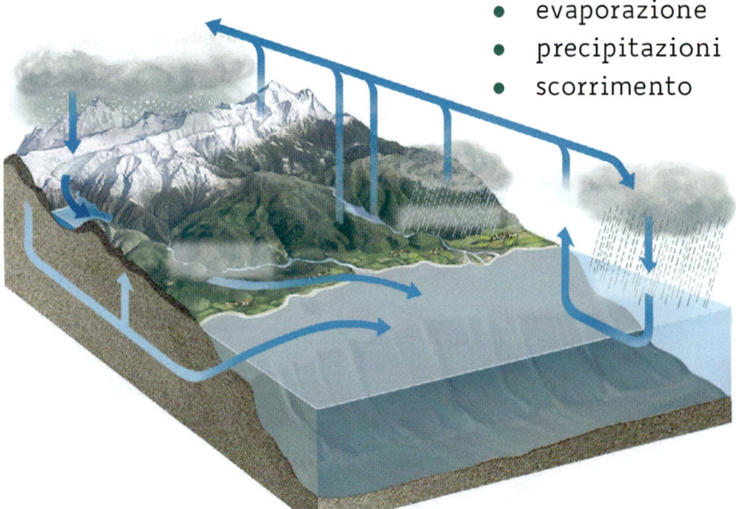

L'ATMOSFERA

È l'involucro gassoso che avvolge il nostro pianeta.

PRESSIONE ATMOSFERICA

È il peso che una colonna d'aria, alta quanto l'atmosfera, esercita su un metro quadrato di superficie terrestre.

COMPOSIZIONE DELLA TROPOSFERA

La **troposfera** è lo strato più basso e più denso dell'atmosfera. Si compone di diversi gas, vapore acqueo e polveri.

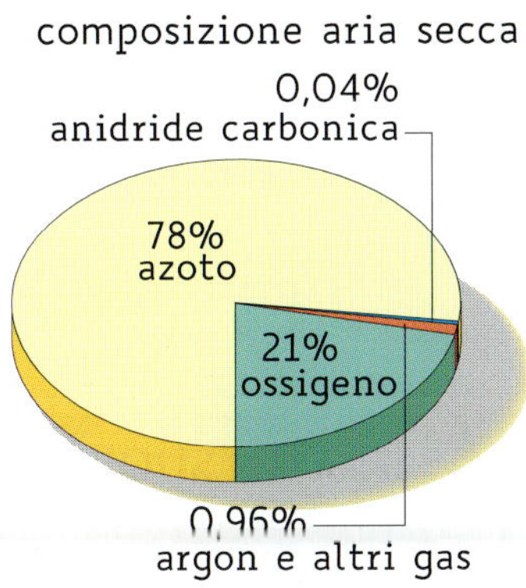

STRATI DELL'ATMOSFERA

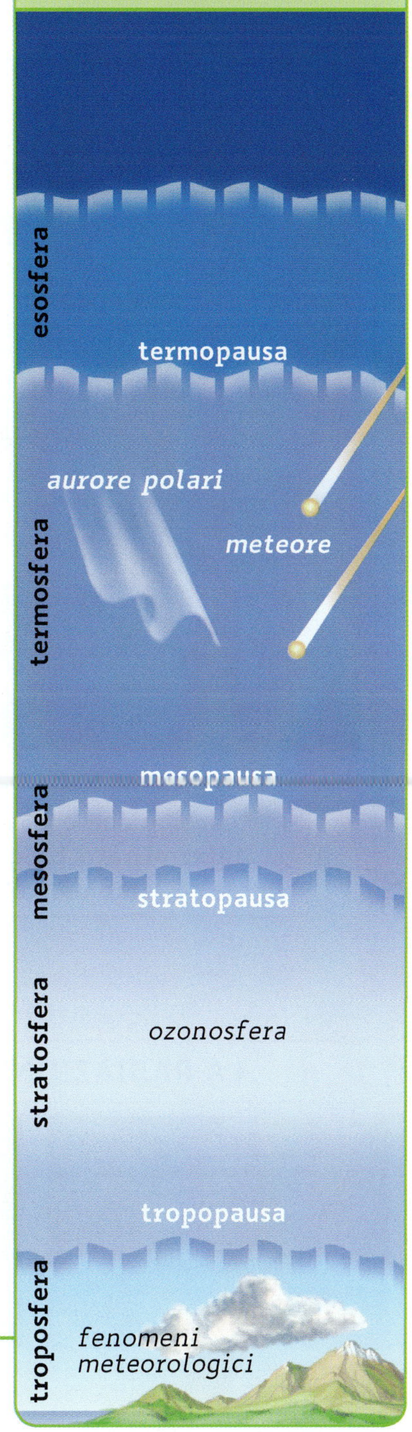

LA LITOSFERA

È lo strato solido che costituisce la parte più esterna del nostro pianeta.

IL SUOLO

Il **suolo** è lo strato più superficiale della litosfera. È formato da minerali, materiale organico, acqua e aria.

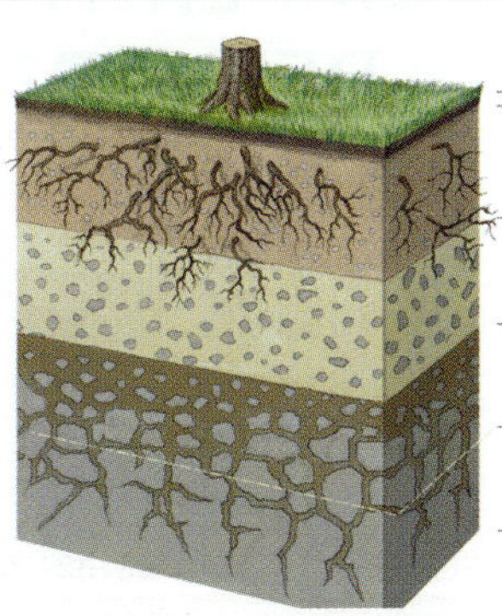

36 I FENOMENI METEO

IL TEMPO E IL CLIMA

Le **condizioni meteorologiche** dipendono da:
- temperatura dell'aria
- pressione atmosferica
- umidità dell'aria

IL CLIMA

È l'andamento medio delle condizioni meteorologiche che si verificano in un dato luogo lungo un periodo di **almeno 30 anni**.

IL TEMPO ATMOSFERICO

È l'insieme delle condizioni meteorologiche che si verificano in un **determinato luogo** e in un **dato momento**.

Determinano:

LA CONDENSAZIONE

Avviene quando parte del vapore acqueo dell'aria ritorna allo **stato liquido**.

Può avvenire:

VICINO AL SUOLO

Nebbia, rugiada, brina.

IN QUOTA

Nubi, precipitazioni (pioggia, neve e grandine).

LA RADIAZIONE SOLARE

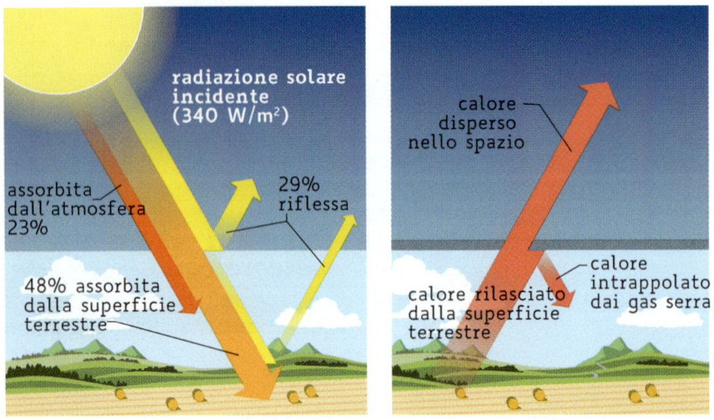

TEMPERATURA DELL'ARIA

Il nostro pianeta riceve energia dal SOLE sotto forma di luce e calore; ciò determina la **temperatura** dell'aria e le sue variazioni.

VARIAZIONI

La temperatura dell'aria varia con:
- latitudine
- giorno dell'anno
- altitudine
- distribuzione di terre emerse e acque.

I VENTI

I **venti** sono movimenti orizzontali di una massa d'aria che si sposta da una **zona anticiclonica** (alta pressione) a una **ciclonica** (bassa pressione).

L'ORIGINE DEI VENTI

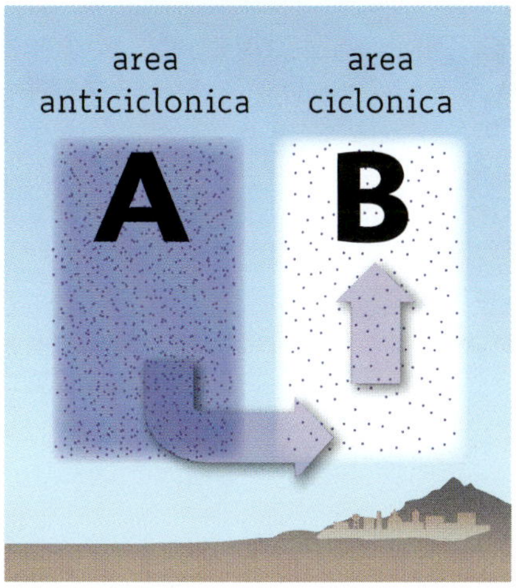

Possono essere:

VENTI PERIODICI

Coinvolgono aree molto estese della Terra e **variano** nelle diverse stagioni. **Esempio**: monsoni.

VENTI COSTANTI

Coinvolgono aree molto estese della Terra e sono **costanti** durante l'anno. **Esempio**: alisei.

BREZZE DI TERRA E DI MARE

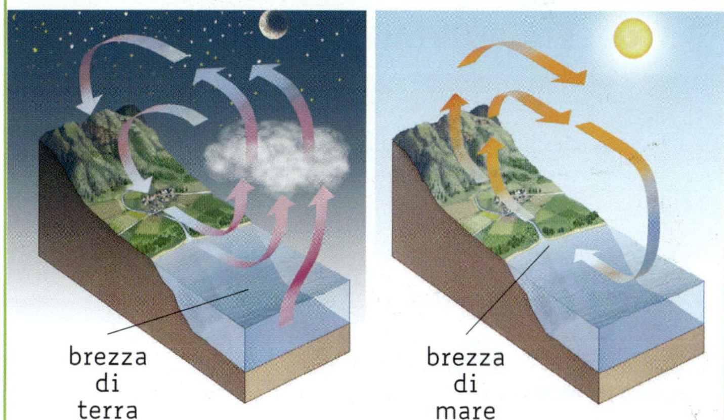

Venti leggeri che spirano nelle località marine e in quelle lacustri, rispettivamente di notte e di giorno.

LE CORRENTI OCEANICHE

Sono **movimenti delle masse di acqua** oceanica. Come grandi fiumi si spostano all'interno degli oceani.
Possono essere **superficiali** o **profonde**.

LE CORRENTI SUPERFICIALI

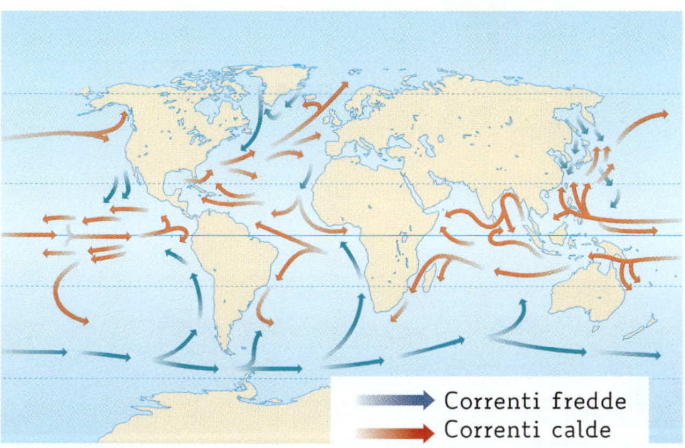

EFFETTI

I venti e le correnti oceanche influenzano **il clima**.

37 I GRANDI AMBIENTI DELLA TERRA

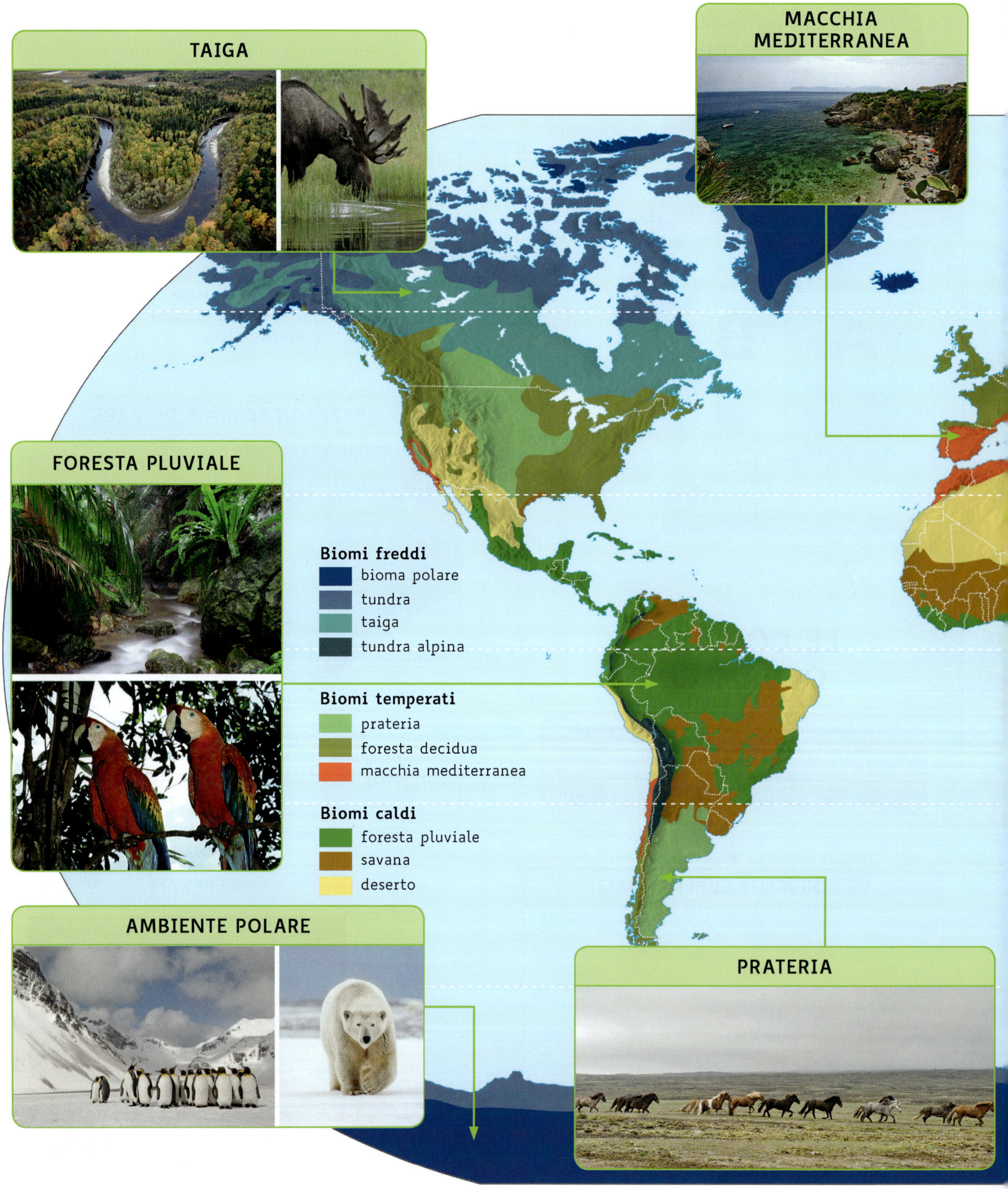

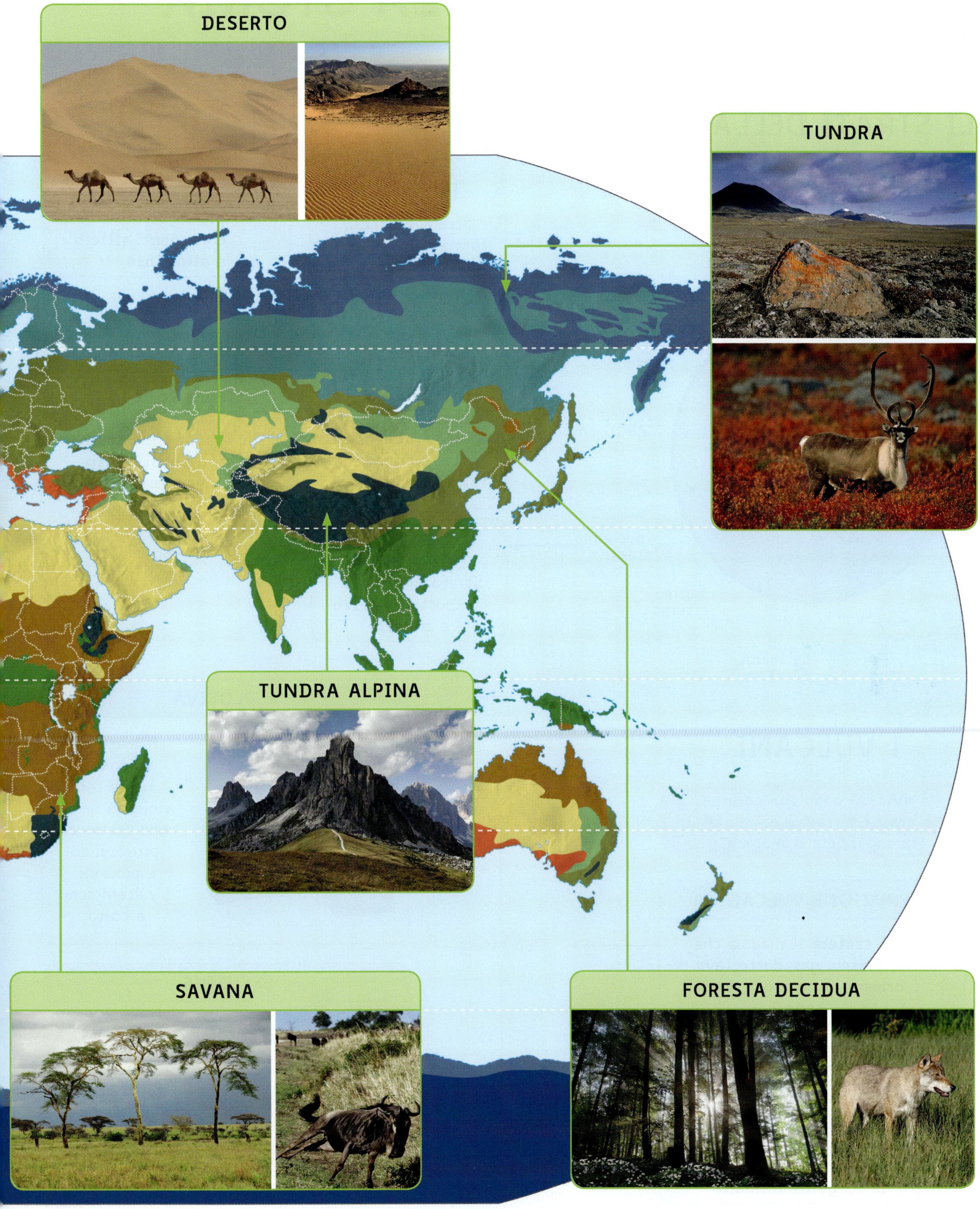
DESERTO
TUNDRA
TUNDRA ALPINA
SAVANA
FORESTA DECIDUA

38 LA STRUTTURA E LA STORIA DELLA TERRA

GLI STRATI DELLA TERRA

La Terra è formata da tre **strati concentrici**, separati da superfici chiamate **discontinuità.**

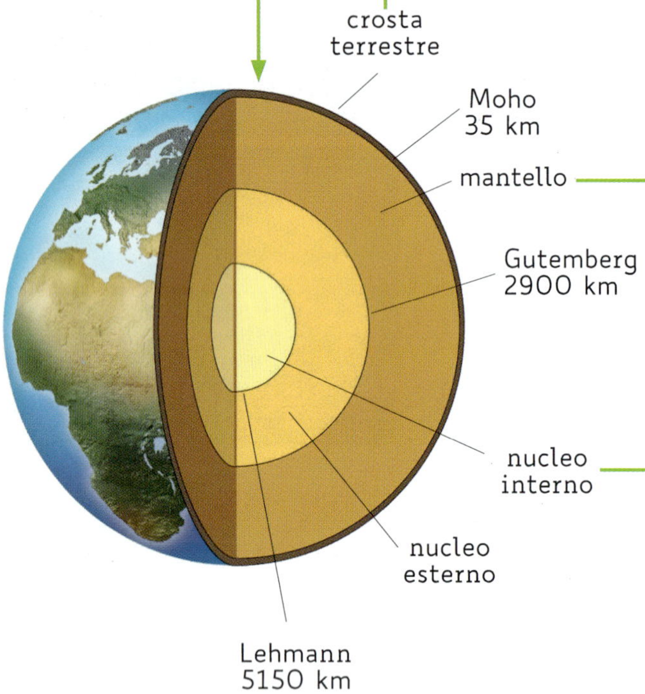

CROSTA TERRESTRE

Strato **esterno**, forma con la parte solida del mantello la **litosfera.**

CROSTA CONTINENTALE

- Più **spessa.**
- Composta da rocce più leggere e chiare, contenenti **silicio** e **alluminio.**

CROSTA OCEANICA

- Più **sottile.**
- Composta da rocce più dense e scure, contenenti **ferro** e **magnesio.**

MANTELLO

Strato **intermedio**, meno denso del nucleo, formato da rocce contenenti **ferro** e **magnesio.**

NUCLEO

Strato più **denso**, composto da **ferro** e **nichel.**

I VULCANI

I **vulcani** sono spaccature della crosta terrestre da cui risale in superficie il **magma.**

ERUZIONE VULCANICA

Dal **cratere** il magma che ha perso i gas, detto **lava**, fuoriesce unito a **gas**, **lapilli** e **cenere.**

Può essere:

ESPLOSIVA

Il magma è **viscoso** e libera con violenza il gas che contiene, provocando esplosioni. I vulcani sono **a cono.**

EFFUSIVA

Il magma è **fluido** e fuoriesce tranquillamente. I vulcani sono a **scudo.**

VULCANISMO SECONDARIO

Fenomeni legati al calore della Terra, sono: i **geyser**, i **soffioni**, le **fumarole**, le **sorgenti termali.**

I TERREMOTI

I **terremoti** sono vibrazioni della superficie terrestre in cui si liberano enormi quantità di energia che viene trasportata dalle **onde sismiche.**

FAGLIE

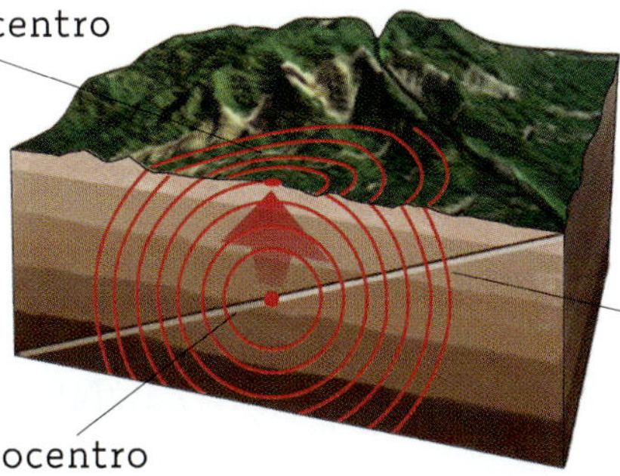

Fratture della crosta lungo cui si possono avere i bruschi spostamenti di enormi masse di roccia all'origine dei terremoti.

ONDE PRIMARIE (P)

- Sono le più veloci e arrivano per prime ai sismografi.
- Causano compressioni e dilatazioni.
- Si propagano in qualsiasi mezzo.

ONDE SECONDARIE (S)

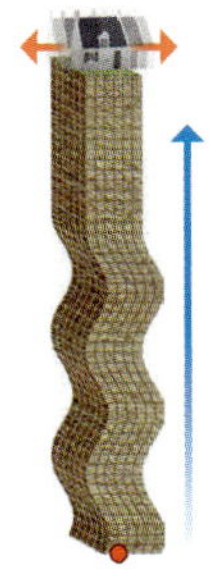

- Sono le seconde ad arrivare ai sismografi.
- Causano oscillazioni trasversali.
- Si propagano solo nei solidi.

ONDE SUPERFICIALI

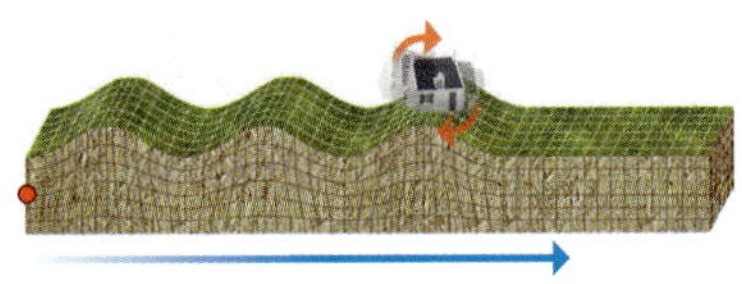

- Si propagano in superficie.
- Hanno ampiezza maggiore e durano più a lungo.
- Causano i danni maggiori.

LA TETTONICA DELLE PLACCHE

Secondo la **teoria della tettonica delle placche**, la litosfera è suddivisa in blocchi rigidi (**placche**), trasportati in un lentissimo movimento.

MOTI CONVETTIVI

Il movimento delle placche è causato da **correnti ascendenti e discendenti** di magma che hanno luogo nel mantello.

LA DERIVA DEI CONTINENTI

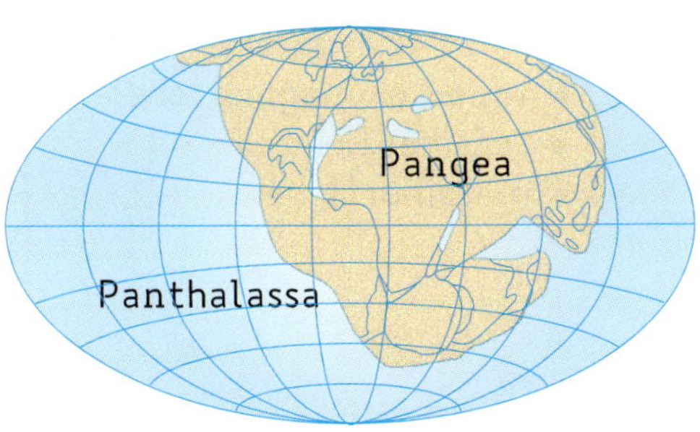

Circa **250 milioni di anni fa** i continenti erano riuniti in un grande continente, detto **Pangea.**

DORSALI OCEANICHE

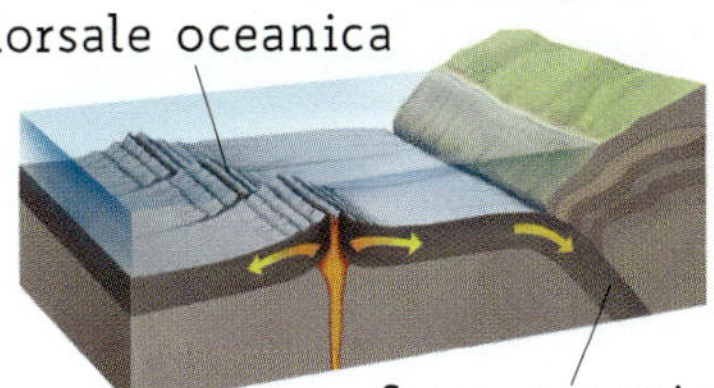

Il magma risale in corrispondenza delle **dorsali**, dove si forma nuova crosta che ridiscende in corrispondenza delle **fosse oceaniche.**

SCONTRO TRA PLACCHE

Lungo i margini convergenti di due placche si hanno:

- archi vulcanici continentali
- archi vulcanici insulari
- catene montuose
- terremoti

39 MINERALI, ROCCE, PAESAGGI

I MINERALI E LE ROCCE

I **minerali** sono sostanze solide che si trovano in natura, caratterizzate da una composizione chimica definita che si mantiene invariata nel tempo.

STRUTTURA CRISTALLINA

Gli atomi o le molecole che formano i minerali possono disporsi in modo **regolare** così da formare una struttura **ordinata**.

Si formano per:

CRISTALLIZZAZIONE PER RAFFREDDAMENTO

Avviene quando il materiale fuso nel sottosuolo terrestre **si raffredda lentamente** e forma così un solido cristallino.

CRISTALLIZZAZIONE PER PRECIPITAZIONE

Avviene quando una sostanza sciolta in **soluzione** in un liquido **precipita**, cioè si deposita lentamente, perchè il liquido evapora. Forma così un solido cristallino.

ROCCE

Sono **aggregati di minerali** che formano la litosfera.

IL CICLO DELLE ROCCE

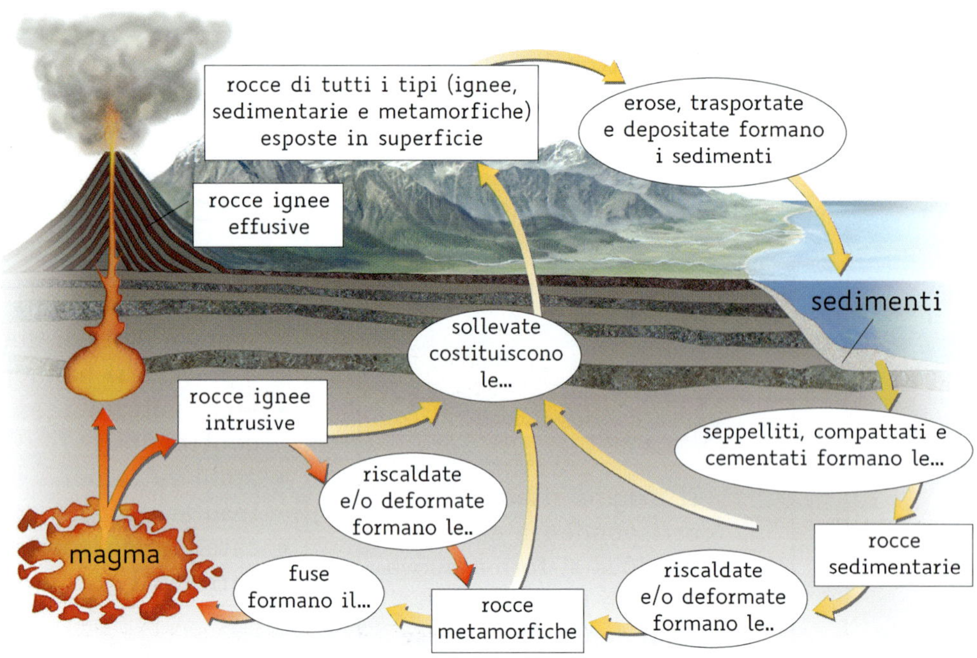

Le rocce della Terra **si trasformano** in continuazione rinnovando la litosfera.
Sono classificate in base ai processi che hanno permesso la loro formazione:

- ignee (o magmatiche)
- sedimentarie
- metamorfiche.

IL MODELLAMENTO DEL PAESAGGIO

I **paesaggi terrestri** sono modellati in continuazione da forze interne ed esterne alla Terra.

FORZE INTERNE (ENDOGENE)

Dipendono dalle condizioni dell'**interno del pianeta:** per esempio dall'elevata temperatura e pressione che generano il magma racchiuso nel sottosuolo.

ROCCE IGNEE (MAGMATICHE)

Hanno origine quando i minerali che si trovano allo stato fuso (**magma**) si raffreddano nelle profondità della Terra (intrusive) o in superficie (effusive). Ne sono esempi il **basalto** e il **granito**.

ROCCE SEDIMENTARIE

Hanno origine dai detriti di rocce preesistenti, resi compatti dal processo di **cementazione**. Ne sono esempi l'**arenaria** e il **conglomerato**. Possono contenere **fossili** di organismi viventi.

ROCCE METAMORFICHE

Hanno origine quando rocce preesistenti si trasformano a causa di temperature molto elevate o pressioni molto intense. Ne sono esempi l'**ardesia** e il **marmo**.

FORZE ESTERNE (ESOGENE)

L'**acqua** e il **vento** erodono le rocce e in seguito ne trasportano i frammenti.

L'erosione viene esercitata anche da cicli di **gelo** e **disgelo** e da forti **escursioni termiche.**

40 LA TERRA E LA LUNA

I MOTI DELLA TERRA

I **moti** principali della Terra sono la rotazione e la rivoluzione.

ROTAZIONE

Attorno al proprio asse. Ha come effetto l'alternarsi del **dì** e della **notte**, cioè l'alternarsi di un periodo di luce e di un di buio.

MOTO DI SOLE E STELLE

A causa della rotazione, il Sole e le stelle compiono un **moto apparente** sulla volta celeste.

RIVOLUZIONE

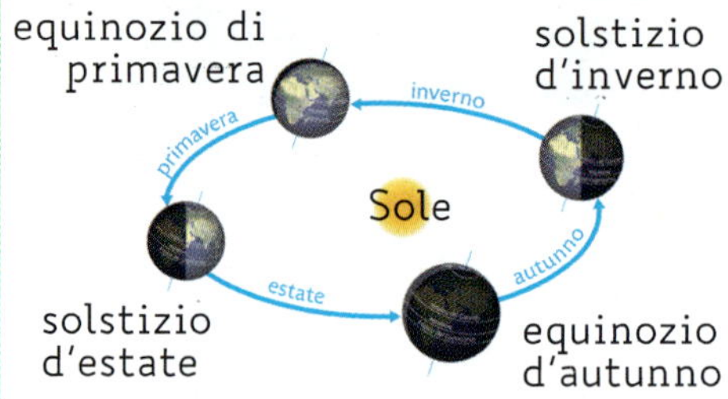

Intorno al Sole. Ha come effetto l'alternarsi delle **stagioni.** La diversa illuminazione e la diversa durata del dì provocano cambiamenti delle condizioni meteorologiche.

LA LUNA

La **Luna** è il satellite della Terra.

È in continuo movimento.

CARATTERISTICHE

- È un corpo roccioso
- È privo di acqua liquida
- È privo di atmosfera

ROTAZIONE

In un periodo di 27 giorni e 7 ore gira su se stessa.

RIVOLUZIONE

In un periodo di 27 giorni e 7 ore gira intorno alla Terra.

FASI LUNARI

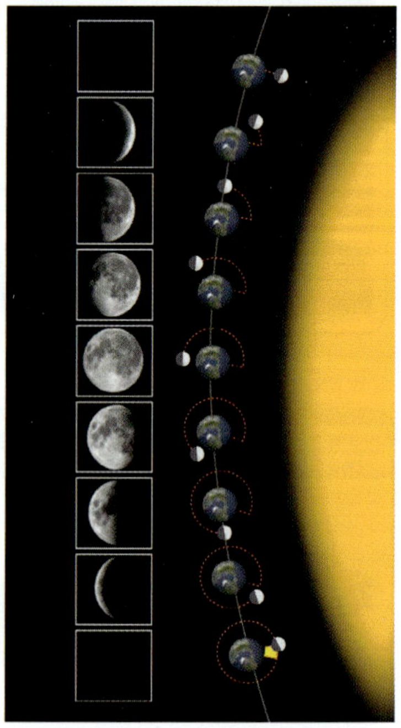

A causa dei suoi movimenti, vista dalla Terra mostra zone illuminate e zone in ombra che variano nel **ciclo lunare**.

LE ECLISSI

Le **eclissi** si verificano quando Terra, Sole e Luna sono **allineati**.

ECLISSE LUNARE

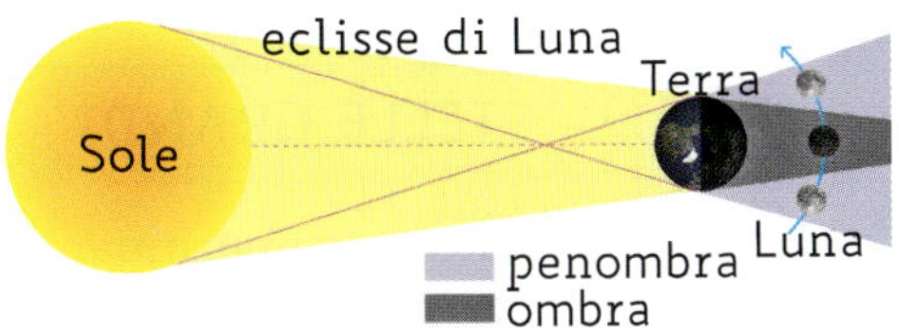

La Terra si allinea tra il Sole e la Luna. È visibile da tutto l'emisfero notturno della Terra. Può avvenire solo in fase di Luna piena.

ECLISSE TOTALE

La Luna è totalmente oscurata.

ECLISSE PARZIALE

La Luna viene oscurata solo in parte.

ECLISSE SOLARE

La Luna si allinea tra la Terra e il Sole. È visibile sempre solo da ristrette porzioni della superficie terrestre. Può avvenire solo in fase di Luna nuova.

ECLISSE TOTALE

Il disco del Sole è totalmente oscurato dalla Luna.

ECLISSE PARZIALE

Il Sole viene oscurato solo in parte dalla Luna.

ECLISSE ANULARE

Un sottile anello del disco solare viene lasciato scoperto dal disco della Luna.

LE MAREE

La **marea** è una variazione periodica del livello del mare.

MAREE LUNARI

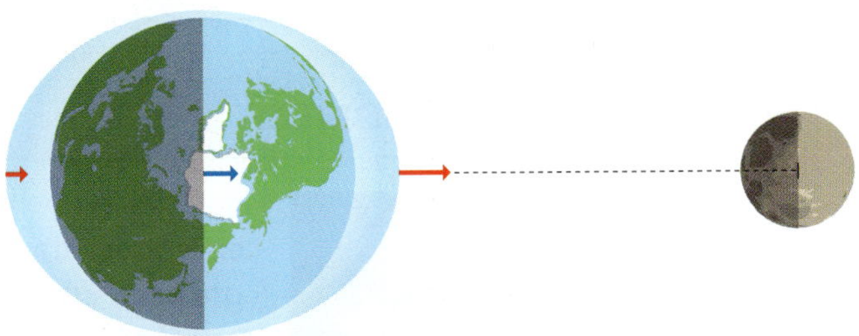

L'attrazione gravitazionale della Luna provoca il rigonfiamento delle acque (**alta marea**) nelle zone più vicine o più lontane dalla Luna e un abbassamento altrove (**bassa marea**).

MAREE SOLARI

Il Sole contribuisce alla maree con la sua attrazione gravitazionale.

MAREE MASSIME (O VIVE)

Il Sole, la Terra e la Luna sono allineati: l'effetto di marea è **massimo**.

MAREE MINIME (O MORTE)

Il Sole e la Luna sono in quadratura: l'effetto di marea è **minimo**.

41 IL SISTEMA SOLARE E L'UNIVERSO

LE STELLE E IL SOLE

Le **stelle** sono composte da gas e producono energia tramite **reazioni nucleari**.

SEQUENZA PRINCIPALE

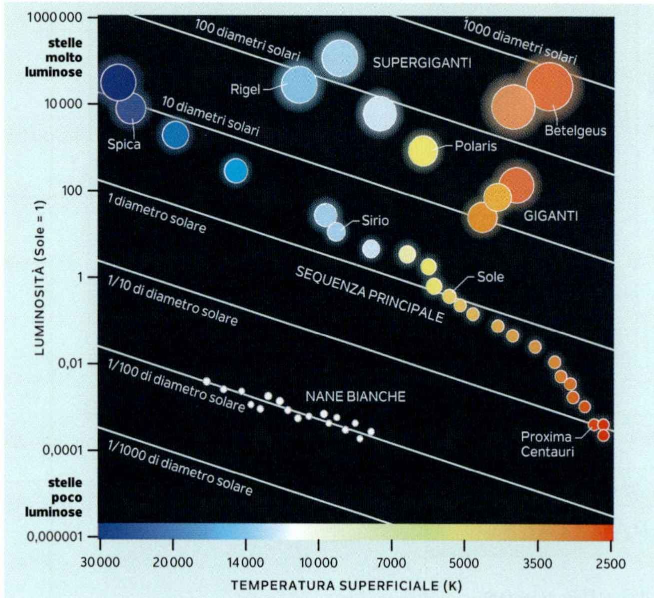

È formata dalle stelle che bruciano idrogeno producendo elio, che sono la maggior parte.

STELLE PICCOLE

Diventano **giganti rosse** e quindi **nane bianche**.

IL SOLE

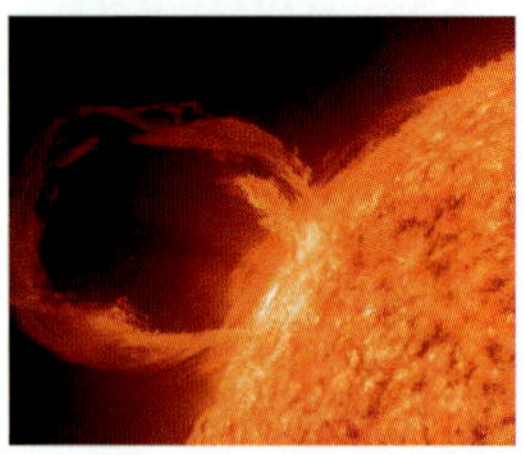

È una **nana gialla**.

STELLE GRANDI

Diventano supergiganti e quindi esplodono come ***supernovae***. Infine diventano **stelle di neutroni** o **buchi neri**, circondati da una **nebulosa**.

IL SISTEMA SOLARE

Il **Sistema solare** è formato dal Sole e dai corpi celesti che gli ruotano intorno.

PIANETI

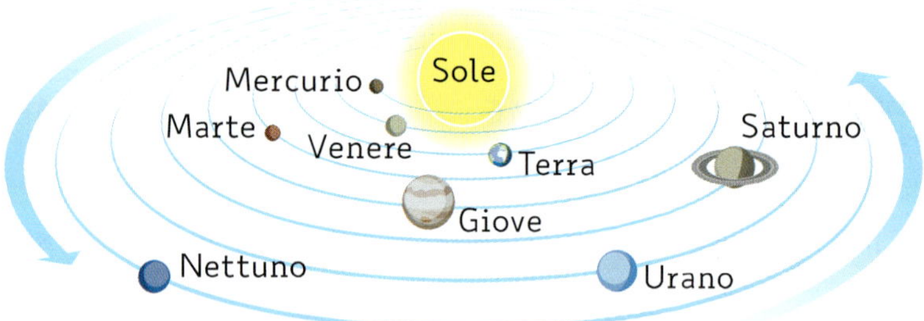

Gli otto pianeti sono divisi in:

- pianeti interni o rocciosi: **Mercurio**, **Venere**, **Terra**, **Marte**
- pianeti esterni o gassosi: **Giove**, **Saturno**, **Urano**, **Nettuno**.

ASTEROIDI

Corpi celesti **rocciosi** di dimensioni ridotte. Si trovano soprattutto in due fasce all'interno del Sistema solare.

COMETE

Oggetti composti da **ghiacci** che, avvicinandosi al Sole, mostrano le caratteristiche **chiome**.

LE GALASSIE E LA VIA LATTEA

Nell'**universo** vi sono miliardi di **galassie**. Ogni galassia è formata da un enorme ammasso di milioni o miliardi di stelle e da una grande quantità di gas.

GALASSIE ELLITTICHE

Indicate con E, non ruotano e sono formate da **stelle più vecchie**.

GALASSIE A SPIRALE

Sono formate da **bracci** che ruotano attorno al centro e contengono le **stelle più giovani**.

NORMALI

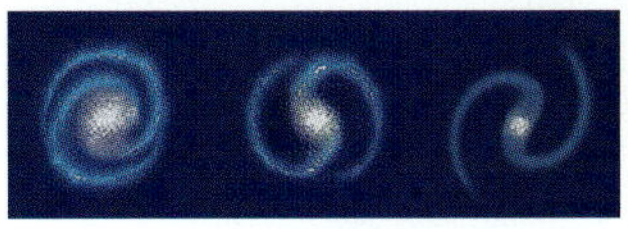

Indicate con S, hanno un **nucleo sferico**.

BARRATE

Indicate con Sb, hanno una **barra al centro**.

VIA LATTEA

La **nostra galassia**, la Via Lattea, è una galassia a spirale barrata.

LE ORIGINI DELL'UNIVERSO

L'**universo** ha avuto origine circa **13,8 miliardi di anni fa** da una grande esplosione: il **Big Bang**.

L'EVOLUZIONE

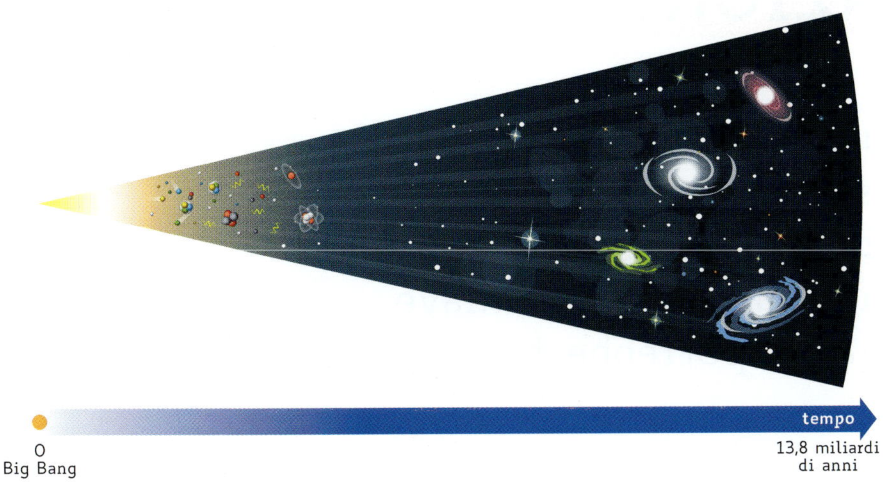

Con il **Big Bang** si sono formati protoni, neutroni, elettroni. Da questi si sono formati in seguito atomi, pianeti, stelle e galassie.

LEGGE DI HUBBLE

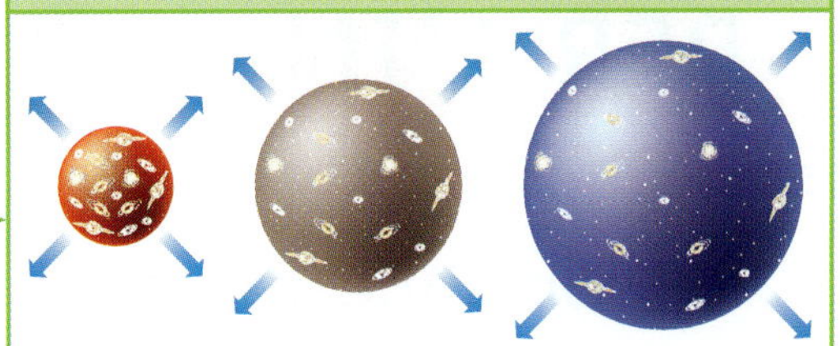

L'universo è **in espansione**, per cui le galassie si allontanano tutte una dall'altra.

IL DESTINO DELL'UNIVERSO

Fino a 6 miliardi di anni fa l'espansione dell'universo è rallentata, poi è iniziata una nuova accelerazione, ancora in corso.

MI PREPARO PER L'INTERROGAZIONE

Le domande presenti in questa sezione sono quelle proposte al termine di ciascuna lezione del corso, nell'area chiamata "**Organizza le idee**".
Sono domande di conoscenza sui concetti chiave simili a quelle che l'insegnante potrebbe farti durante l'interrogazione.

Usa questa sezione per ripassare velocemente gli argomenti e/o verificare la tua preparazione.

UNITÀ 1 **Materia** UNITÀ 1 **Vol 1**

LO STUDIO DELLA NATURA

1 CHE COS'È LA SCIENZA

AUDIOLIBRO

1. **Che cos'è la scienza?**
   La scienza è lo studio dei fenomeni naturali, la descrizione di come essi avvengono e la ricerca delle leggi che li regolano.
2. **Che cos'è il metodo scientifico?**
   Il metodo scientifico è un metodo sperimentale che gli scienziati applicano allo studio della natura.
3. **Chi ha inventato il metodo scientifico?**
   Il metodo scientifico è stato inventato da Galileo Galilei.

2 LA MISURA

1. **Che cos'è una grandezza fisica?**
   Una grandezza fisica è una qualunque proprietà di un corpo o di un fenomeno che può essere misurata.
2. **Che cosa significa misurare una grandezza fisica?**
   Misurare una grandezza fisica significa confrontarla con una grandezza di riferimento, detta unità di misura, e determinare quante volte l'unità di misura è contenuta nella grandezza in esame.
3. **Quali tipi di errori conosci?**
   Gli errori sistematici, eliminabili, e gli errori casuali, non eliminabili.

3 LE UNITÀ DI MISURA

1. **Che cos'è il Sistema Internazionale?**
   Il Sistema Internazionale è un sistema di unità di misura universale, adottato in tutto il mondo.
2. **Quante sono le grandezze fondamentali che appartengono al Sistema Internazionale?**
   Le grandezze fondamentali che appartengono al Sistema Internazionale sono sette.
3. **Conosci qualche unità di misura utilizzata nella vita reale che non fa parte del Sistema Internazionale?**
   Per esempio i pollici e le miglia sono unità di misura che non appartengono al Sistema Internazionale.

UNITÀ 2 **Materia** UNITÀ 2 **Vol 1**

LA MATERIA E LE SUE PROPRIETÀ

1 IL VOLUME DEI CORPI

AUDIOLIBRO

1. **Che cos'è un corpo?**
   Un corpo è una porzione di materia ben definita.
2. **Che cos'è il volume di un corpo?**
   Il volume di un corpo è la grandezza che esprime la quantità di spazio che esso occupa.
3. **Qual è l'unità di misura del volume nel Sistema Internazionale?**
   Nel Sistema Internazionale il volume si misura in metri cubi (m^3).
4. **Quale unità di misura si utilizza per esprimere il volume di un liquido?**
   Per esprimere il volume di un liquido si utilizza il litro (L).

2 LA MASSA E IL PESO DEI CORPI

1. **Che cos'è la massa di un corpo?**
   La massa di un corpo è la quantità di materia che lo compone.
2. **Qual è l'unità di misura della massa nel Sistema Internazionale?**
   L'unità di misura della massa nel Sistema Internazionale è il kilogrammo (kg).
3. **Che cos'è il peso di un corpo?**
   Il peso di un corpo è la forza con cui è attratto verso il centro della Terra.
4. **Qual è l'unità di misura del peso nel Sistema Internazionale?**
   L'unità di misura del peso nel Sistema Internazionale è il newton (N).

3 ALTRE PROPRIETÀ DEI CORPI

1. **Come chiamiamo i diversi tipi di materia che costituiscono i corpi?**
   I diversi tipi di materia che costituiscono i corpi sono chiamati sostanze.
2. **Che cosa misura la densità?**
   La densità misura la concentrazione di materia in un corpo.
3. **Qual è la formula che esprime la densità?**
   La densità è espressa dalla formula $d = m : V$.
4. **Qual è l'unità di misura della densità nel Sistema Internazionale?**
   L'unità di misura della densità nel Sistema Internazionale è il kg/dm^3.

4 ALL'INTERNO DELLA MATERIA

1. **Come si chiamano le particelle indivisibili della materia?**
   Le particelle indivisibili della materia si chiamano atomi.
2. **Che cosa formano più atomi legati fra loro?**
   Più atomi legati fra loro formano le molecole.
3. **Che cos'è una sostanza pura?**
   Una sostanza pura è una sostanza formata da atomi o molecole uguali fra loro.
4. **Che cos'è un elemento?**
   Un elemento è una sostanza pura costituita da un solo tipo di atomo.
5. **Che cos'è un composto?**
   Un composto è una sostanza pura costituita da due o più elementi diversi legati fra loro in proporzioni ben definite.

5 I SOLIDI

1. **Quali sono gli stati di aggregazione della materia?**
   Gli stati di aggregazione della materia sono tre: solido, liquido e gassoso.
2. **Quali sono le caratteristiche dei solidi?**
   I solidi hanno una forma e un volume propri e sono incomprimibili.
3. **Che cos'è un solido cristallino?**
   Un solido cristallino è un solido in cui le particelle si susseguono nello spazio con regolarità.
4. **Che cos'è un solido amorfo?**
   Un solido amorfo è un solido in cui le particelle sono disposte nello spazio in modo casuale.

6 I LIQUIDI

1. **Quali sono le caratteristiche dei liquidi?**
   I liquidi non hanno una forma propria, hanno un volume definito e sono quasi incomprimibili.
2. **Come si chiama la forza attrattiva che si esercita tra le particelle di un liquido?**
   La forza attrattiva che si esercita tra le particelle di un liquido si chiama forza di coesione.
3. **Che cos'è la viscosità?**
   La viscosità è la resistenza di un liquido a scorrere e a cambiare la propria forma.
4. **A quale fenomeno sono soggette le particelle di un liquido in superficie?**
   Le particelle di un liquido in superficie sono soggette alla tensione superficiale.

7 I GAS O AERIFORMI

1. **Quali sono le caratteristiche dei gas?**
   I gas non hanno una forma propria né un volume definito e sono comprimibili.
2. **Perché i gas tendono a occupare tutto lo spazio a loro disposizione?**
   I gas tendono a occupare tutto lo spazio a loro disposizione perché le particelle che li compongono si attraggono debolmente, pertanto sono libere di muoversi le une rispetto alle altre in tutte le direzioni.
3. **Quali proprietà dei gas conosci?**
   Per esempio l'odore, il colore, il peso, la viscosità sono alcune delle proprietà dei gas.

8 I MISCUGLI ETEROGENEI

1. **Che cos'è un miscuglio eterogeneo?**
   Un miscuglio eterogeneo è un miscuglio in cui le sostanze componenti si possono distinguere e separare con mezzi meccanici.

2. **Quali tipi di miscugli eterogenei conosci?**
   Per esempio solidi, sospensioni, aerosol, schiume, emulsioni sono tutti tipi di miscugli eterogenei.
3. **Che cos'è una schiuma?**
   Una schiuma è un miscuglio eterogeneo formato da piccole bolle di gas disperse all'interno di un liquido.
4. **Elenca le tre tecniche per separare le sostanze componenti un miscuglio eterogeneo.**
   Le tre tecniche per separare le sostanze di un miscuglio eterogeneo sono la filtrazione, la decantazione e la centrifugazione.

9 I MISCUGLI OMOGENEI

1. **Che cos'è un miscuglio omogeneo?**
   Un miscuglio omogeneo è un miscuglio i cui componenti non si possono distinguere nemmeno con un microscopio né si possono separare con mezzi meccanici.
2. **Che cos'è una soluzione?**
   Una soluzione è un miscuglio omogeneo.
3. **In una soluzione che cosa sono il solvente e il soluto?**
   In una soluzione, la sostanza che scioglie si chiama solvente, quella che viene sciolta si chiama soluto.
4. **Quale tecnica si utilizza per separare le componenti di una soluzione?**
   Per separare le componenti di una soluzione si utilizza la distillazione.

UNITÀ 3 **Materia** UNITÀ 3 **Vol 1**

LA TEMPERATURA E IL CALORE

1 LA TEMPERATURA

AUDIOLIBRO

1. **Che cos'è la temperatura?**
   La temperatura è la grandezza fisica che descrive la caratteristica dei corpi di essere caldi o freddi.
2. **Che strumento si utilizza per misurare la temperatura?**
   Per misurare la temperatura si utilizza il termometro.
3. **Quale unità di misura si utilizza comunemente per la temperatura?**
   Si utilizza il grado Celsius (°C).
4. **A che cosa corrispondono 0 °C e 100 °C?**
   0 °C corrisponde alla temperatura del ghiaccio fondente e 100 °C corrispondono alla temperatura di ebollizione dell'acqua.

2 IL CALORE

1. **A che cosa è legata la temperatura di un corpo?**
   La temperatura di un corpo è legata al moto di agitazione delle sue particelle.
2. **Che cos'è il calore?**
   Il calore è l'energia termica trasferita tra corpi a diversa temperatura.
3. **Quali sono le unità di misura del calore?**
   L'unità di misura del calore nel Sistema Internazionale è il joule (J) ma molto spesso si utilizza la caloria (cal).

3 LA DILATAZIONE TERMICA

1. **Che cos'è la dilatazione termica?**
   La dilatazione termica è l'aumento del volume di un corpo causato dall'aumento della sua temperatura.
2. **Quando un corpo si dilata che cosa avviene alla sua densità?**
   Quando un corpo si dilata la densità si riduce.
3. **Quali sono i tre fattori da cui dipende la dilatazione termica?**
   La dilatazione termica dipende dal tipo di materiale, dalla variazione della temperatura e dalle dimensioni iniziali del corpo.

4 LA CONDUZIONE DEL CALORE

1. **Che cos'è la conduzione del calore?**
   La conduzione del calore è il trasferimento di calore tra corpi che entrano in contatto diretto.

2. Come avviene la conduzione?
La conduzione avviene senza movimento di materia ed è l'unico modo per trasferire calore attraverso un corpo solido.

3. Che cos'è un conduttore termico?
Un conduttore termico è un materiale che trasporta bene il calore.

4. Che cos'è un isolante termico?
Un isolante termico è un materiale che non trasporta bene il calore.

5 CONVEZIONE E IRRAGGIAMENTO

1. Che cos'è la convezione?
La convezione è il trasferimento di calore che avviene tramite un trasporto della materia di cui sono costituiti i corpi.

2. Per quali corpi si verifica il fenomeno della convezione?
Il fenomeno della convezione si verifica per i liquidi e i gas, non per i solidi perché le particelle di cui sono composti occupano posizioni fisse.

3. Che cos'è l'irraggiamento?
L'irraggiamento è il trasferimento di calore che avviene tramite radiazioni.

6 I PASSAGGI DI STATO

1. Che cos'è un passaggio di stato?
Un passaggio di stato è la fase in cui un corpo cambia il suo stato di aggregazione.

2. Quali passaggi di stato conosci?
La fusione, la solidificazione, la vaporizzazione, la condensazione, la sublimazione e il brinamento.

3. Che differenza c'è tra evaporazione ed ebollizione?
L'evaporazione avviene a qualsiasi temperatura, l'ebollizione avviene a una temperatura ben precisa.

4. Durante un passaggio di stato che cosa accade alla temperatura di un corpo?
Durante un passaggio di stato la temperatura di un corpo rimane costante.

UNITÀ 4 Materia — UNITÀ 1 Vol 2
IL MOVIMENTO

1 IL MOTO E LA QUIETE

AUDIOLIBRO

1. Che cosa bisogna definire per descrivere il moto di un corpo?
Per descrivere il moto di un corpo bisogna definire un sistema di riferimento.

2. Quando si può dire che un corpo è in movimento?
Un corpo è in movimento quando cambia la sua posizione al trascorrere del tempo.

3. Che cos'è la traiettoria di un corpo in moto?
La traiettoria di un corpo in moto è l'insieme dei punti dello spazio che il corpo occupa nel tempo.

4. Quali sono le due grandezze che caratterizzano il moto di un corpo?
Il moto di un corpo è caratterizzato da due grandezze: lo spazio percorso e il tempo impiegato per percorrerlo.

2 LA VELOCITÀ

1. Com'è definita la velocità di un corpo?
La velocità di un corpo è il rapporto tra lo spazio percorso e il tempo impiegato per percorrerlo.

2. Qual è l'unità di misura della velocità nel Sistema Internazionale?
L'unità di misura della velocità nel Sistema Internazionale è il metro al secondo (m/s).

3. Che cos'è la velocità media?
La velocità media è la velocità calcolata in un intervallo di tempo molto piccolo.

3 L'ACCELERAZIONE

1. Com'è definita l'accelerazione di un corpo?
L'accelerazione di un corpo è il rapporto tra la variazione della velocità e l'intervallo di tempo in cui avviene questa variazione.

2. **Qual è l'unità di misura dell'accelerazione nel Sistema Internazionale?**
   L'unità di misura dell'accelerazione nel sistema Internazionale è il metro al secondo quadrato (m/s^2).

3. **Che cos'è la decelerazione?**
   La decelerazione è un'accelerazione negativa che corrisponde a una diminuzione di velocità nel tempo.

4 IL MOTO RETTILINEO

1. **Che cos'è un moto rettilineo uniforme?**
   Un moto rettilineo uniforme è il moto di un corpo che si muove su una traiettoria rettilinea con velocità costante.

2. **Da che cosa è rappresentato un moto rettilineo uniforme in un grafico spazio-tempo?**
   Un moto rettilineo uniforme in un grafico spazio-tempo è rappresentato da una retta.

3. **Che cos'è un moto rettilineo uniformemente accelerato?**
   Un moto rettilineo uniformemente accelerato è il moto di un corpo che si muove su una traiettoria rettilinea con accelerazione costante.

4. **Che cos'è il moto di caduta libera?**
   Il moto di caduta libera è un esempio di moto rettilineo uniformemente accelerato.

UNITÀ 5 **Materia** UNITÀ 2 **Vol 2**
LE FORZE E IL MOTO

1 CHE COSA SONO LE FORZE

AUDIOLIBRO

1. **Che cos'è la forza?**
   Si definisce forza tutto ciò che è capace di modificare lo stato di quiete o di moto di un corpo, oppure di causarne una deformazione.

2. **Quali tipi di forze esistono in natura?**
   In natura esistono le seguenti forze: la forza peso, la forza di attrito, la forza elastica, la forza magnetica e la forza elettrica.

3. **Come si chiama la forza responsabile dei fenomeni elettrici e magnetici?**
   La forza responsabile dei fenomeni elettrici e magnetici si chiama forza elettromagnetica.

2 COME SI DESCRIVE UNA FORZA

1. **Che cos'è una grandezza scalare?**
   Una grandezza scalare è una grandezza caratterizzata solo da un valore numerico.

2. **La forza è una grandezza vettoriale. Da che cosa è caratterizzata?**
   La forza è caratterizzata da un punto di applicazione, una direzione, un verso e un'intensità.

3. **Da che cosa è rappresentata una grandezza vettoriale?**
   Una grandezza vettoriale è rappresentata da un vettore.

4. **Con quale strumento si può misurare una forza?**
   Una forza si può misurare con un dinamometro.

3 IL PRIMO PRINCIPIO DELLA DINAMICA

1. **Che cos'è l'inerzia?**
   L'inerzia è la tendenza di un corpo a non modificare il proprio stato di quiete o di moto.

2. **Che cosa afferma il primo principio della dinamica o principio d'inerzia?**
   Il primo principio della dinamica afferma che se su un corpo libero non agisce alcuna forza, questo sta fermo se era inizialmente in quiete, procede in moto rettilineo uniforme se inizialmente aveva una certa velocità.

3. **A volte sembra che il principio d'inerzia non sia valido. Sai spiegare perché?**
   A volte sembra che il principio di inerzia non sia valido perché esiste la forza di attrito, che è una forza frenante, che si oppone al movimento.

4 IL SECONDO PRINCIPIO DELLA DINAMICA

1. **Che cosa afferma il secondo principio della dinamica?**
   Il secondo principio della dinamica afferma che una forza applicata a un corpo libero di muoversi provoca un'accelerazione direttamente proporzionale all'intensità della forza stessa e inversamente proporzionale alla sua massa.
2. **A che cosa è legata l'inerzia di un corpo?**
   L'inerzia di un corpo è legata alla sua massa.

5 IL TERZO PRINCIPIO DELLA DINAMICA

1. **Com'è anche chiamato il terzo principio della dinamica?**
   Il terzo principio della dinamica è chiamato principio di azione e reazione.
2. **Che cosa afferma il terzo principio della dinamica?**
   Il terzo principio della dinamica afferma che ogni volta che un corpo esercita una forza (azione) su un altro corpo, il secondo corpo esercita sul primo una forza (reazione) di uguale intensità e direzione, ma di verso opposto.

UNITÀ 6 **Materia** UNITÀ 3 **Vol 2**

LE FORZE E L'EQUILIBRIO

1 L'AZIONE DI PIÙ FORZE

AUDIOLIBRO

1. **Che cos'è la risultante di due o più forze applicate a un corpo?**
   La risultante è la forza complessiva che scaturisce dall'azione simultanea di altre forze applicate su un corpo.
2. **Quali caratteristiche ha la risultante di due forze che agiscono su un corpo con direzione e verso uguali?**
   La risultante di due forze che agiscono su un corpo con direzione e verso uguali è una forza che ha lo stesso verso e la stessa direzione delle forze componenti e intensità pari alla somma delle intensità.
3. **Quale regola si applica per determinare la risultante di più forze che agiscono su un corpo e che hanno direzioni diverse?**
   Per determinare la risultante di forze che agiscono su un corpo in direzioni diverse si applica la regola del parallelogramma.

2 IL BARICENTRO

1. **Che cos'è il baricentro di un corpo rigido?**
   Il baricentro di un corpo rigido è il punto in cui è applicata la sua forza peso totale.
2. **Il baricentro di un corpo appartiene sempre al corpo?**
   No, per esempio il baricentro di una ciambella "appartiene" al buco centrale.

3 L'EQUILIBRIO

1. **Quando un corpo appoggiato su un piano è in equilibrio?**
   Un corpo appoggiato su un piano è in equilibrio solo se la verticale passante per il suo baricentro cade all'interno della sua base di appoggio.
2. **Quando un corpo sospeso è in equilibrio?**
   Un corpo sospeso è in equilibrio solo se il baricentro e il punto di sospensione giacciono sulla stessa retta verticale.
3. **Quanti tipi di equilibrio conosci?**
   Esistono tre tipi di equilibrio: equilibrio instabile, equilibrio stabile, equilibrio indifferente.

4 LE LEVE

1. **Che cos'è una leva?**
   Una leva è un dispositivo in grado di ruotare intorno a un punto fisso, detto fulcro; in un punto della leva viene applicata una forza detta potenza, in un altro una forza detta resistenza.
2. **Quando una leva è vantaggiosa?**
   Una leva è vantaggiosa quando il braccio della potenza è maggiore del braccio della resistenza.

3. **Qual è la condizione di equilibrio di una leva?**
Una leva è in equilibrio quando il rapporto tra la resistenza e la potenza è uguale al rapporto tra il braccio della potenza e quello della resistenza.

5 LE MACCHINE SEMPLICI

1. **Che cos'è una macchina semplice?**
Una macchina semplice è una macchina che permette di vincere una resistenza con un'altra forza di solito minore.
2. **Qual è la macchina semplice più antica? Perché è vantaggiosa?**
La macchina semplice più antica è il piano inclinato. È vantaggiosa perché, per sollevare un corpo, permette di utilizzare una forza minore della forza peso del corpo.
3. **Qual è la funzione di una carrucola fissa?**
La funzione di una carrucola fissa è quella di applicare la forza lungo una direzione diversa, più comoda.
4. **Qual è la funzione di una carrucola mobile?**
La funzione di una carrucola mobile è quella di dimezzare la potenza necessaria per sollevare un certo carico.

UNITÀ 7 **Materia** UNITÀ 4 **Vol 2**
LE FORZE NEI FLUIDI

1 LA PRESSIONE

AUDIOLIBRO

1. **Come è definita la pressione esercitata da una forza?**
La pressione p è il rapporto tra una forza F e la superficie S su cui la forza è esercitata: $p = F : S$.
2. **Qual è l'unità di misura della pressione nel Sistema Internazionale?**
L'unità di misura della pressione nel Sistema Internazionale è il pascal (simbolo Pa): $1\ \text{Pa} = 1\ \text{N} : 1\ \text{m}^2$.
3. **Che cos'è la pressione idrostatica?**
La pressione idrostatica è la pressione che un fluido in quiete (liquido o gas) esercita per effetto del proprio peso, al suo interno e sulle pareti del recipiente.
4. **Quanto vale, in media, la pressione atmosferica al livello del mare?**
In media, la pressione atmosferica al livello del mare vale 101 325 Pa, che corrisponde a 1 atmosfera.

2 LE LEGGI DELL'IDROSTATICA

1. **Che cosa succede alla pressione idrostatica all'aumentare della profondità?**
All'aumentare della profondità, la pressione idrostatica aumenta secondo la legge di Stevino.
2. **Scrivi la formula della legge di Stevino.**
La formula della legge di Stevino è: $p = d \times g \times h$
3. **Che cosa afferma il principio di Pascal?**
Il principio di Pascal afferma che la pressione esercitata in un punto qualunque di un fluido racchiuso in un recipiente si trasmette con uguale intensità in tutte le direzioni.

3 IL PRINCIPIO DI ARCHIMEDE

1. **Che cos'è la spinta idrostatica?**
La spinta idrostatica è la forza che tende a spingere verso l'alto un corpo immerso in un fluido.
2. **Che cosa afferma il principio di Archimede?**
Secondo il principio di Archimede, la spinta idrostatica ricevuta da un corpo immerso (in parte o del tutto) in un fluido è uguale al peso del fluido spostato.
3. **Come si esprime in formule il principio di Archimede?**
Il principio di Archimede si esprime con la seguente formula: $F_i = P_{\text{fluido spostato}} = m \times g = V \times d \times g$

4 IL GALLEGGIAMENTO

1. **Se il peso di un corpo è maggiore della spinta idrostatica del fluido in cui è immerso, il corpo galleggia o affonda?**
   Se il peso di un corpo è maggiore della spinta idrostatica del fluido in cui è immerso, il corpo affonda.
2. **Un cubetto di ghiaccio galleggia o affonda nell'acqua? E nell'olio? Perché?**
   Un cubetto di ghiaccio galleggia nell'acqua perché la sua densità è minore, ma affonda nell'olio perché la sua densità è maggiore.

UNITÀ 8 **Materia** UNITÀ 5 **Vol 2**
GLI ELEMENTI

1 COME È FATTO UN ATOMO

AUDIOLIBRO

1. **Quali sono le particelle che costituiscono gli atomi?**
   Le particelle che costituiscono gli atomi sono i protoni, i neutroni e gli elettroni.
2. **Quali cariche elettriche hanno neutroni, protoni ed elettroni?**
   I neutroni non hanno carica elettrica. I protoni hanno carica elettrica positiva mentre gli elettroni hanno carica elettrica negativa.
3. **Come interagiscono un protone e un elettrone? E un protone e un neutrone?**
   Un protone e un elettrone si attraggono. Invece, un protone e un neutrone non interagiscono.
4. **Dov'è concentrata la maggior parte della massa di un atomo?**
   La maggior parte della massa di un atomo si trova nel nucleo.

2 I NUMERI CHE DESCRIVONO UN ATOMO

1. **Che cosa distingue gli atomi di elementi diversi?**
   Gli atomi di elementi diversi si possono distinguere in base al numero di protoni presenti nel nucleo.
2. **Che cos'è il numero di massa?**
   Il numero di massa è la somma del numero di protoni e neutroni di un atomo.
3. **Che cosa distingue due isotopi diversi dello stesso elemento?**
   Due isotopi dello stesso elemento hanno un numero diverso di neutroni.
4. **Come si indicano gli elementi chimici?**
   Gli elementi chimici si indicano con i simboli chimici, costituiti da una o due lettere derivate dal nome latino.

3 LA CLASSIFICAZIONE DEGLI ELEMENTI

1. **Come sono ordinati gli elementi nella tavola periodica?**
   Nella tavola periodica gli elementi sono ordinati per righe, in ordine di numero atomico crescente.
2. **Che cosa sono i gruppi e i periodi?**
   I gruppi sono le colonne e i periodi sono le righe della tavola periodica.
3. **Che cosa hanno in comune gli elementi che appartengono a uno stesso gruppo?**
   Gli elementi che appartengono a uno stesso gruppo hanno proprietà chimiche simili.
4. **Quale tra ossigeno e rame è un metallo e quale è un non metallo?**
   Il rame è un metallo, mentre l'ossigeno è un non metallo.

4 IL RUOLO DEGLI ELETTRONI

1. **Che cos'è un orbitale?**
   L'orbitale è una zona attorno al nucleo in cui è maggiore la probabilità di trovare un elettrone.
2. **Quanti elettroni può contenere un orbitale?**
   Un orbitale può contenere al massimo 2 elettroni.
3. **Che cosa hanno in comune gli elementi di uno stesso periodo della tavola periodica?**
   Gli elementi di uno stesso periodo della tavola periodica hanno in comune il fatto che i loro elettroni più esterni si trovano nello stesso livello energetico.

4. **Da che cosa dipendono le proprietà chimiche di un elemento?**
Le proprietà chimiche di un elemento dipendono dal numero di elettroni esterni, cioè quelli che si trovano nel livello energetico più alto.

5 LE TRASFORMAZIONI DEL NUCLEO

1. **Che cos'è la radioattività?**
La radioattività, o decadimento radioattivo, è un processo in cui i nuclei instabili si trasformano in nuclei stabili con la produzione di radiazioni.
2. **Che cos'è la fusione nucleare?**
La fusione nucleare è un processo in cui due nuclei leggeri si uniscono formando il nucleo di un elemento più pesante con liberazione di molta energia.
3. **Che cos'è la fissione nucleare?**
La fissione nucleare è un processo in cui un nucleo pesante si spezza in due nuclei più leggeri.

UNITÀ 9 **Materia** UNITÀ 6 **Vol 2**

I COMPOSTI

1 GLI IONI E IL LEGAME IONICO

AUDIOLIBRO

1. **Che cos'è uno ione?**
Uno ione è un atomo che ha ceduto o acquistato degli elettroni diventando, rispettivamente, carico positivamente o negativamente.
2. **Che cosa tiene uniti gli atomi nei composti?**
Gli atomi nei composti sono tenuti insieme dal legame chimico.
3. **Perché gli atomi tendono a cedere, acquistare o condividere gli elettroni?**
Gli atomi tendono a cedere, acquistare o condividere gli elettroni per completare gli orbitali del livello energetico più alto e raggiungere la stabilità.
4. **Che cos'è un composto ionico?**
Un composto ionico è un composto formato da ioni positivi e negativi tenuti insieme da un legame ionico.

2 I LEGAMI COVALENTE E METALLICO

1. **Nel legame covalente gli atomi acquisiscono elettroni?**
Quando formano un legame covalente, gli atomi non acquisiscono elettroni ma li mettono in condivisione.
2. **Come si chiamano le particelle che si formano dall'unione di più atomi con legami covalenti?**
Le particelle che si formano dall'unione di più atomi con legami covalenti si chiamano molecole.
3. **Quali sono gli elementi che tendono a cedere elettroni?**
Gli elementi che tendono a cedere elettroni sono i metalli.
4. **Perché i metalli sono buoni conduttori di corrente e calore?**
I metalli sono buoni conduttori di corrente e calore perché gli elettroni sono liberi di muoversi.

3 FORMULE E REAZIONI CHIMICHE

1. **Che cos'è una trasformazione fisica?**
Una trasformazione fisica è una trasformazione in cui la natura della materia non cambia.
2. **Che cos'è una reazione (o trasformazione) chimica?**
Una reazione (o trasformazione) chimica è un processo con cui determinate sostanze si trasformano in altre.
3. **Quali informazioni fornisce la formula chimica di un composto?**
La formula chimica di un composto indica quali e quanti atomi lo costituiscono.
4. **Che cosa sono reagenti e prodotti?**
I reagenti sono le sostanze che reagiscono tra loro in una reazione chimica, mentre i prodotti sono le nuove sostanze che vengono prodotte dalla reazione.

4 LE LEGGI DELLA CHIMICA

1. **Durante una reazione chimica si possono creare o distruggere gli atomi?**
   No, durante una reazione chimica non si possono creare o distruggere gli atomi.
2. **Che cosa dice la legge di conservazione della massa per una reazione chimica?**
   La legge di conservazione della massa per una reazione chimica dice che la massa totale dei reagenti è uguale alla massa totale dei prodotti.
3. **Le proporzioni tra le masse dei reagenti possono variare in una reazione chimica?**
   Le proporzioni tra le masse dei reagenti non possono variare ma sono definite e costanti.
4. **Quando si dice che un'equazione è bilanciata?**
   Si dice che un'equazione è bilanciata quando il numero di atomi di ciascun elemento è lo stesso a sinistra e a destra della freccia della reazione.

5 LE OSSIDAZIONI

1. **Come si chiamano le reazioni con l'ossigeno?**
   Le reazioni con l'ossigeno si chiamano ossidazioni.
2. **Come si chiamano i prodotti delle ossidazioni?**
   I prodotti delle ossidazioni si chiamano ossidi.
3. **Che cosa accade a un metallo che reagisce con l'ossigeno?**
   Un metallo che reagisce con l'ossigeno forma un ossido basico.
4. **Che cosa accade a un non metallo che reagisce con l'ossigeno?**
   Un non metallo che reagisce con l'ossigeno forma un ossido acido o anidride.

6 ACIDI, IDROSSIDI E SALI

1. **Quale elemento è contenuto in tutti gli acidi?**
   Gli acidi sono composti che contengono sempre idrogeno.
2. **Negli idrossidi a quale gruppo chimico è sempre legato il metallo?**
   Negli idrossidi il metallo è sempre legato al gruppo OH, detto ossidrile.
3. **Quale tipo di legame chimico tiene insieme gli ioni che costituiscono un sale?**
   Gli ioni che costituiscono un sale sono tenuti insieme da legami ionici.
4. **Che cosa accade se facciamo reagire un acido con un idrossido?**
   Se facciamo reagire un acido con un idrossido si forma un sale.

7 IL pH DELLE SOLUZIONI

1. **Se una soluzione ha un pH di 8 è acida, basica o neutra?**
   Se una soluzione ha un pH di 8 è basica.
2. **Che cos'è una soluzione neutra?**
   Una soluzione neutra è una soluzione in cui la concentrazione degli ioni H^+ è uguale a quella degli ioni OH^-, e il suo pH è 7.
3. **A livello microscopico, qual è la differenza tra una soluzione acida e una soluzione basica?**
   In una soluzione acida ci sono più ioni H^+ di ioni OH^-, mentre in una soluzione basica ci sono più ioni OH^- di ioni H^+.

8 LA CHIMICA ORGANICA

1. **Che cosa studia la chimica organica?**
   La chimica organica studia tutti i composti organici, cioè quelli che derivano dagli organismi viventi.
2. **Quanti elettroni può condividere il carbonio? Quale tipo di legame forma?**
   Il carbonio può condividere 4 elettroni, formando 4 legami covalenti.
3. **Che cosa sono gli idrocarburi?**
   Gli idrocarburi sono i composti organici più semplici, formati solo da carbonio e idrogeno.
4. **Che cosa sono i polimeri?**
   I polimeri sono composti organici formati da lunghe catene di atomi.

UNITÀ 10 **Materia** UNITÀ 1 **Vol 3**

IL LAVORO E L'ENERGIA

1 IL LAVORO

AUDIOLIBRO

1. **Come si definisce, in fisica, il lavoro?**
   Il lavoro *L* compiuto da una forza *F* su un corpo è dato dal prodotto dell'intensità della forza per lo spostamento *s* del corpo nella direzione della forza.
2. **Scrivi la formula che corrisponde alla definizione.**
   $L = F \times s$
3. **A quali grandezze è direttamente proporzionale il lavoro?**
   Il lavoro è direttamente proporzionale all'intensità della forza e allo spostamento nella direzione della forza.
4. **Qual è l'unità di misura del lavoro nel Sistema Internazionale?**
   L'unità di misura del lavoro nel Sistema Internazionale è il joule (J). 1 J = 1 N × 1 m.

2 LA POTENZA

1. **Qual è la definizione della grandezza fisica potenza?**
   La potenza *P* è il rapporto tra il lavoro *L* compiuto e il tempo *t* impiegato per compierlo.
2. **Scrivi la formula che permette di calcolare la potenza.**
   La formula che permette di calcolare la potenza è $P = L : t$.
3. **A quali grandezze è proporzionale la potenza?**
   La potenza è direttamente proporzionale al lavoro e inversamente proporzionale al tempo impiegato per compierlo.

3 L'ENERGIA E LE SUE FORME

1. **Come si definisce l'energia, in fisica?**
   In fisica l'energia misura la capacità di un corpo di compiere un lavoro.
2. **Qual è l'unità di misura dell'energia nel Sistema Internazionale?**
   L'unità di misura dell'energia nel Sistema Internazionale è il joule, simbolo J, la stessa del lavoro.
3. **Elenca alcune tra le forme che può assumere l'energia.**
   L'energia può assumere la forma chimica, elastica, cinetica, termica.

4 ENERGIA CINETICA ED ENERGIA POTENZIALE

1. **Da che cosa dipende l'energia cinetica di un corpo in movimento?**
   L'energia cinetica di un corpo in movimento dipende dalla sua massa e dalla sua velocità.
2. **Da che cosa dipende l'energia potenziale gravitazionale di un corpo?**
   L'energia potenziale gravitazionale di un corpo dipende dalla sua altezza rispetto al suolo e dalla sua massa.
3. **Ci sono altre forme di energia potenziale, oltre a quella gravitazionale?**
   Sì, oltre a quella gravitazionale ci sono altre forme di energia potenziale come, per esempio, quella elastica.

5 LA CONSERVAZIONE DELL'ENERGIA

1. **Che cos'è l'energia meccanica?**
   L'energia meccanica è la somma dell'energia cinetica e dell'energia potenziale di un corpo.
2. **In quali condizioni si può conservare l'energia meccanica?**
   L'energia meccanica si può conservare in assenza di attrito.
3. **Come sono chiamate le forze che sottraggono energia meccanica a un corpo in movimento?**
   Le forze che sottraggono energia meccanica a un corpo in movimento sono chiamate forze dissipative.
4. **Che cosa afferma il principio di conservazione dell'energia?**
   Il principio di conservazione dell'energia afferma che nell'universo l'energia non si crea né si distrugge, ma si trasforma. L'energia totale dell'universo si conserva.

6 DAL CALORE AL LAVORO

1. **Che cos'è una macchina termica?**
   Una macchina termica è un dispositivo in grado di trasformare l'energia termica in energia meccanica compiendo un lavoro.
2. **Quale relazione c'è tra l'energia termica di un corpo e l'energia cinetica delle sue particelle?**
   L'energia termica di un corpo è l'energia cinetica totale di tutte le sue particelle.
3. **Quale relazione c'è tra la temperatura di un corpo e l'energia cinetica delle sue particelle?**
   La temperatura di un corpo misura l'energia cinetica media delle sue particelle.

7 I PRINCIPI DELLA TERMODINAMICA

1. **Che cosa afferma il primo principio della termodinamica?**
   Il primo principio della termodinamica afferma che in tutte le trasformazioni, anche in quelle che includono uno scambio di calore, la quantità totale di energia rimane la stessa.
2. **Che cosa afferma il secondo principio della termodinamica riguardo al flusso di calore?**
   Il secondo principio della termodinamica afferma che il calore non può mai fluire spontaneamente da un corpo a temperatura minore a un corpo a temperatura maggiore.
3. **È possibile che una macchina termica trasformi in lavoro tutto il calore fornito?**
   No, per il secondo principio della termodinamica non è possibile che una macchina termica trasformi in lavoro tutto il calore fornito.

UNITÀ 11 Materia — UNITÀ 2 Vol 3
IL SUONO E LA LUCE

1 LE ONDE MECCANICHE

AUDIOLIBRO

1. **Che cos'è un'onda meccanica?**
   Un'onda meccanica è una perturbazione che si propaga in un mezzo.
2. **Le onde trasportano materia o energia?**
   Le onde trasportano energia.
3. **Quali sono le tre grandezze che descrivono un'onda?**
   Le tre grandezze che descrivono un'onda sono: lunghezza d'onda, frequenza, ampiezza.
4. **Che cos'è l'hertz?**
   L'hertz è l'unità di misura della frequenza.

2 LE ONDE SONORE

1. **Che cos'è un'onda sonora?**
   Un'onda sonora è un'onda meccanica che noi percepiamo come suono.
2. **Dove si può propagare un suono?**
   Un suono si può propagare in qualunque mezzo elastico, sia esso solido, liquido o gassoso.
3. **Il suono si può propagare nel vuoto?**
   No, il suono non si può propagare nel vuoto.
4. **In generale, le onde sonore si propagano meglio nei liquidi o nei gas? Nei solidi o nei liquidi?**
   Si propagano meglio nei liquidi rispetto ai gas e nei solidi rispetto ai liquidi.

3 LE CARATTERISTICHE DEI SUONI

1. **Per quale caratteristica un suono forte differisce da uno debole?**
   Un suono forte differisce da uno debole per la sua intensità, detta anche volume.
2. **Che cosa è il decibel?**
   Il decibel è l'unità di misura della intensità.
3. **Perché alcuni suoni sono gravi e altri acuti?**
   Alcuni suoni sono gravi e altri acuti perché le onde sonore corrispondenti hanno una frequenza diversa.
4. **Perché gli strumenti musicali hanno un diverso timbro?**
   Gli strumenti musicali hanno un diverso timbro perché le onde sonore corrispondenti hanno una diversa forma.

4 I FENOMENI ACUSTICI

1. **Che cos'è l'eco?**
   L'eco è un suono che, riflesso da una parete, torna indietro e viene percepito come un suono ripetuto.
2. **Quando si produce il rimbombo?**
   Il rimbombo si ha quando il suono riflesso arriva così presto da sovrapporsi a quello emesso.
3. **Quale strumento a bordo delle navi sfrutta il fenomeno della riflessione delle onde sonore?**
   Il sonar è lo strumento che sfrutta il fenomeno della riflessione delle onde sonore.
4. **A che cosa serve la cassa armonica di alcuni strumenti musicali?**
   La cassa armonica di alcuni strumenti musicali serve ad aumentare l'intensità del suono prodotto attraverso il fenomeno della risonanza.

5 LA LUCE

1. **Come si chiamano i corpi che emettono luce?**
   I corpi che emettono luce sono chiamati sorgenti luminose.
2. **Come si comporta la luce quando incontra un corpo opaco?**
   La luce, quando incontra un corpo opaco, viene bloccata completamente.
3. **Le onde luminose si propagano solo nei mezzi elastici?**
   No, le onde luminose si propagano anche nel vuoto.
4. **Le onde luminose fanno parte di un più ampio insieme di onde, quale?**
   Le onde luminose fanno parte delle onde, o radiazioni, elettromagnetiche.
5. **Qual è la velocità della luce nel vuoto?**
   La velocità della luce nel vuoto è circa 300 000 km/s.

6 RIFLESSIONE E RIFRAZIONE DELLA LUCE

1. **Che cosa afferma la legge della riflessione riguardo agli angoli di incidenza e riflessione?**
   La legge della riflessione afferma che gli angoli di incidenza e di riflessione sono uguali.
2. **In quali circostanze si verifica la diffusione?**
   La diffusione si verifica quando la luce colpisce una superficie chiara e ruvida.
3. **Perché l'immagine prodotta da uno specchio è detta virtuale?**
   L'immagine prodotta da uno specchio è detta virtuale perché nella posizione corrispondente non si trova nessun oggetto reale.
4. **Che cosa succede quando un raggio di luce passa da un mezzo trasparente a un altro?**
   Quando un raggio di luce passa da un mezzo trasparente a un altro il raggio viene deviato, allontanandosi o avvicinandosi alla perpendicolare della superficie di separazione tra i due mezzi. Questo fenomeno è chiamato rifrazione.

7 LA DISPERSIONE E I COLORI

1. **Da che cosa è composta la luce bianca?**
   La luce bianca è composta dalla sovrapposizione di onde luminose di tutti i colori.
2. **Come si chiama il fenomeno che permette di separare le componenti della luce bianca?**
   Il fenomeno che permette di separare le componenti della luce bianca si chiama dispersione.
3. **La luce visibile è composta da onde la cui lunghezza è compresa in un preciso intervallo: quale?**
   La luce visibile è composta da onde la cui lunghezza è compresa tra 0,4 μm - 0,7 μm.
4. **Perché una zucca ci appare di colore arancione?**
   Una zucca ci appare arancione perché assorbe tutte le radiazioni luminose eccetto quella arancione, che viene diffusa.

8 LE LENTI

1. **Che tipo di lente è una lente di ingrandimento?**
   Una lente di ingrandimento è una lente convessa e, quindi, convergente.
2. **Come si chiama il punto in cui convergono i raggi paralleli che attraversano una lente convergente?**
   Il punto in cui convergono i raggi paralleli che attraversano una lente convergente si chiama fuoco.
3. **Quali sono le caratteristiche di un'immagine prodotta da una lente concava?**
   Una lente concava produce un'immagine che è virtuale e rimpicciolita.
4. **Se guardi un palazzo distante con una lente convergente, appare diritto o ribaltato?**
   Se si guarda un palazzo distante con una lente convergente, esso appare ribaltato.

UNITÀ 12 **Materia** UNITÀ 3 **Vol 3**
L'ELETTRICITÀ

1 L'ELETTRIZZAZIONE

AUDIOLIBRO

1. **Quando un corpo è elettrizzato?**
   Un corpo è elettrizzato quando possiede una carica elettrica.
2. **Due corpi caricati negativamente si attraggono o si respingono?**
   Due corpi caricati negativamente si respingono.
3. **Due corpi caricati uno positivamente e l'altro negativamente si attraggono o si respingono?**
   Due corpi caricati l'uno positivamente e l'altro negativamente si attraggono.

2 LE CARICHE ELETTRICHE

1. **Quali sono le particelle cariche che costituiscono un +?**
   Le particelle cariche che costituiscono un atomo sono i protoni, carichi positivamente, e gli elettroni, carichi negativamente.
2. **Quando un atomo diventa uno ione carico positivamente?**
   Un atomo diventa uno ione carico positivamente quando perde elettroni.
3. **Che cosa avviene agli elettroni quando un corpo è elettrizzato per contatto?**
   Quando un corpo è elettrizzato per contatto gli elettroni sono ceduti o acquistati dal corpo; si ha quindi un trasferimento di elettroni.
4. **Qual è l'unità di misura della carica elettrica nel Sistema Internazionale?**
   L'unità di misura della carica elettrica nel Sistema Internazionale è il coulomb (C).

3 L'INDUZIONE ELETTROSTATICA

1. **Che cosa distingue un materiale conduttore da un materiale isolante?**
   In un materiale conduttore le cariche possono muoversi liberamente mentre in un materiale isolante le cariche non possono muoversi.
2. **Come avviene l'elettrizzazione per induzione?**
   Nell'elettrizzazione per induzione gli elettroni non sono trasferiti da un corpo a un altro ma si ridistribuiscono in modo non uniforme all'interno del corpo stesso creando una zona caricata negativamente e una caricata positivamente.

4 CARICHE IN MOVIMENTO

1. **Che cos'è la corrente elettrica?**
   La corrente elettrica è il flusso di cariche che si genera all'interno di un conduttore.
2. **Che cosa mette in moto gli elettroni in un conduttore?**
   In un conduttore gli elettroni sono messi in moto dalla differenza di potenziale o tensione.
3. **Qual è l'unità di misura della tensione nel Sistema Internazionale?**
   L'unità di misura della tensione nel Sistema Internazionale è il volt (V).

4. **Che cos'è un generatore di tensione?**
Un generatore di tensione è un dispositivo che genera e mantiene la differenza di potenziale tra due estremità di un conduttore.

5 CORRENTE ED EFFETTO JOULE

1. **Che cos'è l'intensità di corrente?**
L'intensità di corrente è la quantità di carica che attraversa un conduttore in un secondo.
2. **Qual è l'unità di misura dell'intensità di corrente nel Sistema Internazionale?**
L'unità di misura dell'intensità di corrente nel Sistema Internazionale è l'ampere (A).
3. **Che cos'è l'effetto Joule?**
L'effetto Joule è l'effetto di riscaldamento di un corpo a seguito del passaggio di corrente nel corpo.

6 LE LEGGI DI OHM

1. **Che cos'è la resistenza elettrica?**
La resistenza elettrica è l'opposizione offerta da un corpo al passaggio di corrente.
2. **Qual è l'unità di misura della resistenza nel Sistema Internazionale?**
L'unità di misura della resistenza elettrica nel Sistema Internazionale è l'ohm (Ω).
3. **Che cosa afferma la prima legge di Ohm?**
La prima legge di Ohm afferma che la tensione applicata a un circuito è uguale al prodotto della resistenza del circuito per l'intensità della corrente: $V = R \times I$
4. **Che cosa afferma la seconda legge di Ohm?**
La seconda legge di Ohm afferma che la resistenza di un filo conduttore è direttamente proporzionale alla sua lunghezza e inversamente proporzionale all'area della sua sezione.

7 I CIRCUITI

1. **Che cos'è un circuito e da quali elementi è costituito?**
Un circuito elettrico è un insieme di elementi in cui può scorrere la corrente elettrica. È costituito da un generatore di corrente e da uno o più utilizzatori collegati fra loro da fili elettrici.
2. **Se l'interruttore di un circuito è aperto può scorrere corrente?**
Se l'interruttore di un circuito è aperto non può scorrere corrente.
3. **Se gli utilizzatori in un circuito sono disposti uno in fila all'altro che tipo di collegamento si realizza?**
Se gli utilizzatori in un circuito sono disposti uno di fila all'altro si produce un collegamento in serie.

8 EFFETTI CHIMICI DELLA CORRENTE

1. **Che cos'è una soluzione elettrolitica?**
Una soluzione elettrolitica è una soluzione che può condurre corrente elettrica a causa degli ioni presenti al suo interno.
2. **Che cos'è l'elettrolisi?**
L'elettrolisi è l'effetto chimico della corrente elettrica e causa la scissione di composti presenti in soluzione nei loro componenti.

UNITÀ 13 **Materia** UNITÀ 4 **Vol 3**

MAGNETISMO ED ELETTROMAGNETISMO

1 I FENOMENI MAGNETICI

AUDIOLIBRO

1. **Che cos'è un magnete?**
Un magnete è un corpo in grado di esercitare la forza magnetica.
2. **Qual è la differenza tra un magnete naturale e un magnete artificiale?**
Un magnete naturale dà spontaneamente origine a fenomeni magnetici, un magnete artificiale acquista proprietà magnetiche solo se viene magnetizzato.
3. **Quali sono i modi per magnetizzare un materiale di natura ferrosa?**
I modi di magnetizzare un materiale di natura ferrosa sono tre: per strofinio, per contatto e per induzione.
4. **Che cos'è un magnete temporaneo? E un magnete permanente?**
Un magnete temporaneo è un magnete che perde le proprietà magnetiche quando la calamita si allontana. Un magnete permanente, invece, le mantiene.

2 I MAGNETI

1. **Come sono chiamate le estremità di un magnete?**
   Le estremità di un magnete sono chiamate poli magnetici.
2. **Che cosa succede se avviciniamo i poli di due magneti?**
   Se avviciniamo due poli opposti di due magneti, i magneti si attraggono, se avviciniamo due poli uguali i magneti si respingono.
3. **A che cosa serve la bussola?**
   La bussola serve per individuare i poli di un magnete, o anche per individuare il polo nord magnetico.
4. **Il polo nord magnetico coincide con il Polo Nord terrestre?**
   I due poli distano poco meno di 1000 km.

3 CORRENTE ELETTRICA E MAGNETISMO

1. **Qual è l'esperimento che ha mostrato l'effetto magnetico della corrente elettrica?**
   L'esperimento di Oersted è l'esperimento che ha mostrato l'effetto magnetico prodotto da una corrente elettrica.
2. **Che cos'è un'elettrocalamita?**
   L'elettrocalamita è un apparecchio costruito avvolgendo un solenoide intorno a un supporto di ferro.
3. **Su quale principio si basa il funzionamento di un motore elettrico?**
   Il funzionamento di un motore elettrico si basa sul principio di azione e reazione.

4 L'INDUZIONE ELETTROMAGNETICA

1. **Che cosa dimostra l'esperimento di Faraday?**
   L'esperimento di Faraday dimostra che il magnetismo è in grado di produrre corrente elettrica.
2. **Che cos'è una corrente indotta?**
   Una corrente indotta è la corrente generata da un magnete in movimento rispetto al circuito elettrico.
3. **Che cos'è l'induzione elettromagnetica?**
   L'induzione elettromagnetica è il fenomeno che produce correnti indotte.

5 LE ONDE ELETTROMAGNETICHE

1. **Che cos'è un campo elettrico? E un campo magnetico?**
   Un campo elettrico è una perturbazione dello spazio generata da una carica elettrica. Un campo magnetico è una perturbazione dello spazio generata da un magnete.
2. **Che cos'è un'onda elettromagnetica?**
   Un'onda elettromagnetica è la sovrapposizione di un campo magnetico e un campo elettrico oscillanti.
3. **Che cosa distingue le onde nello spettro elettromagnetico?**
   Le onde nello spettro elettromagnetico si distinguono per la loro frequenza.

UNITÀ 1 **Vita** UNITÀ 6 **Vol 1**
LE CARATTERISTICHE DELLA VITA

1 I VIVENTI, IL CICLO VITALE E LA RIPRODUZIONE

AUDIOLIBRO

1. **Quali sono le caratteristiche dei viventi?**
   Le caratteristiche dei viventi sono nascere, crescere e morire, riprodursi, nutrirsi, usare l'energia e reagire agli stimoli.
2. **Che cos'è il ciclo vitale?**
   Il ciclo vitale è il percorso che i viventi seguono nella loro vita, che comprende nascita, crescita, riproduzione, invecchiamento e morte.
3. **Quali sono le principali differenze tra la riproduzione asessuata e quella sessuata?**
   Nella riproduzione asessuata i figli nascono da un solo genitore e sono identici al genitore perché hanno il suo stesso DNA. Nella riproduzione sessuata i figli nascono da due genitori e non sono identici a nessuno dei due, anche se assomigliano un po' a entrambi.

2 LA REAZIONE AGLI STIMOLI E LA NUTRIZIONE

1. **Qual è la principale differenza tra organismi autotrofi ed eterotrofi?**
Gli autotrofi producono da soli le sostanze nutritive, mentre gli eterotrofi le ricavano dall'esterno.

2. **Che cos'hanno in comune gli animali erbivori, carnivori e onnivori?**
Gli animali erbivori, carnivori e onnivori sono tutti eterotrofi.

3. **Che cos'hanno di diverso?**
Ciò di cui si cibano è diverso: gli erbivori si nutrono di vegetali, i carnivori di animali e gli onnivori di animali e vegetali.

3 LA CELLULA: L'UNITÀ DI BASE DELLA VITA

1. **Che cos'è una cellula?**
La cellula è la più piccola parte di un essere vivente che conserva le caratteristiche fondamentali della vita.

2. **Qual è la differenza tra organismi unicellulari e organismi pluricellulari?**
La differenza tra organismi unicellulari e pluricellulari sta nel fatto che gli organismi unicellulari sono formati da una sola cellula, i pluricellulari da più cellule.

3. **Qual è la differenza principale tra cellule procariote e cellule eucariote?**
Le cellule procariote non hanno il nucleo, che è presente invece nelle cellule eucariote.

4 COME FUNZIONA UNA CELLULA

1. **Come si chiamano i processi con cui le molecole piccole e l'acqua attraversano la membrana plasmatica?**
I processi con cui le molecole piccole e l'acqua attraversano la membrana plasmatica si chiamano diffusione e osmosi.

2. **Dove vengono prodotte le proteine nelle cellule eucariote?**
Nelle cellule eucariote le proteine vengono prodotte nei ribosomi, che si trovano liberi nel citoplasma o attaccati al reticolo endoplasmatico.

3. **Che cos'è la respirazione cellulare?**
La respirazione cellulare è il processo con cui la cellula ricava energia dalle sostanze nutritive sfruttando l'ossigeno.

5 DALLA CELLULA ALL'ORGANISMO

1. **Quali sono i quattro tipi principali di tessuto negli animali?**
I quattro tipi principali di tessuto negli animali sono: tessuto epiteliale, tessuto connettivo, tessuto muscolare e tessuto nervoso.

2. **Quali sono le loro funzioni?**
Il tessuto epiteliale ha funzioni di rivestimento e protezione; il tessuto connettivo svolge varie funzioni, tra cui il sostegno, il trasporto di sostanze e l'immagazzinamento di sostanze di riserva; il tessuto muscolare è funzionale al movimento; il tessuto nervoso serve per la trasmissione dei segnali nervosi.

3. **Che cos'è un organo? Fai un esempio di organo negli animali e nelle piante.**
Un organo è un insieme di tessuti che collaborano a una funzione comune. Esempi: lo stomaco è un organo presente negli animali; le radici sono un organo delle piante.

UNITÀ 2 **Vita** UNITÀ 7 **Vol 1**
LA CLASSIFICAZIONE DEI VIVENTI

1 COME CLASSIFICARE I VIVENTI

AUDIOLIBRO

1. **Che cos'è la sistematica?**
La sistematica è la disciplina scientifica che classifica gli organismi.

2. **Qual è il criterio usato dagli scienziati per classificare i viventi?**
Il criterio usato dagli scienziati per classificare i viventi si basa sulle somiglianze nelle loro strutture corporee, anche interne.

3. **Chi è Carlo Linneo?**
Carlo Linneo è un naturalista svedese che nel Settecento ha ideato il sistema di classificazione su cui si basa quello tuttora in uso.

2 LE SPECIE DEI VIVENTI

1. **Che cos'è una specie?**
   Una specie è un insieme di organismi che, accoppiandosi, generano figli fertili.
2. **Da quante parole è formato il nome scientifico di una specie?**
   Il nome scientifico di una specie è formato da due parole.
3. **Che cosa indicano queste parole?**
   Le parole che compongono un nome scientifico indicano, rispettivamente, il genere e la specie.

3 DALLA SPECIE AL DOMINIO

1. **Qual è la categoria sistematica più piccola?**
   La categoria sistematica più piccola è la specie.
2. **Quali sono le categorie sistematiche superiori alla specie?**
   Le categorie sistematiche superiori alla specie sono il genere, la famiglia, l'ordine, la classe, il *phylum* e il dominio.
3. **Qual è la categoria sistematica più grande?**
   La categoria sistematica più grande è il dominio.

4 LA CLASSIFICAZIONE DOPO LINNEO

1. **Che cosa afferma la teoria del fissismo?**
   La teoria del fissismo afferma che le specie sono state create in origine e poi sono rimaste immutate nel tempo.
2. **Che cosa afferma la teoria dell'evoluzione per selezione naturale?**
   La teoria dell'evoluzione per selezione naturale afferma che le specie cambiano e si moltiplicano, adattandosi a vari ambienti, sotto la spinta della selezione naturale.
3. **Che cosa sono gli alberi filogenetici?**
   Gli alberi filogenetici sono dei grafici ramificati impiegati dalla sistematica moderna per rappresentare i rapporti evolutivi tra i diversi gruppi di organismi.

UNITÀ 3 **Vita** UNITÀ 8 **Vol 1**

PROCARIOTI, PROTISTI E FUNGHI

1 I PROCARIOTI: STRUTTURA E VARIETÀ

AUDIOLIBRO

1. **Da che tipo di cellula sono formati i procarioti?**
   I procarioti sono formati da una singola cellula procariote.
2. **Quali strutture caratterizzano la superficie delle cellule procariote?**
   Le strutture che caratterizzano la superficie delle cellule procariote sono: parete cellulare, capsula, ciglia e flagelli per il movimento.
3. **Come vengono distinti i procarioti in base alla forma?**
   In base alla forma, i procarioti si distinguono in: bacilli, a forma di bastoncino; spirochete, a forma di spirale; vibrioni, a forma di virgola; cocchi, di forma sferica.

2 I PROCARIOTI: RIPRODUZIONE E NUTRIZIONE

1. **Qual è la differenza tra batteri aerobi e batteri anaerobi?**
   La differenza tra batteri aerobi e batteri anaerobi è che i primi necessitano di ossigeno per vivere, i secondi, invece, no.
2. **Qual è la differenza tra batteri autotrofi e batteri eterotrofi?**
   Gli autotrofi producono da soli le sostanze nutritive, gli eterotrofi, invece, le ricavano dall'esterno.
3. **In quali categorie si possono suddividere i batteri eterotrofi?**
   I batteri eterotrofi si distinguono in: parassiti, che vivono alle spese di altri organismi; simbionti, che vivono in associazione reciprocamente vantaggiosa con altri organismi; decompositori, che decompongono e riciclano la materia organica.

3 I PROTISTI

1. **Che cosa sono i protisti?**
I protisti sono organismi eucarioti, perlopiù unicellulari, formati da cellule eucariote.

2. **Come è fatta la cellula dei protisti?**
La cellula dei protisti è eucariote e contiene il nucleo e vari organuli, tra cui il vacuolo pulsante e i vacuoli digestivi. In alcune specie sono presenti due nuclei: un macronucleo più grande, che controlla gran parte delle attività cellulari, e un micronucleo più piccolo, che controlla la riproduzione.

3. **In quali gruppi principali vengono suddivisi i protisti?**
I protisti vengono suddivisi in alghe, protozoi e muffe mucillaginose.

4 I PROTISTI AUTOTROFI: LE ALGHE

1. **Che cosa sono le alghe?**
Le alghe sono protisti autotrofi fotosintetici, unicellulari e pluricellulari.

2. **Che cos'è il fitoplancton?**
Il fitoplancton è l'insieme delle alghe unicellulari presenti negli ambienti acquatici.

3. **In quali gruppi si suddividono le alghe pluricellulari?**
Le alghe pluricellulari si suddividono in diversi gruppi in base al tipo di pigmento fotosintetico; ci sono alghe verdi, brune e rosse. Le prime vivono in superficie, le altre più in profondità.

5 I PROTISTI ETEROTROFI: PROTOZOI E MUFFE MUCILLAGINOSE

1. **Qual è la principale differenza tra protozoi e muffe mucillaginose?**
La principale differenza tra protozoi e muffe mucillaginose sta nel fatto che i protozoi ingeriscono le particelle di materia organica, le muffe mucillaginose, invece, assorbono le sostanze nutritive dai resti di organismi morti.

2. **Quali sono i principali gruppi di protozoi?**
I principali gruppi di protozoi sono: rizopodi, ciliati, foraminiferi, radiolari, flagellati, sporozoi.

3. **Quali sono le loro principali caratteristiche?**
I rizopodi hanno pseudopodi con cui inglobano il cibo; i ciliati hanno in superficie numerose ciglia che usano per muoversi; i foraminiferi hanno gusci calcarei costellati da fori da cui emettono pseudopodi filamentosi; i radiolari hanno pseudopodi filamentosi e scheletri di silice; i flagellati hanno uno o più flagelli per il movimento; gli sporozoi non si muovono e sono tutti parassiti.

6 I FUNGHI

1. **Che cosa sono i funghi?**
I funghi sono organismi eterotrofi per la maggior parte pluricellulari. Sono incapaci di muoversi e hanno cellule rivestite da una parete rigida.

2. **Qual è la struttura generale di un fungo pluricellulare?**
Il corpo dei funghi pluricellulari è costituito dal micelio. Il micelio è formato da sottili filamenti, chiamati ife, che al momento della riproduzione generano il corpo fruttifero, la parte del fungo che emerge dal terreno.

3. **Qual è la differenza tra funghi saprofiti, parassiti e simbionti?**
I funghi saprofiti si nutrono di resti di organismi morti; i funghi parassiti vivono sul corpo, o all'interno, di altri organismi, danneggiandoli. I funghi simbionti, infine, vivono in associazioni reciprocamente vantaggiose con altri organismi.

7 ZIGOMICETI, CHITRIDIOMICETI E BASIDIOMICETI

1. **Quali sono i quattro gruppi principali di funghi?**
I quattro gruppi principali di funghi sono: zigomiceti, chitridiomiceti, basidiomiceti e ascomiceti.

2. **Come si chiamano le strutture che producono le spore negli zigomiceti, nei chitridiomiceti e nei basidiomiceti?**
   Le strutture che producono le spore negli zigomiceti, nei chitridiomiceti e nei basidiomiceti sono, rispettivamente, sporangi, chitridi e basidi.
3. **A che cosa servono le spore?**
   Le spore servono per la riproduzione asessuata.

8 GLI ASCOMICETI

1. **Come si chiamano le strutture che producono le spore negli ascomiceti?**
   Le strutture che producono le spore negli ascomiceti si chiamano aschi.
2. **Che cosa sono i lieviti?**
   I lieviti sono ascomiceti unicellulari che si riproducono per gemmazione e svolgono la fermentazione alcolica.
3. **Quali muffe appartengono al gruppo degli ascomiceti?**
   Le muffe verdi del genere *Penicillum*, per esempio, appartengono al gruppo degli ascomiceti.
4. **Che cosa sono i tartufi?**
   I tartufi sono ascomiceti pluricellulari caratterizzati da un corpo fruttifero di forma irregolare e arrotondata. Sono commestibili e costituiscono un alimento pregiato.

UNITÀ 4 **Vita** UNITÀ 9 **Vol 1**

LE PIANTE

1 CHE COSA SONO LE PIANTE

AUDIOLIBRO

1. **Con quale processo le piante producono le sostanze nutritive?**
   Le piante producono le sostanze nutritive con la fotosintesi.
2. **A che cosa serve la respirazione cellulare?**
   Con la respirazione cellulare le piante ricavano dalle sostanze nutritive l'energia di cui hanno bisogno per svolgere le funzioni vitali.
3. **A che cosa serve la traspirazione?**
   Con la traspirazione le piante eliminano l'acqua in eccesso sotto forma di vapore acqueo.

2 LA RIPRODUZIONE DELLE PIANTE

1. **In che cosa consiste la riproduzione per alternanza di generazioni?**
   Con la riproduzione per alternanza di generazioni le piante alternano una riproduzione di tipo sessuato a una di tipo asessuato.
2. **Come si riproducono le piante con semi?**
   Le piante con semi si riproducono soprattutto per via sessuata attraverso l'impollinazione.
3. **In che cosa consiste la riproduzione vegetativa?**
   La riproduzione vegetativa è un tipo di riproduzione asessuata in cui si forma una nuova piantina da una parte della pianta di origine.

3 LA FOGLIA

1. **In quali organuli delle cellule della foglia si svolge la fotosintesi?**
   La fotosintesi si svolge nei cloroplasti.
2. **Quali scambi gassosi avvengono attraverso gli stomi?**
   Attraverso gli stomi entrano l'ossigeno e l'anidride carbonica ed esce il vapore acqueo.
3. **Quale funzione hanno le nervature della foglia?**
   Le nervature della foglia servono per il trasporto della linfa.

4 LE RADICI

1. **Quali sono le principali funzioni delle radici?**
   Le principali funzioni delle radici sono: ancorare la pianta al terreno, assorbire acqua e sali minerali, immagazzinare sostanze di riserva.
2. **A che cosa servono i peli radicali?**
   I peli radicali aumentano la superficie di assorbimento di acqua e sali minerali.

3. **Da quali strati è formata una radice?**
La radice è formata dall'epidermide, dalla corteccia e dal cilindro centrale.

5 IL FUSTO

1. **In quale parte del fusto scorre la linfa grezza?**
La linfa grezza scorre nei vasi legnosi del legno.
2. **In quale parte del fusto scorre la linfa elaborata?**
La linfa elaborata scorre nei vasi cribrosi del libro.
3. **Quali funzioni ha la corteccia?**
La corteccia ha funzione protettiva e di sostegno.
4. **In che cosa consiste l'accrescimento primario?**
L'accrescimento primario consiste nell'allungamento del fusto e nello sviluppo di foglie e fiori.

6 IL FIORE

1. **Come sono fatti gli stami?**
Gli stami sono formati da un filamento che sorregge una piccola sacca, l'antera, che contiene il polline.
2. **Com'è fatto il pistillo?**
Il pistillo è formato da un ovario che contiene le cellule uovo e da una parte allungata, lo stilo, che termina con lo stimma.
3. **Come avviene la fecondazione nelle angiosperme?**
Il granulo di polline introduce nello stilo il tubetto pollinico, attraverso il quale le cellule spermatiche scendono nell'ovario. Qui fecondano le cellule uovo.

7 DAL SEME ALLA PIANTA

1. **Com'è fatto l'embrione?**
L'embrione è formato da una radichetta, un fusticino e una o due foglioline embrionali (dette cotiledoni).
2. **Che cos'è il frutto?**
Il frutto è una struttura che protegge il seme nelle angiosperme; il frutto è il risultato della modificazione dell'ovario dopo la fecondazione.
3. **Quando avviene la germinazione di un seme?**
La germinazione avviene quando il seme trova un terreno adatto e condizioni di temperatura e umidità favorevoli.

UNITÀ 5 **Vita** UNITÀ 10 **Vol 1**

GLI ANIMALI INVERTEBRATI

1 LE CARATTERISTICHE DEGLI ANIMALI

AUDIOLIBRO

1. **Che cosa sono gli animali?**
Gli animali sono organismi pluricellulari eterotrofi che si nutrono ingerendo altri organismi, o loro parti.
2. **Che differenza c'è tra animali a simmetria raggiata e animali a simmetria bilaterale?**
Gli animali a simmetria raggiata hanno il corpo divisibile in tanti spicchi uguali disposti intorno a un asse centrale. Gli animali a simmetria bilaterale hanno il corpo diviso in due metà, destra e sinistra, e un'estremità anteriore e una posteriore.
3. **Che differenza c'è tra vertebrati e invertebrati?**
I vertebrati hanno la colonna vertebrale, mentre gli invertebrati non ce l'hanno.

2 I PORIFERI

1. **Che cosa sono i poriferi?**
I poriferi, o spugne, sono animali acquatici prevalentemente marini che vivono ancorati al fondale (sessili).
2. **Qual è la funzione dei pori e dell'osculo?**
Attraverso i pori entra l'acqua, che contiene le sostanze nutritive e l'ossigeno che vengono poi assorbiti dalle cellule della cavità centrale. Dopo aver circolato attraverso la cavità centrale, l'acqua esce da un'apertura detta osculo.

3. **Quali sono le cellule specializzate dei poriferi e quali funzioni svolgono?**
Le cellule della cavità centrale assorbono nutrienti e ossigeno; le cellule della parte centrale della parete producono i gameti e le spicole; le cellule della superficie esterna hanno funzione di rivestimento.

3 GLI CNIDARI

1. **Che cosa sono gli cnidari?**
Gli cnidari sono animali molto antichi, quasi tutti marini e caratterizzati da simmetria raggiata.

2. **Quali tipi di tessuto hanno gli cnidari?**
Gli cnidari hanno un tessuto protettivo, un tessuto con funzioni digestive e una rete di cellule nervose.

3. **Qual'è la funzione dei tentacoli urticanti?**
I tentacoli urticanti servono per catturare le prede che vengono paralizzate dal liquido urticante prodotto dagli cnidoblasti.

4 COME SI RIPRODUCONO PORIFERI E CNIDARI

1. **Che cos'è la gemmazione?**
La gemmazione è una modalità di riproduzione asessuata in cui dall'individuo genitore si staccano delle protuberanze, le gemme, che aderiscono al suolo, si sviluppano e danno origine a nuovi individui.

2. **Come avviene la riproduzione sessuata nei poriferi?**
I gameti maschili fuoriusciti dall'osculo di una spugna fecondano i gameti femminili provenienti da un'altra spugna. Si formano così delle larve che si sviluppano dando origine a nuovi individui.

3. **Come si possono riprodurre gli cnidari?**
Gli cnidari possono riprodursi per via asessuata, per via sessuata o tramite alternanza di generazioni.

5 I PLATELMINTI E I NEMATODI

1. **Che cosa sono i vermi?**
I vermi sono animali invertebrati dotati di corpo molle, simmetria bilaterale e diversi organi. Nel loro corpo si distinguono un'estremità anteriore e una posteriore.

2. **Come si riproducono i vermi?**
Tutti i vermi si riproducono per via sessuata.

3. **Come sono classificati i vermi?**
I vermi sono classificati in tre *phyla*: platelminti, nematodi e anellidi.

4. **Qual è la principale differenza tra il corpo dei platelminti e quello dei nematodi?**
La principale differenza tra platelminti e nematodi è che i primi hanno il corpo piatto, i secondi hanno il corpo cilindrico.

6 GLI ANELLIDI

1. **Che cosa sono i metameri?**
I metameri sono i segmenti in cui è suddiviso il corpo degli anellidi.

2. **Com'è fatto l'apparato circolatorio degli anellidi?**
L'apparato circolatorio degli anellidi è chiuso, dotato di cuori pulsanti che pompano il sangue nei due vasi sanguigni principali e nei vasi trasversali che li collegano.

3. **Come respirano gli anellidi?**
Gli anellidi terrestri respirano tramite la pelle, quelli acquatici tramite le branchie.

7 GLI ECHINODERMI

1. **Che cos'è il dermascheletro?**
Il dermascheletro è una struttura di sostegno, localizzata sotto la pelle degli echinodermi, formata da piastre calcaree.

2. **Come è fatto l'apparato digerente degli echinodermi?**
L'apparato digerente degli echinodermi è formato da una bocca, rivolta verso l'alto nelle specie sessili e verso il basso nelle specie mobili, in cui viene introdotto il cibo. Il cibo ingerito viene successivamente digerito nello stomaco; le sostanze di scarto sono espulse attraverso l'ano, posizionato sul lato opposto dell'animale.

3. **Com'è fatto il sistema acquifero degli echinodermi e quali sono le sue funzioni?**
   Il sistema acquifero è formato da un canale circolare da cui si dipartono i canali radiali, i quali hanno pedicelli ambulacrali dotati di ventose. Serve per la respirazione e, nelle specie mobili, per la locomozione.

8 I MOLLUSCHI

1. **Quali sono le principali classi di molluschi?**
   Le principali classi di molluschi sono gasteropodi, bivalvi e cefalopodi.
2. **Che cos'è la cavità palleale?**
   La cavità palleale è quella che contiene gli organi respiratori: branchie per i molluschi acquatici, un polmone rudimentale per le specie terrestri.
3. **Che cosa contiene il sacco dei visceri?**
   Nel sacco dei visceri si trovano il cuore e gli organi degli apparati digerente, riproduttore ed escretore.
4. **Com'è fatto il sistema circolatorio aperto dei molluschi?**
   Nel sistema circolatorio aperto dei molluschi il sangue esce dai vasi e circola liberamente negli spazi a diretto contatto con gli organi.

9 GLI ARTROPODI

1. **Che cos'è l'esoscheletro?**
   L'esoscheletro è un rivestimento esterno duro di chitina che serve per proteggere l'animale e impedire la disidratazione nelle specie terrestri.
2. **Quali sono le principali caratteristiche dei crostacei?**
   I crostacei hanno un esoscheletro robusto, chiamato carapace; hanno il corpo diviso in cefalotorace e addome; sono dotati di numerose paia di appendici, con il primo paio, talvolta, trasformato in chele; possiedono due paia di antenne.
3. **Quali sono le principali caratteristiche degli aracnidi?**
   Gli aracnidi hanno il corpo suddiviso in cefalotorace e addome e sei paia di appendici: quattro paia per il movimento, un paio di cheliceri per uccidere le prede e un paio di pedipalpi per trattenerle.
4. **Quali sono le principali caratteristiche dei miriapodi?**
   I miriapodi hanno corpo allungato diviso in metameri, a ognuno dei quali sono collegate una o due paia di arti.

10 GLI INSETTI

1. **Che cosa si trova sul capo degli insetti?**
   Sul capo degli insetti ci sono diversi organi di senso. Sulle antenne ci sono organi olfattivi, gustativi e tattili. Gli occhi composti e gli occhi semplici permettono la visione e l'orientamento.
2. **Che cosa si trova collegato al torace degli insetti?**
   Collegati al torace degli insetti si trovano tre paia di arti e le ali.
3. **In che cosa consiste la metamorfosi degli insetti?**
   La metamorfosi è il processo in cui gli individui giovani (larve) si trasformano in adulti. In molte specie di insetti avviene una trasformazione radicale che passa per lo stadio di pupa (o crisalide).

UNITÀ 6 **Vita** UNITÀ 11 **Vol 1**

PESCI, ANFIBI E RETTILI

1 I CORDATI

AUDIOLIBRO

1. **Che cosa caratterizza il *phylum* dei cordati?**
   I cordati sono caratterizzati dalla presenza di una corda dorsale almeno in una fase della loro vita.
2. **Come si classificano i cordati?**
   I cordati si classificano in urocordati (con la corda dorsale solo nella coda e nello stadio embrionale), cefalocordati e vertebrati (in cui la corda dorsale è sostituita, dopo lo sviluppo, dalla colonna vertebrale).

3. **Quali caratteristiche hanno i vertebrati?**
I vertebrati hanno la colonna vertebrale, l'endoscheletro, un sistema nervoso complesso, la circolazione chiusa e si riproducono per via sessuata.

2 I PESCI

1. **Come funzionano le branchie?**
Le branchie assorbono l'ossigeno dall'acqua che le attraversa e le cedono l'anidride carbonica.
2. **Come funziona la vescica natatoria?**
La vescica natatoria è come un palloncino: si gonfia per far salire il pesce, si sgonfia per farlo scendere.
3. **Che cosa vuol dire che la circolazione del sangue è completa?**
La circolazione del sangue dei pesci si dice completa perché il sangue ricco di ossigeno e quello ricco di anidride carbonica non si mescolano mai.

3 LA VARIETÀ DEI PESCI

1. **Quali sono le due classi principali dei pesci?**
Le due classi principali sono pesci cartilaginei e pesci ossei.
2. **Quali sono le principali caratteristiche dei pesci cartilaginei?**
I pesci cartilaginei hanno lo scheletro di cartilagine, la bocca ventrale, le fessure branchiali esterne e la pinna caudale asimmetrica.
3. **Quali sono le principali caratteristiche dei pesci ossei?**
I pesci ossei hanno lo scheletro di tessuto osseo, la bocca terminale, l'opercolo e la pinna caudale simmetrica.

4 GLI ANFIBI

1. **Quali stadi fanno parte del ciclo vitale degli anfibi?**
Il ciclo vitale degli anfibi è costituito da uno stadio larvale e uno stadio adulto.
2. **Dove vivono gli anfibi?**
Le larve degli anfibi vivono in acqua. Gli esemplari adulti, invece, vivono sulla terraferma ma vicino all'acqua.
3. **Come respirano le larve?**
Le larve respirano con le branchie.
4. **Come respirano gli anfibi adulti?**
Gli anfibi adulti respirano con i polmoni.

5 LA VARIETÀ DEGLI ANFIBI

1. **Quali tipi di anfibi esistono?**
Gli anfibi si possono dividere in urodeli, apodi e anuri.
2. **Quali sono le differenze principali tra urodeli e anuri?**
Gli urodeli hanno la coda visibile e quattro arti uguali. Gli anuri hanno la coda solo allo stadio di girino e hanno gli arti posteriori più sviluppati.
3. **Come si chiamano gli anfibi privi di arti?**
Gli anfibi privi di arti si chiamano apodi.

6 I RETTILI

1. **Quali caratteristiche permettono ai rettili di vivere sulla terraferma?**
I rettili depongono uova con guscio rigido e impermeabile, respirano con i polmoni dalla nascita e hanno una pelle impermeabile rivestita di squame. Queste sono le caratteristiche che permettono ai rettili di vivere sulla terraferma.
2. **Com'è la circolazione sanguigna dei rettili?**
La circolazione sanguigna dei rettili è doppia e incompleta, con l'unica eccezione del coccodrillo che ha la circolazione doppia e completa.
3. **Che cos'è la muta?**
La muta è la sostituzione della pelle vecchia con la pelle nuova.

7 LA VARIETÀ DEI RETTILI

1. **Quali sono i tre ordini in cui vengono classificati i rettili?**
I tre ordini dei rettili sono cheloni, loricati e squamati.

2. **Chi sono i loricati?**
I loricati sono i coccodrilli e gli alligatori.

3. **Che cosa sono gli ofidi?**
Gli ofidi sono rettili dell'ordine degli squamati e comprendono tutti i serpenti.

UNITÀ 7 **Vita** UNITÀ 12 **Vol 1**

UCCELLI E MAMMIFERI

1 GLI UCCELLI

AUDIOLIBRO

1. **Quali sono i principali adattamenti degli uccelli per il volo?**
I principali adattamenti degli uccelli per il volo sono la forma aereodinamica, le penne, le sacche aeree, le ossa cave.

2. **A che cosa servono le piume?**
Le piume hanno una funzione isolante. Impediscono la dispersione di calore e proteggono il corpo dall'acqua.

3. **Dove viene triturato il cibo ingerito da un uccello?**
Il cibo ingerito da un uccello viene triturato nel ventriglio.

2 LA VARIETÀ DEGLI UCCELLI

1. **Qual è l'ordine più numeroso degli uccelli?**
L'ordine dei passeriformi.

2. **Quali sono le caratteristiche dei rapaci?**
I rapaci sono predatori, con lunghi artigli, becco adatto a lacerare le prede e hanno un'ottima vista.

3. **Quali caratteristiche hanno gli uccelli dell'ordine a cui appartiene il pavone?**
Il pavone appartiene all'ordine dei galliformi, caratterizzato da zampe robuste, ali corte e becco robusto. Inoltre, sono volatori mediocri.

3 I MAMMIFERI

1. **Quali sono le caratteristiche tipiche dei mammiferi?**
I mammiferi sono caratterizzati dalla presenza di ghiandole mammarie, che producono il latte, e dai peli.

2. **Quali vantaggi fornisce un encefalo sviluppato?**
L'encefalo sviluppato permette un miglior apprendimento e la possibilità di avere organi di senso molto sviluppati.

3. **Che tipo di circolazione sanguigna hanno i mammiferi?**
La circolazione sanguigna dei mammiferi è doppia e completa.

4 LA VARIETÀ DEI MAMMIFERI

1. **Come si classificano i mammiferi?**
I mammiferi si classificano in base alla modalità di riproduzione in monotremi, marsupiali e placentati.

2. **Esistono mammiferi che depongono le uova?**
Sì, i monotremi depongono uova.

3. **Che cosa hanno in comune i marsupiali e i placentati, oltre a essere mammiferi?**
Marsupiali e placentati sono entrambi vivipari.

4. **Che cos'è la placenta?**
Una struttura di collegamento tra la madre e l'embrione presente nei mammiferi placentati.

5 I PLACENTATI

1. **Quali sono gli unici mammiferi in grado di volare?**
Gli unici mammiferi in grado di volare sono i chirotteri.

2. **Quali sono le caratteristiche dei primati?**
I primati sono caratterizzati da un encefalo sviluppato, dita prensili e vista frontale.

3. **Qual è l'ordine con più specie tra i placentati?**
L'ordine con più specie tra i placentati è quello dei roditori.

UNITÀ 8 **Vita** UNITÀ 13 **Vol 1**

IL COMPORTAMENTO ANIMALE

1 LO STUDIO DEL COMPORTAMENTO

AUDIOLIBRO

1. **Che cos'è l'etologia?**
L'etologia è la scienza che studia i comportamenti degli animali.

2. **Perché un comportamento è un adattamento?**
   Un comportamento è un adattamento perché è una caratteristica acquisita durante l'evoluzione per sopravvivere in un determinato ambiente.
3. **Che cos'è uno stimolo esterno?**
   È uno stimolo che viene dall'ambiente.

2 COMPORTAMENTI INNATI O APPRESI

1. **Che cos'è un comportamento innato?**
   Un comportamento innato è un comportamento presente già alla nascita.
2. **Che cos'è un comportamento appreso?**
   Un comportamento appreso è un comportamento acquisito con l'esperienza.
3. **Come si definisce un movimento verso uno stimolo?**
   Il movimento verso uno stimolo è detto tropismo.
4. **Che cos'è l'imprinting?**
   L'imprinting è un comportamento non cancellabile dalla memoria e appreso nei primi istanti di vita.

3 GLI ANIMALI COMUNICANO TRA LORO

1. **Perché gli animali comunicano?**
   Gli animali comunicano per molti motivi, come marcare un territorio, trovare cibo, richiedere aiuto, minacciare un avversario, segnalare un pericolo.
2. **In quali modi possono comunicare gli animali?**
   Gli animali comunicano attraverso l'aspetto e i gesti, i suoni, gli odori e il tatto.
3. **Che tipo di comunicazione è la danza delle api?**
   La danza delle api è una comunicazione tattile.

4 TERRITORIALISMO E MIGRAZIONI

1. **Sulla base di quali caratteristiche un animale identifica un territorio?**
   Gli animali identificano un proprio territorio sulla base della disponibilità di cibo, di ripari e di luoghi adatti alla riproduzione.
2. **Quali forme di comunicazione vengono usate per delimitare i territori?**
   Gli animali delimitano i territori con segnali visivi, acustici e odorosi.
3. **In che cosa consiste la migrazione?**
   La migrazione è lo spostamento verso zone con un clima più favorevole durante determinati periodi dell'anno.

5 I COMPORTAMENTI RIPRODUTTIVI

1. **I rituali di corteggiamento sono innati o appresi?**
   I rituali di corteggiamento sono comportamenti innati.
2. **Che cosa sono le specie poligame?**
   Le specie poligame sono quelle specie in cui gli individui di un determinato sesso, generalmente quello maschile, hanno a disposizione più partner.
3. **Che cosa vuol dire essere un cucciolo inetto?**
   Un cucciolo inetto non sa badare a se stesso e ha bisogno di cure parentali.

6 LE SOCIETÀ ANIMALI

1. **Quali vantaggi offre una società animale?**
   Una società animale offre molti vantaggi, come la collaborazione nella caccia e nella difesa.
2. **Quali sono le caratteristiche di una società temporanea?**
   Una società temporanea è caratterizzata dall'aggregazione non permanente di individui di una stessa specie senza che si stabilisca un'organizzazione sociale particolare.
3. **Quali sono le caratteristiche di una società permanente?**
   Una società permanente è caratterizzata da un'associazione di individui che mostrano comportamenti sociali complessi, hanno ruoli precisi e spesso sono organizzati secondo una gerarchia

UNITÀ 9 **Vita** UNITÀ 7 **Vol 2**

GLI ORGANISMI NELL'AMBIENTE

AUDIOLIBRO

1 COM'È FATTO UN ECOSISTEMA

1. **Che cos'è un ecosistema?**
   Un ecosistema è l'insieme degli organismi, dell'ambiente fisico in cui vivono e delle relazioni degli organismi tra loro e con l'ambiente.
2. **Che cosa studia l'ecologia?**
   L'ecologia studia le interazioni tra gli esseri viventi e l'ambiente.
3. **Che cosa sono i fattori biotici e i fattori abiotici di un ecosistema?**
   I fattori biotici sono le componenti viventi dell'ecosistema, mentre i fattori abiotici sono le sue componenti fisiche non viventi.

2 DALLA POPOLAZIONE ALLA BIOSFERA

1. **Che cos'è una popolazione?**
   Una popolazione è un gruppo di individui della stessa specie che vivono contemporaneamente nello stesso luogo.
2. **Che cos'è una comunità?**
   Una comunità è un insieme di popolazioni di specie diverse che convivono in un dato ambiente.
3. **Che cos'è la biosfera?**
   La biosfera è l'insieme di tutti gli ecosistemi della Terra; coincide con la parte del pianeta in cui è presente la vita.

3 GLI ORGANISMI NELL'ECOSISTEMA

1. **Qual è la differenza tra organismi autotrofi e organismi eterotrofi?**
   Gli organismi autotrofi producono da sé il nutrimento di cui necessitano, gli organismi eterotrofi, invece, lo assumono dall'esterno.
2. **Che cos'è l'habitat?**
   L'habitat è l'ambiente in cui vive una popolazione di organismi.
3. **Che cos'è la nicchia ecologica?**
   La nicchia ecologica è il ruolo svolto da un organismo all'interno del proprio habitat.

4 LE RELAZIONI ALIMENTARI

1. **Quali sono i principali livelli trofici di un ecosistema?**
   I principali livelli trofici di un ecosistema sono: produttori, consumatori (primari, secondari, terziari) e decompositori.
2. **Che cos'è una catena alimentare?**
   Una catena alimentare è una sequenza di popolazioni collegate tra loro da relazioni alimentari.
3. **Che cos'è una rete alimentare?**
   Una rete alimentare è un insieme di catene alimentari intrecciate nell'ambito di un ecosistema.

5 I CICLI DELLA MATERIA

1. **Che cosa vuol dire che le sostanze chimiche circolano a doppio senso?**
   Le sostanze chimiche circolano a doppio senso negli ecosistemi perché il loro percorso avviene in due direzioni: dagli organismi all'ambiente e viceversa.
2. **Che cos'è un ciclo biogeochimico?**
   Un ciclo biogeochimico è il percorso ciclico di una data sostanza chimica tra gli organismi e le componenti non viventi dell'ambiente.
3. **Quali sono i principali cicli biogeochimici?**
   I principali cicli biogeochimici sono quelli del carbonio, del fosforo e dell'azoto.

6 LE PIRAMIDI ECOLOGICHE

1. **Che cosa rappresenta la piramide dell'energia?**
   La piramide dell'energia è un diagramma che rappresenta la progressiva riduzione di energia che si verifica a ogni passaggio di livello trofico (dai produttori ai consumatori di livello più alto).
2. **Che cosa rappresenta la piramide dei numeri?**
   La piramide dei numeri rappresenta la progressiva riduzione del numero di individui a ogni passaggio di livello trofico.

3. **Che cosa rappresenta la piramide della biomassa?**
   La piramide della biomassa rappresenta la progressiva riduzione della biomassa a ogni passaggio di livello trofico.

7 LE RELAZIONI TRA GLI ORGANISMI

1. **Che cos'è la simbiosi?**
   La simbiosi è una relazione tra due specie che risulti vantaggiosa per almeno una delle due.
2. **Quali tipi di simbiosi esistono e in che cosa differiscono?**
   Esistono due tipi di simbiosi: il mutualismo e il commensalismo. Nel mutualismo entrambe le specie sono avvantaggiate; nel commensalismo una specie è avvantaggiata, mentre l'altra non è né favorita né danneggiata.
3. **Quali sono le principali relazioni svantaggiose che possono instaurarsi tra due specie?**
   Le principali relazioni svantaggiose che possono instaurarsi tra due specie sono il parassitismo, la competizione e la predazione.

UNITÀ 10 **Vita** UNITÀ 8 **Vol 3**

IL CODICE DELLA VITA

1 IL DNA E L'RNA

AUDIOLIBRO

1. **Come si chiamano le unità che formano il DNA e l'RNA?**
   Le unità che formano il DNA e l'RNA si chiamano nucleotidi.
2. **Quali sono i costituenti di un nucleotide?**
   Un nucleotide è composto da uno zucchero pentoso, un gruppo fosfato e una base azotata.
3. **Qual è la struttura del DNA?**
   La struttura del DNA è formata da due filamenti di nucleotidi avvolti tra di loro.
4. **Che cosa differenzia l'RNA dal DNA?**
   L'RNA è formato da un solo filamento, contiene lo zucchero ribosio invece che desossiribosio e, al posto della base azotata timina, ha l'uracile.

2 LA DUPLICAZIONE DEL DNA

1. **Perché la doppia elica del DNA può aprirsi e richiudersi facilmente?**
   La doppia elica del DNA può aprirsi e richiudersi facilmente perché i legami tra le basi azotate si formano e si rompono facilmente.
2. **Qual è il risultato finale della duplicazione del DNA?**
   Il risultato finale della duplicazione del DNA è la formazione di due nuove doppie eliche di DNA perfettamente identiche tra loro e a quella originaria.
3. **Perché la duplicazione del DNA si definisce semiconservativa?**
   La duplicazione del DNA si definisce semiconservativa perché durante la duplicazione si formano due nuove molecole di DNA ciascuna costituita da un filamento nuovo e da uno derivato dal DNA originario.

3 LA SINTESI PROTEICA

1. **Come si chiama un tratto di DNA che codifica per una specifica proteina?**
   Un tratto di DNA che codifica per una specifica proteina si chiama gene.
2. **Che cosa accade durante il processo di trascrizione?**
   Durante il processo di trascrizione una porzione di filamento di DNA funziona da stampo per produrre un filamento di mRNA.
3. **Qual è la funzione dell'RNA di trasporto?**
   Il tRNA ha la funzione di legare uno specifico amminoacido, a cui corrisponde una specifica tripletta, e trasportarlo alla tripletta complementare sull'mRNA.
4. **Che cos'è il ribosoma?**
   Il ribosoma è un organulo cellulare responsabile della traduzione proteica.

4 I CROMOSOMI

1. **Che cosa sono i cromosomi?**
   I cromosomi sono particolari strutture in cui si compatta il DNA.
2. **Quali sono i livelli principali di impacchettamento del DNA?**
   I principali livelli di impacchettamento del DNA sono: quello degli istoni, quello della cromatina, quello dei cromatidi.
3. **Che cosa sono i cromosomi omologhi?**
   I cromosomi omologhi sono le due copie dello stesso cromosoma, una ereditata dalla madre e una dal padre.
4. **Come si chiama l'insieme di tutti i cromosomi di una cellula eucariote, inclusi quelli sessuali?**
   L'insieme dei cromosomi di una cellula eucariote si chiama cariotipo.

5 LA MITOSI

1. **Perché una cellula si divide?**
   Una cellula si divide perché l'organismo ha bisogno di crescere e di sostituire le cellule vecchie o danneggiate.
2. **Quali sono le due fasi del ciclo cellulare?**
   Le due fasi del ciclo cellulare sono l'interfase e la mitosi.
3. **Quando si duplica il DNA?**
   Il DNA si duplica durante l'interfase del ciclo cellulare.
4. **Che cos'è il fuso mitotico?**
   Il fuso mitotico è una gabbia di fibre che si formano quando la membrana nucleare inizia a disgregarsi.

6 LA MEIOSI

1. **Quanti cromosomi possiedono i gameti umani?**
   I gameti umani possiedono 23 cromosomi.
2. **Come vengono definiti i gameti in base al loro corredo cromosomico?**
   I gameti sono definiti aploidi perché hanno metà corredo cromosomico rispetto alle altre cellule di un organismo.
3. **Quante cellule produce la meiosi?**
   La meiosi produce quattro cellule aploidi.
4. **Da che cosa è garantita la variabilità genetica degli individui?**
   La variabilità genetica degli individui è garantita dal crossing over e dall'assortimento indipendente.

7 LE BIOTECNOLOGIE

1. **Che cosa sono le biotecnologie?**
   Il termine biotecnologie indica l'insieme delle tecniche che permettono di manipolare il materiale genetico degli esseri viventi allo scopo di ottenere prodotti utilizzabili in campo industriale o medico.
2. **Che cosa vuol dire organismo transgenico?**
   Un organismo transgenico è un organismo in cui sono stati introdotti geni derivanti da un'altra specie.
3. **Che cosa vuol dire OGM?**
   OGM significa organismo geneticamente modificato.

UNITÀ 11 **Vita** UNITÀ 9 **Vol 3**
EREDITARIETÀ DEI CARATTERI

1 LA NASCITA DELLA GENETICA

AUDIOLIBRO

1. **Chi era Gregor Mendel?**
   Gregor Mendel era un monaco boemo, biologo e un matematico, considerato il padre della genetica.
2. **Che studi ha compiuto Gregor Mendel?**
   Gregor Mendel è ricordato per i suoi studi sull'ereditarietà dei caratteri.
3. **Qual è l'organismo utilizzato da Mendel nei suoi esperimenti?**
   Nei suoi esperimenti Mendel ha utilizzato la pianta di pisello.
4. **Com'è possibile fecondare una pianta di pisello con un'altra?**
   Una pianta di pisello può essere fecondata da un'altra mediante impollinazione artificiale incrociata.

2 LE LEGGI DI MENDEL

1. **Che cosa spiegano le tre leggi di Mendel?**
   Le tre leggi di Mendel spiegano come si trasmettono i caratteri ereditari.
2. **Che cosa afferma la prima legge di Mendel?**
   La prima legge di Mendel afferma che incrociando due piante di linee pure si ottengono individui che manifestano solo il carattere dominante.
3. **Che cosa afferma la seconda legge di Mendel?**
   La seconda legge di Mendel afferma che il carattere dominante e quello recessivo si manifestano sempre in rapporto di 3:1 nella seconda generazione.
4. **Che cosa afferma la terza legge di Mendel?**
   La terza legge di Mendel afferma che incrociando piante che differiscono per più caratteri, questi si trasmettono alla generazione successiva in modo indipendente gli uni dagli altri.

3 GENI E ALLELI

1. **Dove si trova il materiale ereditario?**
   Il materiale ereditario si trova nei cromosomi, in particolare nei geni.
2. **Quante varianti può avere un gene in una cellula qualsiasi e in un gamete?**
   I geni sono presenti in due varianti in tutte le cellule, tranne nei gameti in cui sono presenti in una sola variante.
3. **Come si chiamano le varianti di un gene?**
   Le varianti di un gene si chiamano alleli.
4. **In quale caso un individuo è omozigote?**
   Quando possiede alleli uguali per un gene che determina uno specifico carattere.

4 GENOTIPO E FENOTIPO

1. **Che cosa è il genotipo?**
   Il genotipo è l'insieme degli alleli di un gene che determina un certo fenotipo.
2. **Che cos'è il fenotipo?**
   Il fenotipo è la manifestazione visibile di un determinato carattere.
3. **Da che cosa dipende il fenotipo?**
   Il fenotipo dipende dal genotipo e dall'ambiente.

5 LA GENETICA UMANA

1. **Di che tipo possono essere i cromosomi?**
   I cromosomi possono essere autosomi oppure cromosomi sessuali.
2. **Come sono chiamati i cromosomi sessuali nelle femmine?**
   Nelle femmine i cromosomi sessuali sono XX.
3. **Come sono chiamati i cromosomi sessuali nei maschi?**
   Nei maschi i cromosomi sessuali sono XY.
4. **Perché alcune malattie ereditarie hanno una frequenza diversa tra maschi e femmine?**
   Perché i geni che le causano si trovano sui cromosomi sessuali.

UNITÀ 12 **Vita** UNITÀ 10 **Vol 3**

L'EVOLUZIONE DELLA VITA

1 GLI ORGANISMI EVOLVONO NEL TEMPO

AUDIOLIBRO

1. **Che cosa sosteneva il creazionismo?**
   Il creazionismo sosteneva che tutte le specie fossero il risultato della creazione divina.
2. **Che cosa sosteneva il fissismo?**
   Il fissismo sosteneva che tutte le specie rimanessero immutate nel tempo.
3. **Che cosa affermava la teoria delle catastrofi?**
   Secondo la teoria delle catastrofi, nel tempo vari cataclismi naturali avrebbero causato la scomparsa delle specie esistenti, che sarebbero state sostituite da altre frutto di nuovi atti creativi.
4. **Su quali principi si basava la teoria dell'evoluzione di Lamarck?**
   La teoria dell'evoluzione di Larmarck si basava sull'idea che i caratteri venissero acquisiti grazie all'uso e al non uso degli organi e fossero poi trasmessi alla discendenza.

2 LA TEORIA DI DARWIN

1. **Su quali osservazioni si basò Darwin per formulare la sua teoria?**
   La prima osservazione da cui partì Darwin è che le risorse dell'ambiente sono limitate e impongono limiti alla crescita delle popolazioni. La seconda osservazione è che i caratteri ereditari dei membri di una popolazione sono variabili.
2. **Perché i membri di una popolazione sono in lotta per la sopravvivenza?**
   La lotta per la sopravvivenza è una conseguenza del fatto che l'ambiente offre risorse limitate, per cui gli individui devono competere per procurarsele.
3. **Che cosa afferma la teoria dell'evoluzione per selezione naturale?**
   Secondo la teoria dell'evoluzione per selezione naturale, gli individui con caratteri ereditari vantaggiosi per la vita in un dato ambiente tendono a sopravvivere e, di conseguenza, a riprodursi più degli altri, trasmettendo questi caratteri ai figli. Con il passare delle generazioni, i caratteri vantaggiosi si diffondono nella popolazione, che si trasforma ed evolve.

3 L'ADATTAMENTO ALL'AMBIENTE

1. **Che cos'è un adattamento?**
   Un adattamento è un carattere che accresce la probabilità di un individuo di sopravvivere, e quindi di riprodursi, in un dato ambiente e in un particolare momento. Il termine adattamento è usato anche per indicare il processo con cui i caratteri più adatti si diffondono nelle popolazioni per effetto della selezione naturale.
2. **Quali tipi di adattamento esistono?**
   Gli adattamenti possono essere fisiologici (relativi alle funzioni biologiche), morfologici (relativi all'anatomia) o comportamentali (relativi al comportamento).
3. **Che cosa sono il mimetismo criptico e le colorazioni aposematiche?**
   Nel mimetismo criptico, gli individui hanno forme e colori che li camuffano nell'ambiente, aiutandoli a nascondersi dai predatori. Le colorazioni aposematiche, invece, avvertono i predatori di stare alla larga perché l'individuo che le possiede è velenoso o ha un cattivo sapore.

4 LA NASCITA DI NUOVE SPECIE

1. **Che cos'è la speciazione?**
   La speciazione è l'insieme dei processi che portano alla nascita di una nuova specie.
2. **Perché la speciazione richiede che si stabilisca una barriera riproduttiva?**
   La speciazione richiede che si stabilisca una barriera riproduttiva perché due popolazioni di una specie non devono più essere in grado di incrociarsi.
3. **Qual è il tipo di speciazione più frequente?**
   La speciazione più frequente è quella causata da una barriera geografica che separa due popolazioni che, di conseguenza, accumulano nuovi adattamenti e si differenziano al punto da essere incapaci di incrociarsi.

5 LE PROVE DELL'EVOLUZIONE

1. **Che cosa sono le forme di transizione?**
   Le forme di transizione sono specie fossili che dimostrano il passaggio evolutivo da un gruppo di organismi a un altro.
2. **Che cosa sono gli organi omologhi?**
   Gli organi omologhi sono organi di differenti organismi che possono svolgere funzioni diverse ma hanno struttura simile perché condividono un'origine comune.
3. **Quali prove dell'evoluzione sono giunte dalla genetica?**
   La genetica ha dimostrato che i caratteri sono codificati dal DNA, che si trasmette dai genitori ai figli. Inoltre, ha rivelato che le mutazioni sono la fonte della variabilità su cui agisce la selezione naturale e che il codice genetico è universale, a conferma dell'origine comune di tutti i viventi.

6 L'ORIGINE DELLA VITA

1. **Come si pensa che abbiano avuto origine i primi esseri viventi?**
   L'ipotesi più accreditata per descrivere l'origine dei primi esseri viventi è quella del brodo primordiale: le prime molecole organiche, nate spontaneamente nei mari primordiali, si sono aggregate formando macromolecole biologiche, che poi si sono organizzate in strutture simili a cellule.
2. **Perché i primi procarioti dovevano essere anaerobici?**
   I primi procarioti dovevano probabilmente essere anaerobici perché l'atmosfera primordiale non conteneva ossigeno.
3. **Che cosa sono le stromatoliti?**
   Le stromatoliti sono strutture prodotte dall'attività di procarioti fotosintetici.
4. **Come si pensa che abbiano avuto origine i primi organismi eucarioti?**
   Si pensa che i primi organismi eucarioti derivino dalla simbiosi di diversi procarioti, che ha dato origine a cellule dotate di organuli come i mitocondri e i cloroplasti.

7 LA VITA NEL PALEOZOICO

1. **Quando sono comparsi i primi vertebrati?**
   I primi vertebrati sono comparsi nel periodo Ordoviciano.
2. **Quando sono comparse le prime forme di vita capaci di vivere fuori dall'acqua?**
   Nel periodo Siluriano si sono evolute le prime piante e i primi invertebrati terrestri.
3. **Quando sono comparsi i primi vertebrati terrestri?**
   I primi vertebrati terrestri sono comparsi nel Devoniano, con l'evoluzione dei primi anfibi.
4. **Quali sono stati i primi vertebrati del tutto indipendenti dagli ambienti acquatici?**
   I primi vertebrati del tutto indipendenti dagli ambienti acquatici sono stati i rettili che, grazie alle loro uova con guscio rigido, potevano vivere lontano dall'acqua.

8 LA VITA NEL MESOZOICO E NEL CENOZOICO

1. **Quali gruppi di rettili oggi estinti vivevano nel Mesozoico?**
   Ittiosauri, pterosauri e dinosauri, oggi estinti, vivevano nel Mesozoico.
2. **Quando si sono evoluti i primi mammiferi e i primi uccelli?**
   I primi mammiferi e i primi uccelli si sono evoluti durante il Mesozoico: i mammiferi nel Triassico, gli uccelli nel Giurassico.
3. **Quando è avvenuta la diffusione su larga scala di mammiferi e uccelli?**
   La diffusione su larga scala di mammiferi e uccelli è avvenuta nel Cenozoico, dopo l'estinzione dei dinosauri.
4. **Che cosa sono i primati?**
   I primati sono l'ordine di mammiferi che comprende lemuri, scimmie, scimmie antropomorfe ed esseri umani.

UNITÀ 1 **Corpo umano** UNITÀ 9 **Vol 2**

LA STRUTTURA DEL CORPO UMANO

1 L'ORGANIZZAZIONE DEL CORPO UMANO

AUDIOLIBRO

1. **Quali sistemi inviano messaggi alle diverse parti del corpo?**
   Il sistema nervoso e il sistema endocrino inviano messaggi di diversa natura: elettrici, nel caso del sistema nervoso; chimici, nel caso del sistema endocrino.
2. **Quale apparato è diverso in maschi e femmine?**
   L'apparato riproduttore è diverso tra maschi e femmine.
3. **Quale apparato è un sistema di trasporto?**
   L'apparato circolatorio è un sistema di trasporto perché rifornisce di sostanze nutritive e di ossigeno le cellule, dalle quali raccoglie e allontana i materiali di rifiuto. Inoltre, trasporta le difese immunitarie e gli ormoni.

4. **Quale apparato immette ossigeno dall'esterno?**
L'apparato respiratorio preleva dall'ambiente esterno ossigeno e lo immette nel sangue; preleva dal sangue anidride carbonica e la espelle all'esterno.

5. **Quale sistema ci difende dalle infezioni?**
Il sistema immunitario difende il corpo dalle aggressioni esterne, come i microrganismi che possono causare malattie.

2 L'APPARATO TEGUMENTARIO

1. **Da che cosa è formato l'apparato tegumentario?**
L'apparato tegumentario è formato dalla pelle (o cute) e dagli annessi cutanei: peli e capelli, unghie, ghiandole della pelle.

2. **Quali funzioni svolge l'apparato tegumentario?**
L'apparato tegumentario difende il corpo, mantiene stabili le condizioni corporee, riceve le sensazioni tattili e sintetizza la vitamina D, che è importante per lo sviluppo delle ossa.

3. **Quali sono i tre strati della cute?**
La cute è fatta di tre strati: dal più superficiale al più profondo, si distinguono l'epidermide, il derma e l'ipoderma.

4. **In quale strato si generano le cellule dell'epidermide?**
Le cellule dell'epidermide si generano continuamente nello strato germinativo.

3 GLI ANNESSI CUTANEI

1. **Quali sono gli annessi cutanei?**
Gli annessi cutanei sono i peli e i capelli, le unghie, le ghiandole della pelle.

2. **Come si chiamano le ghiandole annesse alla cute?**
Si possono considerare ghiandole cutanee le ghiandole sebacee e sudoripare, ma anche le ghiandole mammarie.

3. **Che cosa producono?**
Le ghiandole sebacee producono sebo; quelle sudoripare, sudore; quelle mammarie, latte.

4. **Quali ghiandole partecipano alla regolazione della temperatura corporea?**
Le ghiandole sudoripare sono importanti per mantenere bassa la temperatura corporea: infatti, l'evaporazione del sudore raffredda la pelle.

4 IL NOSTRO SCHELETRO

1. **Di quale apparato fa parte il sistema scheletrico?**
Il sistema scheletrico fa parte dell'apparato locomotore.

2. **A che cosa serve?**
Il sistema scheletrico serve per sostenere il corpo, per proteggere gli organi interni, per fornire l'attacco ai muscoli che ci permettono di muoverci; inoltre, produce le cellule del sangue ed è una riserva di sali minerali, in particolare di calcio.

3. **Come si chiamano le due parti in cui si divide lo scheletro?**
La parte di scheletro contenuta nel tronco si chiama scheletro assile; lo scheletro degli arti compone, invece, lo scheletro appendicolare.

4. **Come possono essere le ossa?**
In base alla loro forma, le ossa possono essere classificate in piatte, corte e lunghe.

5 IL TESSUTO OSSEO

1. **In quale tipo di tessuto osseo è contenuto il midollo?**
Il midollo è contenuto nelle cavità del tessuto osseo spugnoso.

2. **Quale midollo produce le cellule del sangue?**
Il midollo rosso produce le cellule del sangue.

3. **Che cosa passa nei canali di Havers?**
Nei canali di Havers passano vasi sanguigni e nervi.

4. **Come si chiamano le cellule del tessuto osseo?**
Le cellule del tessuto osseo si chiamano osteociti.

6 LO SCHELETRO DEL CAPO

1. **Quale organo è protetto dal cranio?**
   Il cervello, e gli altri organi che insieme al cervello compongono l'encefalo, sono protetti dal cranio.
2. **Come si chiama l'unica articolazione mobile della faccia?**
   Si chiama mandibola: è l'articolazione che ci permette di aprire e chiudere la bocca.
3. **Da quali denti è composta la dentatura di un adulto?**
   La dentatura di un adulto è composta, in ognuna delle due arcate dentarie, da 4 incisivi, 2 canini, 4 premolari e 6 molari.
4. **Come si chiama il tessuto osseo di cui sono fatti i denti?**
   Si chiama dentina o avorio.

7 LO SCHELETRO DEL TRONCO

1. **Quale organo è protetto dalla colonna vertebrale?**
   La colonna vertebrale protegge il midollo spinale, che fa parte del sistema nervoso.
2. **Quali organi protegge la gabbia toracica?**
   Protegge organi delicati come il cuore, i polmoni, il fegato e la milza.
3. **Dove si trova la cartilagine nella colonna vertebrale?**
   Si trova fra le vertebre, sotto forma di dischi intervertebrali.
4. **Dove si trova la cartilagine nel torace?**
   Si trova nelle connessioni fra costole e sterno.

8 LO SCHELETRO DEGLI ARTI

1. **Quali ossa degli arti sono collegate ai cinti?**
   L'omero è collegato al cinto scapolare; il femore è collegato al cinto pelvico o bacino.
2. **Quali ossa degli arti sono collegate alla mano e al piede?**
   Radio e ulna sono collegate alle ossa della mano; tibia e perone sono articolate con le ossa del piede.
3. **A che cosa serve che le ossa della mano siano tante e corte?**
   Le ossa numerose e corte ci permettono di compiere movimenti fini.
4. **Quali organi sono protetti dal bacino?**
   Il bacino sostiene l'addome e, quindi, molti organi dell'apparato digerente, escretore e riproduttore.

9 LE ARTICOLAZIONI

1. **Come si chiamano i "cordoni" che uniscono le ossa nelle articolazioni?**
   I "cordoni" che tengono insieme le ossa nelle articolazioni sono i legamenti.
2. **Quale tessuto riduce l'attrito fra le ossa in un'articolazione?**
   La cartilagine, che è un tipo di tessuto connettivo, riveste le superfici di contatto fra diverse ossa e riduce l'attrito fra di esse.
3. **Come si chiama il liquido articolare?**
   Si chiama liquido sinoviale.
4. **Quali tipi di articolazione conosci?**
   A seconda dei tipi di movimento consentiti, le articolazioni si possono classificare come mobili, semimobili e fisse.

10 I MUSCOLI

1. **Quali sono le due caratteristiche fondamentali dei muscoli?**
   Le due caratteristiche principali dei muscoli sono la contrattilità e l'elasticità.
2. **Esistono muscoli non attaccati allo scheletro?**
   Sì, per esempio non sono attaccati allo scheletro i muscoli involontari, che fanno contrarre o rilasciare gli organi cavi.
3. **In una coppia di muscoli antagonisti, quando uno dei due si contrae, l'altro che cosa fa?**
   L'altro muscolo si rilascia.

11 IL TESSUTO MUSCOLARE

1. **Quali proteine sono coinvolte nella contrazione muscolare?**
   L'actina e la miosina; i filamenti di actina scorrono fra i filamenti di miosina, provocando l'accorciamento del muscolo.
2. **Che cosa contengono le cellule di un muscolo scheletrico?**
   Contengono miofibrille.
3. **Quale tessuto muscolare è striato pur contraendosi in modo involontario?**
   Il tessuto muscolare cardiaco, di cui è fatto il cuore, si contrae senza l'intervento della nostra volontà, pur essendo formato da tessuto striato, come i muscoli volontari.

UNITÀ 2 **Corpo umano** UNITÀ 10 **Vol 2**
L'ALIMENTAZIONE

1 ALIMENTI E NUTRIENTI

AUDIOLIBRO

1. **Che cosa forniscono gli alimenti energetici?**
   Gli alimenti energetici forniscono energia.
2. **Che cosa prendiamo dagli alimenti plastici?**
   Dagli alimenti plastici assumiamo sostanze per costruire e riparare cellule e tessuti.
3. **Che cosa regolano gli alimenti regolatori?**
   Regolano lo svolgimento delle reazioni nell'organismo.
4. **Quali sono i nutrienti contenuti negli alimenti?**
   I nutrienti sono carboidrati, lipidi, vitamine, proteine, acqua, sali minerali.

2 CARBOIDRATI E LIPIDI

1. **Sono i lipidi o i carboidrati a immagazzinare più energia?**
   I lipidi immagazzinano più energia dei carboidrati: a parità di peso, circa il doppio.
2. **Ricaviamo più rapidamente energia dai lipidi o dai carboidrati?**
   Ricaviamo energia più rapidamente dai carboidrati.
3. **In quali gruppi si dividono i carboidrati?**
   I carboidrati si dividono in monosaccaridi, disaccaridi e polisaccaridi.
4. **È preferibile consumare grassi animali o oli vegetali?**
   Per la salute dell'apparato circolatorio sono preferibili gli oli vegetali.

3 PROTEINE E VITAMINE

1. **Quali nutrienti servono per costruire e riparare i tessuti?**
   Per costruire e riparare i tessuti servono le proteine.
2. **Quali vegetali sono ricchi di proteine?**
   I legumi sono ricchi di proteine, che si trovano anche, in una certa misura, nelle noci e nei cereali integrali.
3. **Gli alimenti ricchi di vitamine possono definirsi regolatori o protettivi?**
   Sì, perché bastano piccole quantità di vitamine per mantenere efficienti molte funzioni nel nostro organismo.
4. **Per assumere più vitamine è meglio cuocere le verdure o mangiarle crude?**
   È meglio mangiarle crude, perché la cottura distrugge le vitamine molto rapidamente.

4 ACQUA E SALI MINERALI

1. **Con quale liquido esce dal corpo la maggior parte dell'acqua?**
   È con l'urina che esce dal corpo la maggior parte dell'acqua.
2. **Quali sali minerali sono utili allo scheletro?**
   Allo scheletro servono soprattutto calcio e fosforo.
3. **Quali sali minerali sono importanti per il sistema nervoso e muscolare?**
   Alla buona salute del sistema nervoso e muscolare servono soprattutto potassio, sodio, cloro.
4. **Quale sale minerale è fondamentale per l'apparato circolatorio?**
   Per l'efficienza del trasporto dell'ossigeno nel sangue, è importante il ferro.

5 L'APPORTO CALORICO

1. **In che cosa si misura l'energia che assumiamo o spendiamo?**
   Si misura in kilocalorie; una kilocaloria è pari a mille calorie.
2. **Che cos'è il bilancio energetico?**
   Il bilancio energetico è la differenza fra l'energia assunta dagli alimenti e l'energia spesa.
3. **Che cosa succede al peso corporeo se l'energia assunta è minore di quella spesa?**
   Il peso corporeo diminuisce.

6 ALIMENTAZIONE E SALUTE

1. **Che cosa accomuna gli alimenti che appartengono allo stesso gruppo?**
   Il contenuto in nutrienti; ognuno dei 7 gruppi alimentari è, infatti, identificato dai nutrienti che principalmente contiene.
2. **Secondo la piramide mediterranea, quali alimenti non vanno consumati quotidianamente?**
   Viene consigliato di non assumere quotidianamente gli alimenti di origine animale.
3. **I carboidrati possono essere assunti quotidianamente?**
   Si possono assumere quotidianamente quelli contenuti in pane, pasta, riso e altri derivati dai cereali; il consumo di dolci va, invece, limitato.

UNITÀ 3 Corpo umano UNITÀ 11 Vol 2
L'APPARATO DIGERENTE

1 LA DIGESTIONE

AUDIOLIBRO

1. **In quali due fasi si divide la digestione?**
   La digestione comprende una fase meccanica, in cui il cibo viene triturato e sminuzzato, e una fase chimica, in cui i principi nutritivi vengono scomposti in molecole più piccole e assimilabili dall'organismo.
2. **Come si chiamano le proteine che permettono la digestione chimica?**
   Si chiamano enzimi.
3. **Come si chiamano gli organi dell'apparato digerente?**
   La bocca, l'esofago, lo stomaco e l'intestino sono gli organi dell'apparato digerente.
4. **Quali sono le principali ghiandole dell'apparato digerente?**
   Le ghiandole più grandi sono il fegato e il pancreas; seguite dalle ghiandole salivari.

2 DALLA BOCCA ALL'ESOFAGO

1. **Quale sostanza incomincia a essere digerita in bocca?**
   È l'amido la sostanza che incomincia a essere digerita durante la masticazione.
2. **Dove si trova l'enzima che la spacca in molecole più piccole?**
   L'enzima che spacca l'amido, chiamato ptialina, si trova nella saliva.
3. **Che cosa retrocede a chiudere le cavità nasali quando deglutiamo?**
   È il palato molle a spostarsi indietro per chiudere il passaggio tra naso e gola.
4. **Che cosa chiude l'accesso alle vie respiratorie quando deglutiamo?**
   È l'epiglottide il coperchio cartilagineo che chiude la laringe quando deglutiamo.

3 DALL'ESOFAGO AL DUODENO

1. **Dove inizia la digestione dei carboidrati?**
   La digestione dei carboidrati incomincia in bocca.
2. **Dove prosegue la digestione dei carboidrati?**
   La digestione dei carboidrati prosegue nel duodeno.
3. **Dove avviene la digestione delle proteine?**
   La digestione delle proteine avviene nello stomaco e nel duodeno.
4. **Dove inizia la digestione dei lipidi?**
   La digestione dei lipidi avviene nel duodeno, dove i lipidi sono raggiunti dalla bile e dai succhi pancreatico ed enterico.

4 NELL'INTESTINO

1. **Come si chiamano le due parti dell'intestino?**
   L'intestino si divide in due parti: intestino tenue e intestino crasso.
2. **In quale delle due parti si completa la digestione?**
   Nell'intestino tenue si completa la digestione enzimatica; la demolizione di alcune scorie, come la cellulosa, avviene nell'intestino crasso per opera della flora intestinale.
3. **Dove avviene l'assorbimento dei nutrienti digeriti?**
   Nell'intestino tenue si completa l'assorbimento dei nutrienti.
4. **Dove avviene l'assorbimento dell'acqua e dei sali minerali?**
   Acqua e sali minerali vengono assorbiti nell'intestino crasso.

5 LE GRANDI GHIANDOLE

1. **Quale ghiandola produce la bile?**
   La bile è prodotta dal fegato.
2. **Quale ghiandola combatte le sostanze tossiche ingerite?**
   È il fegato a svolgere una funzione antitossica, purificando il sangue dalle sostanze dannose assorbite dall'apparato digerente.
3. **Quale ghiandola secerne gli ormoni per regolare il tasso di zucchero nel sangue?**
   Il pancreas regola il tasso di zucchero nel sangue secernendo due ormoni: l'insulina, che l'abbassa, e il glucagone, che lo alza.
4. **Quale ghiandola secerne un succo contenente vari enzimi digestivi?**
   Il pancreas secerne il succo pancreatico, contenente diversi enzimi digestivi.

UNITÀ 4 **Corpo umano** UNITÀ 12 **Vol 2**
L'APPARATO RESPIRATORIO

AUDIOLIBRO

1 LA RESPIRAZIONE

1. **Quali sono i due tipi di respirazione che avvengono nel nostro corpo?**
   I due tipi di respirazione sono la respirazione polmonare, che avviene nei polmoni, e la respirazione cellulare, che si svolge nei mitocondri contenuti nelle cellule del nostro corpo.
2. **Quale gas è richiesto dalla respirazione cellulare?**
   La respirazione cellulare richiede ossigeno.
3. **Di quale gas il corpo si libera attraverso l'apparato respiratorio?**
   Attraverso l'apparato respiratorio il corpo si libera dell'anidride carbonica.
4. **Oltre alle vie aeree, quali organi fanno parte dell'apparato respiratorio?**
   I polmoni sono gli organi che, insieme alle vie aeree, compongono l'apparato respiratorio.

2 LE VIE AEREE

1. **Oltre alla cavità orale, quale organo fa parte sia dell'apparato digerente che di quello respiratorio?**
   La faringe fa parte di entrambi gli apparati.
2. **Quale organo delle vie aeree superiori ci permette di emettere suoni?**
   La laringe ci consente di emettere suoni mediante la vibrazione delle corde vocali.
3. **Quali sono le vie aeree inferiori?**
   Le vie aeree inferiori sono: trachea, bronchi e bronchioli.

3 I POLMONI

1. **Quando inspiriamo, i polmoni aumentano o diminuiscono il loro volume?**
   Il volume dei polmoni aumenta, infatti l'inspirazione è dovuta alla loro dilatazione, che richiama aria dall'esterno.

2. **Quali muscoli si contraggono durante l'inspirazione?**
   Durante l'inspirazione si contraggono i muscoli intercostali e il diaframma.
3. **Quando espiriamo, il diaframma si abbassa o si alza?**
   Quando espiriamo il diaframma si alza, in questo modo, riduce il volume dei polmoni.

4 GLI SCAMBI GASSOSI NEI POLMONI

1. **Quale gas passa dal sangue agli alveoli?**
   L'anidride carbonica, di cui il corpo si deve liberare, passa dal sangue agli alveoli.
2. **Quale gas passa dagli alveoli al sangue?**
   L'ossigeno, che è necessario per la respirazione cellulare, passa dagli alveoli al sangue.
3. **Per quale principio i gas attraversano le pareti degli alveoli e dei capillari?**
   Per diffusione, un processo per cui molecole di piccole dimensioni possono attraversare le membrane spostandosi dove è minore la loro concentrazione.
4. **I polmoni sarebbero più o meno efficienti se non avessero gli alveoli?**
   Sarebbero meno efficienti perché la superficie per gli scambi gassosi sarebbe ridotta.

UNITÀ 5 **Corpo umano** UNITÀ 13 **Vol 2**
LA CIRCOLAZIONE E L'ESCREZIONE

1 IL SANGUE

AUDIOLIBRO

1. **Quali sono le due parti in cui si può dividere il sangue?**
   Il sangue è fatto di una parte cellulare e di una parte liquida, chiamata plasma.
2. **A che cosa servono i globuli rossi?**
   I globuli rossi trasportano l'ossigeno.
3. **Qual è la funzione dei globuli bianchi?**
   I globuli bianchi svolgono una funzione difensiva.
4. **Per che cosa sono importanti le piastrine?**
   Le piastrine sono importanti per la coagulazione del sangue.

2 L'APPARATO CIRCOLATORIO

1. **Il sangue che parte dal cuore in quali direzioni va?**
   Il sangue dal cuore va verso i polmoni e tutti i tessuti del corpo.
2. **In quali vasi scorre?**
   Il sangue che parte dal cuore scorre nelle arterie.
3. **Il sangue che arriva al cuore da dove proviene?**
   Proviene dai polmoni e da tutti i tessuti del corpo.
4. **In quali vasi scorre?**
   Il sangue che va verso il cuore scorre nelle vene.

3 IL CUORE

1. **Quali sono le quattro cavità del cuore?**
   Sono: atrio e ventricolo destri, atrio e ventricolo sinistri.
2. **Da quale cavità il sangue viene pompato verso i polmoni?**
   Il sangue viene pompato verso i polmoni dal ventricolo destro.
3. **Da quale cavità il sangue viene pompato verso tutti i tessuti del corpo?**
   Il sangue viene pompato verso tutti i tessuti del corpo dal ventricolo sinistro.

4 L'APPARATO ESCRETORE

1. **Che cosa filtra l'apparato escretore?**
   L'apparato escretore filtra il sangue.
2. **Che cosa espelle l'apparato escretore?**
   L'apparato escretore espelle urina.
3. **Che cosa contiene l'urina?**
   L'urina contiene rifiuti, acqua e sostanze in eccesso.
4. **Da quali organi è composto l'apparato escretore?**
   L'apparato escretore è composto da due reni, due ureteri, la vescica e l'uretra.

5 COME FUNZIONANO I RENI

1. **Che compito hanno i reni?**
   I reni sono gli organi in cui avviene la filtrazione del sangue.
2. **Come si chiamano le microscopiche unità filtranti dei reni?**
   Le unità filtranti che compongono i reni si chiamano nefroni.
3. **Oltre al sangue filtrato, che cosa produce il lavoro dei reni?**
   Oltre al sangue filtrato, l'attività dei reni produce urina.
4. **Di quale apparato fanno parte i reni?**
   I reni fanno parte dell'apparato escretore.

UNITÀ 6 **Corpo umano** UNITÀ 14 **Vol 2**
LE DIFESE DELL'ORGANISMO

1 IL SISTEMA LINFATICO E IMMUNITARIO

AUDIOLIBRO

1. **Qual è la funzione principale svolta dal sistema linfatico?**
   Il drenaggio di liquido dai tessuti è la funzione principale del sistema linfatico.
2. **Quali sostanze passano dai villi intestinali ai vasi linfatici?**
   Gli acidi grassi entrano nei vasi linfatici dai villi.
3. **Perché il sistema linfatico contribuisce alla difesa dell'organismo?**
   Perché è coinvolto nella produzione di globuli bianchi.

2 COME IL CORPO SI DIFENDE

1. **Qual è la prima linea difensiva contro gli agenti patogeni?**
   È quella costituita dalle difese di barriera.
2. **Quando le difese di barriera vengono superate, quali globuli entrano in azione?**
   Entrano in azione i globuli bianchi.
3. **Come può essere la difesa attuata attraverso i globuli bianchi?**
   Può essere aspecifica o specifica.

3 LA DIFESA ASPECIFICA

1. **Quale sostanza viene prodotta durante la reazione infiammatoria?**
   Durante la reazione infiammatoria viene prodotta istamina.
2. **Come agisce questa sostanza?**
   L'istamina dilata i capillari sanguigni e ne aumenta la permeabilità.
3. **Che caratteristiche hanno i globuli bianchi attivi nella difesa aspecifica?**
   Non sono specializzati.

4 LA DIFESA SPECIFICA

1. **Come si chiamano i globuli bianchi protagonisti della difesa specifica?**
   Si chiamano linfociti.
2. **Che cosa viene prodotto dai linfociti in risposta al riconoscimento di determinati antigeni?**
   I linfociti producono gli anticorpi specifici.
3. **A che cosa si legano gli anticorpi?**
   Si legano agli antigeni presenti sui microrganismi patogeni.

5 L'IMMUNITÀ

1. **Se, a contatto con una malattia infettiva, non mi ammalo, che tipo di immunità ho acquisito?**
   Ho acquisito una immunità attiva naturale.
2. **Come si chiamano i linfociti che ci rendono immuni da una malattia che abbiamo già avuto?**
   Si chiamano cellule della memoria.
3. **Che tipo di pratica consente di acquisire una immunità attiva artificiale?**
   L'immunità attiva artificiale può essere acquisita mediante vaccinazione.

UNITÀ 7 **Corpo umano** UNITÀ 5 **Vol 3**
IL COORDINAMENTO E IL CONTROLLO

1 IL SISTEMA NERVOSO

AUDIOLIBRO

1. **Quali sono le due parti del sistema nervoso?**
   II sistema nervoso è composto dal sistema nervoso centrale dal il sistema nervoso periferico.

2. **Come si chiamano le cellule del tessuto nervoso?**
   Le cellule del tessuto nervoso si chiamano neuroni.
3. **Quale parte del sistema nervoso elabora le risposte e funge da centrale di controllo?**
   È il sistema nervoso centrale ad elaborare e coordinare le risposte.

2 L'IMPULSO NERVOSO

1. **Di che natura è l'impulso nervoso lungo i neuroni?**
   L'impulso nervoso è un segnale elettrico.
2. **Da un neurone all'altro, come si trasmette l'impulso nervoso?**
   L'impulso nervoso si trasmette mediante sostanze chiamate neurotrasmettitori.
3. **Di che natura sono i messaggi che vengono trasferiti nelle sinapsi?**
   Sono di natura chimica.

3 IL SISTEMA NERVOSO CENTRALE

1. **Quali organi comprende il sistema nervoso centrale?**
   Comprende l'encefalo e il midollo spinale.
2. **Da quali tipi di tessuto nervoso è composto il sistema nervoso centrale?**
   È composto dalla sostanza grigia e dalla sostanza bianca.
3. **Quale parte del sistema nervoso centrale è coinvolta nell'arco riflesso?**
   Nell'arco riflesso è coinvolto il midollo spinale.
4. **Da che cosa è protetto il sistema nervoso centrale?**
   Il sistema nervoso centrale è protetto dal cranio e dalla colonna vertebrale; inoltre, è rivestito dalle tre meningi.

4 L'ENCEFALO

1. **Da quali organi è composto l'encefalo?**
   L'encefalo è composto da cervello, cervelletto e midollo allungato.
2. **Quali sono i nuclei di regolazione contenuti nel cervello?**
   Sono il talamo, l'ipotalamo e l'ipofisi.
3. **Quale funzione è controllata dal cervelletto?**
   Il cervelletto controlla il movimento.
4. **Che cosa controllano i centri nervosi posti nel midollo allungato?**
   Controllano alcune attività fisiologiche vitali.

5 IL SISTEMA NERVOSO PERIFERICO

1. **Di che cosa è fatto il sistema nervoso periferico?**
   Il sistema nervoso periferico è fatto di nervi.
2. **Perché si chiama "periferico"?**
   Perché collega il sistema nervoso centrale alla periferia del corpo.
3. **A quali parti si divide il sistema periferico?**
   Si divide nel sistema periferico autonomo, o vegetativo, e nel sistema periferico somatico o volontario.
4. **Da quali nervi è composto il sistema somatico?**
   Il sistema somatico è composto dai nervi cranici e dai nervi spinali.

6 IL CONTROLLO DELLE FUNZIONI INVOLONTARIE

1. **Quali funzioni sono controllate dal sistema nervoso autonomo o vegetativo?**
   Sono controllate dal sistema nervoso autonomo le funzioni involontarie.
2. **Essendo costituito da nervi e gangli, il sistema autonomo fa parte del sistema nervoso centrale o periferico?**
   Il sistema autonomo parte del sistema periferico.
3. **Quali sono le due parti complementari del sistema autonomo?**
   Il sistema parasimpatico e il sistema simpatico formano il sistema autonomo.

7 IL SISTEMA ENDOCRINO

1. **Come si chiamano le sostanze secrete dalle ghiandole che fanno parte del sistema endocrino?**
   Si chiamano ormoni.
2. **Quale parte del sistema nervoso è in stretta connessione con il sistema endocrino?**
   L'ipotalamo è in stretta connessione con il sistema endocrino attraverso l'ipofisi.
3. **Quale ghiandola del sistema endocrino agisce su tutte le altre?**
   L'ipofisi regola l'attività di tutte le altre ghiandole endocrine.

UNITÀ 8 **Corpo umano** UNITÀ 6 **Vol 3**
I SENSI

1 IL CORPO SENTE E SI SENTE

AUDIOLIBRO

1. **Come si chiamano i recettori che ci informano sulla posizione e i movimenti del nostro corpo?**
   Si chiamano propriocettori.
2. **I recettori ci informano solo sull'ambiente esterno?**
   No, i ricettori ci informano anche su ciò che avviene nel corpo.
3. **In base alla natura dello stimolo, come si classificano i recettori?**
   In base allo stimolo ci sono recettori meccanici, termici, del dolore (nocicettori), chimici e della luce (fotocettori).

2 IL TATTO

1. **Dove si trovano i recettori del senso del tatto?**
   I recettori del tatto si trovano nella pelle.
2. **Come possono essere i recettori del tatto?**
   I recettori del tatto possono essere terminazioni nervose libere o corpuscoli.
3. **Quali sensazioni percepiscono?**
   Percepiscono la pressione forte o leggera, il dolore, il caldo e il freddo.

3 L'OLFATTO E IL GUSTO

1. **Dove si trovano i recettori del senso dell'olfatto?**
   Nella parte alta delle cavità nasali.
2. **Come si chiamano i recettori del senso del gusto?**
   Si chiamano calici gustativi.
3. **Dove si trovano i recettori del gusto?**
   Si trovano in varie parti della bocca ma soprattutto sulla lingua.

4 L'UDITO

1. **Quali sono le tre parti dell'orecchio?**
   L'orecchio si distingue in esterno, medio e interno.
2. **In quale di queste tre parti le vibrazioni diventano impulsi nervosi?**
   Nell'orecchio interno, precisamente nella coclea, le vibrazioni vengono convertite in impulsi nervosi.
3. **Come si chiama l'apparato che non raccoglie stimoli acustici ma informazioni per la propriocezione?**
   Si chiama apparato vestibolare.

5 LA VISTA

1. **Di quale sistema fa parte il cristallino?**
   Il cristallino fa parte del sistema diottrico.
2. **A che cosa serve il cristallino?**
   Il cristallino serve a far convergere i raggi luminosi verso la retina.
3. **In quale parte dell'occhio si trovano i recettori visivi?**
   I recettori visivi si trovano nella retina.

UNITÀ 9 **Corpo umano** UNITÀ 7 **Vol 3**

LA RIPRODUZIONE

1 I GAMETI

AUDIOLIBRO

1. **A che cosa serve la coda dello spermatozoo?**
   Mossa come un flagello, la coda consente allo spermatozoo di muoversi.
2. **A che cosa servono le sostanze nutritive nell'ovulo?**
   Servono per lo sviluppo dello zigote.
3. **Quando un ovulo viene fecondato, quanti spermatozoi riceve al suo interno?**
   In un ovulo può entrare un solo spermatozoo.

2 L'APPARATO RIPRODUTTORE MASCHILE

1. **In quali organi vengono prodotti gli spermatozoi?**
   Gli spermatozoi vengono prodotti nei testicoli.
2. **Quando escono dai testicoli, dove vanno gli spermatozoi?**
   Entrano negli epididimi, proseguono nei dotti deferenti e poi nei dotti eiaculatori.
3. **Nella prostata, dove sboccano i dotti eiaculatori?**
   I dotti eiaculatori sfociano nell'uretra.

3 L'APPARATO RIPRODUTTORE FEMMINILE

1. **In quali organi vengono prodotti gli ovuli?**
   Gli ovuli vengono prodotti nelle ovaie.
2. **Quando matura ed esce da un'ovaia, dove va l'ovulo?**
   L'ovulo entra in uno dei due ovidotti e scende nell'utero.
3. **Se l'ovulo viene fecondato, dove porta a termine il suo sviluppo fino alla nascita?**
   L'ovulo fecondo si sviluppa nell'utero.

4 LA MATURITÀ SESSUALE

1. **Che cosa comporta la maturità sessuale?**
   Comporta la produzione di ormoni sessuali.
2. **Che cosa determinano gli ormoni sessuali?**
   La produzione di gameti e lo sviluppo dei caratteri sessuali secondari.
3. **Quali gameti vengono resi disponibili alla fecondazione secondo un ciclo che si ripete ogni 28 giorni?**
   Gli ovuli, cioè i gameti femminili, maturano uno alla volta ogni 28 giorni.

5 COME INIZIA UNA NUOVA VITA

1. **In quale parte del ciclo ovarico è probabile concepire un bambino?**
   Il concepimento può avvenire nelle prime 24-36 ore dopo l'ovulazione, cioè quando l'ovulo maturo scende lungo l'ovidotto.
2. **Che cosa avviene nella fecondazione?**
   Durante la fecondazione lo spermatozoo si fonde con l'ovulo e si origina lo zigote, la prima cellula del nuovo individuo.
3. **Che cos'è l'annidamento?**
   È l'ancoraggio alla parete dell'utero della blastocisti che deriva dallo zigote.

6 LA GRAVIDANZA

1. **Dopo quante settimane di gravidanza si completa, in genere, lo sviluppo del feto?**
   Si completa dopo circa 40 settimane.
2. **Che cosa sono gli annessi embrionali?**
   Sono la placenta e il sacco amniotico.
3. **Che cosa avviene attraverso la placenta?**
   La madre cede al figlio sostanze nutritive e ossigeno, mentre riceve da lui i rifiuti e l'anidride carbonica.

7 IL PARTO E L'ALLATTAMENTO

1. **Che cosa succede nel travaglio prima del parto?**
   Durante il travaglio cervice uterina si dilata, si rompono le acque, le contrazioni diventano doglie.
2. **Che cosa succede nella fase espulsiva del parto?**
   Le contrazioni muscolari della madre fanno uscire il bambino.

3. **Che cos'è il secondamento?**
   È l'espulsione della placenta dopo il parto.

UNITÀ 1 **Terra** UNITÀ 4 **Vol 1**
ACQUA, ARIA E TERRA

1 L'ACQUA SULLA TERRA

AUDIOLIBRO

1. **Da che cosa è composta l'idrosfera?**
   L'idrosfera è composta da tutte le acque che si trovano sul nostro pianenta allo stato liquido, solido e di vapore acqueo.
2. **Quali tipi di acque compongono l'idrosfera?**
   L'idrosfera è composta da acque salate o oceaniche, presenti negli oceani e nei mari, e da acque dolci o continentali, presenti nei fiumi, nei laghi, nei ghiacciai e nell'aria che respiriamo.
3. **Quali fattori permettono il ciclo dell'acqua?**
   Il ciclo dell'acqua è possibile grazie ai cambiamenti di stato, che dipendono dall'azione del Sole.

2 LE ACQUE OCEANICHE

1. **Da che cosa dipende la densità delle acque oceaniche?**
   La densità delle acque oceaniche dipende dalla salinità e dalla temperatura.
2. **Che cosa misura la salinità?**
   La salinità indica la quantità di sali in una soluzione.
3. **Quali fattori modificano la temperatura delle acque oceaniche?**
   La temperatura delle acque oceaniche dipende dalla profondità, dalla latitudine e dalle stagioni.

3 LE ACQUE CONTINENTALI

1. **Che cosa sono le falde acquifere e come si formano?**
   Le falde acquifere sono riserve di acqua sotterranee. Si formano quando l'acqua si accumula tra rocce porose e ghiaia sopra uno strato di terreno impermeabile.
2. **Come si classificano i corsi d'acqua?**
   I corsi d'acqua si classificano in fiumi e torrenti. I torrenti si prosciugano in determinati periodi dell'anno, i fiumi no.
3. **Dove si formano i ghiacciai?**
   I ghiacciai si formano sopra la quota limite delle nevi perenni, l'altitudine oltre la quale la neve non si scioglie.

4 LA RISORSA ACQUA

1. **Perché l'acqua è una risorsa limitata?**
   L'acqua è una risorsa limitata perché quella disponibile per i nostri usi è poca ed è distribuita in modo non uniforme.
2. **Quali fattori riducono le riserve idriche?**
   Le risorse idriche vengono ridotte dalla siccità dovuta al cambiamento climatico, dal consumo eccessivo delle falde acquifere, dallo scioglimento dei ghiacciai, dall'inquinamento.
3. **Come si può ridurre l'inquinamento delle acque?**
   L'inquinamento delle acque si può ridurre depurando le acque degli scarichi con gli impianti di depurazione.

5 L'ATMOSFERA

1. **Che cos'è l'atmosfera?**
   L'atmosfera è l'involucro di gas che avvolge la Terra.
2. **Che cosa sono le sfere dell'atmosfera?**
   Le sfere sono i 5 strati in cui si può suddividere l'atmosfera in base a temperatura, composizione e densità.
3. **Come varia la densità dell'atmosfera?**
   La densità dell'atmosfera è maggiore vicino alla superficie terrestre e diminuisce salendo.

6 LA PRESSIONE ATMOSFERICA

1. **Che cos'è la pressione atmosferica?**
   La pressione atmosferica è il peso che una colonna d'aria dell'altezza dell'atmosfera esercita su un metro quadrato di superficie terrestre.

2. **Che cosa succede alla pressione atmosferica quando si sale in montagna?**
   Quando si sale in montagna la pressione atmosferica diminuisce.

3. **Che cosa succede alla pressione atmosferica quando aumenta la temperatura?**
   Quando aumenta la temperatura la pressione atmosferica diminuisce.

4. **Che cosa succede alla pressione atmosferica quando aumenta l'umidità?**
   Quando aumenta l'umidità la pressione atmosferica diminuisce.

7 LA RISORSA ARIA

1. **Perché l'atmosfera è importante per la vita?**
   L'atmosfera è importante per la vita perché regola la temperatura, filtra i raggi solari, contiene gas utili.

2. **Perché le sostanze inquinanti sono dannose?**
   Le sostanze inquinanti sono dannose perché causano malattie, alterano gli ecosistemi e modificano il clima.

3. **Che cosa sono gli inquinanti secondari?**
   Gli inquinanti secondari si formano quando quelli primari reagiscono con i gas dell'aria.

8 LA LITOSFERA

1. **Che cos'è la litosfera?**
   La litosfera è lo strato solido più esterno della Terra ed è composto da rocce e minerali.

2. **Da che cosa è formato il suolo?**
   Il suolo è formato da minerali, materiale organico, aria e acqua.

3. **Che cosa sono gli orizzonti del suolo?**
   Gli orizzonti del suolo sono strati con una composizione diversa. Quelli più in alto sono ricchi di humus e minerali, quelli più in basso sono formati soprattutto da rocce.

9 LA RISORSA SUOLO

1. **Da che cosa dipende la fertilità di un suolo?**
   La fertilità di un suolo dipende dalla tessitura e dal clima.

2. **Che cos'è la tessitura di un suolo?**
   La tessitura di un suolo è la proporzione in cui sono presenti particelle di diverse dimensioni.

3. **Che cos'è l'erosione e perché è un problema?**
   L'erosione è l'asportazione del suolo ed è grave perché sono necessari molti anni perché il suolo si riformi.

UNITÀ 2 **Terra** UNITÀ 5 **Vol 1**

I FENOMENI METEO

1 IL TEMPO E IL CLIMA

AUDIOLIBRO

1. **Quali sono i principali elementi meteorologici?**
   I principali elementi meteorologici sono temperatura, pressione e umidità dell'aria, copertura nuvolosa, precipitazioni e caratteristiche dei venti.

2. **Che cos'è il tempo atmosferico?**
   Il tempo atmosferico è l'insieme delle condizioni meteorologiche che si verificano in un determinato luogo in un dato momento o in un intervallo di tempo breve.

3. **Che cos'è il clima?**
   Il clima è l'andamento medio delle condizioni meteorologiche di una regione in un lungo periodo (almeno 30 anni).

4. **Quali sono i principali climi che caratterizzano la superficie terrestre?**
   I principali climi che caratterizzano la superficie terrestre sono i climi polari, temperati, aridi e tropicali.

2 LA TEMPERATURA DELL'ARIA

1. **Che cosa succede quando la luce solare raggiunge la superficie terrestre?**
   Quando la luce solare raggiunge la superficie terrestre quest'ultima si riscalda ed emette calore.

2. **Quali sono i principali gas serra?**
I principali gas serra sono anidride carbonica, vapore acqueo e metano.

3. **Che cos'è il riscaldamento globale?**
Il riscaldamento globale è l'aumento graduale della temperatura media sulla superficie terrestre dovuto all'intensificarsi dell'effetto serra.

4. **Quali sono i principali fattori che influiscono sulla temperatura in un dato luogo?**
I principali fattori che influiscono sulla temperatura in un dato luogo sono la latitudine, da cui dipende l'inclinazione dei raggi solari, l'altitudine, la distribuzione di terre e acque e della vegetazione.

3 L'UMIDITÀ E LE PRECIPITAZIONI

1. **Che cos'è l'umidità atmosferica?**
L'umidità atmosferica è la quantità di vapore acqueo presente nell'aria.

2. **Che cos'è il punto di saturazione e da che cosa dipende?**
Il punto di saturazione è la quantità massima di vapore che può essere contenuta in una massa d'aria. Varia con la temperatura.

3. **Che cos'è una nube?**
Una nube è un insieme di goccioline d'acqua o piccoli cristalli di ghiaccio, così leggeri da rimanere in sospensione nell'aria.

4. **Quando si formano le precipitazioni?**
Le precipitazioni si formano quando, in particolari condizioni, le goccioline delle nubi si aggregano in gocce, più grosse e pesanti, che cadono verso il suolo.

4 I VENTI

1. **Che cosa sono i cicloni e gli anticicloni?**
I cicloni sono centri di bassa pressione; gli anticicloni sono centri di alta pressione.

2. **Che cosa sono i venti?**
I venti sono movimenti orizzontali di una massa d'aria che si sposta da un'area anticiclonica a una ciclonica lungo la superficie terrestre.

3. **Quali sono i principali venti costanti sulla superficie terrestre?**
I principali venti costanti sono i venti orientali polari, i venti occidentali e gli alisei.

4. **Che cosa sono i venti periodici?**
I venti periodici sono venti dovuti al diverso comportamento termico del suolo e dell'acqua; variano con le stagioni.

5 LE CORRENTI OCEANICHE

1. **Che cosa sono le correnti oceaniche?**
Le correnti oceaniche sono movimenti di masse d'acqua oceanica con temperatura e salinità diverse da quelle delle acque che le circondano.

2. **Da che cosa sono originate, principalmente, le correnti superficiali?**
Le correnti superficiali sono originate dall'azione dei venti costanti.

3. **Sai dire il nome di due correnti superficiali di particolare importanza, una calda e una fredda?**
La Corrente del Golfo è una corrente superficiale calda; la corrente del Labrador è una corrente superficiale fredda; entrambe scorrono nell'emisfero settentrionale.

4. **Da che cosa sono originate, principalmente, le correnti profonde?**
Le correnti profonde sono originate dalle differenze di densità.

UNITÀ 3 **Terra** UNITÀ 8 **Vol 2**
I GRANDI AMBIENTI DELLA TERRA

1 IL BIOMA POLARE E LA TUNDRA

AUDIOLIBRO

1. **Quali organismi svolgono il ruolo di produttori nel bioma polare?**
Le alghe del fitoplancton svolgono il ruolo di produttori nel bioma polare.

2. **Quali sono le due stagioni della tundra?**
Nella tundra si alternano inverni rigidi con poca luce e scarse precipitazioni, soprattutto nevose, ed estati brevi.

3. **Quale tipo di vegetazione si sviluppa nella tundra?**
   Nella tundra si sviluppano muschi, licheni e arbusti con radici poco profonde.
4. **Che cos'è il permafrost?**
   Il permafrost è uno strato sotto la superficie del suolo che, nella tundra, è perennemente ghiacciato.

2 LA TAIGA

1. **Quali sono le caratteristiche climatiche della taiga?**
   La taiga è caratterizzata da inverni lunghi e freddi, estati brevi e scarse precipitazioni.
2. **Qual è la vegetazione predominante della taiga?**
   La vegetazione predominante della taiga è costituta da conifere sempreverdi.
3. **Quali animali abitano nella taiga?**
   La taiga è popolata principalmente da animali omeotermi, cioè da mammiferi, carnivori ed erbivori, e uccelli.

3 LA FORESTA DECIDUA

1. **Quali sono le caratteristiche climatiche della foresta decidua?**
   La foresta decidua è caratterizzata da quattro stagioni che si alternano, con inverni freddi, estati calde e periodi con precipitazioni abbondanti.
2. **Quali piante si trovano nella foresta decidua?**
   La foresta decidua è caratterizzata da latifoglie sempreverdi sotto cui crescono piante erbacee e arbustive.
3. **Quali animali vivono nella foresta decidua?**
   La foresta decidua ospita sia animali omeotermi (mammiferi e uccelli), sia animali eterotermi (anfibi e rettili).

4 LA PRATERIA E LA MACCHIA MEDITERRANEA

1. **Qual è la vegetazione dominante della prateria?**
   La prateria è dominata da piante erbacee.
2. **Quali animali si trovano nella prateria?**
   Nella prateria si trovano soprattutto grossi mammiferi erbivori, come bisonti e antilocapre, oltre a carnivori come coyoti e avvoltoi.
3. **Quali sono le caratteristiche climatiche della macchia mediterranea?**
   La macchia mediterranea è caratterizzata da inverni piovosi e miti e da estati calde e secche.
4. **Qual è la vegetazione dominante della macchia mediterranea?**
   Nella macchia mediterranea si trova una vegetazione prevalentemente sempreverde e adatta al clima secco (xerofila). Sono presenti alberi, come ulivi e lecci, e molte piante arbustive.

5 IL DESERTO

1. **Quai sono le caratteristiche climatiche dei deserti?**
   I deserti sono caratterizzati da scarse precipitazioni che determinano un clima estremamente secco.
2. **Quali caratteristiche hanno le piante succulente?**
   Le piante succulente hanno tessuti che accumulano acqua nei rari periodi di pioggia, rendendola disponibile per il resto dell'anno.
3. **Quali sono gli animali più diffusi nel deserto?**
   Nel deserto gli animali più diffusi sono scorpioni, insetti e rettili come i serpenti. Si trovano anche mammiferi, soprattutto di piccole dimensioni con l'eccezione di cammelli e dromedari.

6 LA SAVANA E LA FORESTA PLUVIALE

1. **Quali sono le caratteristiche climatiche della savana?**
   La savana è caratterizzata da temperature elevate e da piogge abbondanti concentrate nella stagione delle piogge.

2. **Quali animali vivono nella savana?**
Nella savana vivono sia grossi mammiferi erbivori, come gazzelle, zebre e giraffe, che si nutrono della vegetazione erbacea, sia grandi carnivori, come ghepardi e leoni.

3. **Quali sono le caratteristiche climatiche della foresta pluviale?**
La foresta pluviale è caratterizzata da temperature elevate e da piogge abbondanti tutto l'anno.

4. **Quali caratteristiche ha la vegetazione della foresta pluviale?**
La vegetazione della foresta pluviale è rigogliosa e distribuita in strati, dai grandi alberi che formano la volta della foresta fino al sottobosco.

7 I BIOMI MARINI

1. **In quali zone principali è suddiviso il bioma marino?**
Il bioma marino è suddiviso in zona costiera e zona di mare aperto.

2. **In quali zone è ulteriormente suddivisa la zona costiera?**
La zona costiera è ulteriormente suddivisa in zona sopralitorale, zona mediolitorale e zona litorale.

3. **Che cosa distingue la zona fotica dalla zona afotica?**
Ciò che distingue la zona fotica da quella afotica è la presenza o meno della luce. Nella zona fotica penetra la luce; la zona afotica non è raggiunta dalla luce.

4. **Quali organismi si possono trovare nella zona fotica e nella zona afotica?**
Nella zona fotica possono vivere organismi eterotrofi ma anche organismi fotosintetici; nella zona afotica vivono solo organismi eterotrofi.

8 I BIOMI D'ACQUA DOLCE

1. **Come sono classificati i biomi d'acqua dolce?**
I biomi d'acqua dolce sono classificati in biomi d'acqua dolce ferma e biomi d'acqua dolce corrente.

2. **Quali sono i principali biomi d'acqua ferma e quali sono le loro caratteristiche?**
I principali biomi d'acqua ferma sono laghi, stagni e paludi. I laghi possono raggiungere vaste estensioni e ospitano una ricca comunità biologica; gli stagni sono simili ai laghi, ma mediamente più piccoli e meno profondi; le paludi sono terreni impermeabili invasi da acque poco profonde fuoriuscite, per esempio, da un fiume.

3. **In quali zone può essere suddiviso un corso d'acqua?**
In un corso d'acqua si distinguono una zona torrentizia, vicina alla sorgente, una zona di deposito e una zona di foce, dove il fiume sbocca in mare.

UNITÀ 4 **Terra** UNITÀ 11 **Vol 3**

LA STRUTTURA E LA STORIA DELLA TERRA

1 LA STRUTTURA DELLA TERRA

AUDIOLIBRO

1. **Quali sono i principali strati concentrici nel modello dell'interno della Terra?**
I principali strati concentrici nel modello dell'interno della Terra sono, dall'esterno verso l'interno, crosta terrestre, mantello e nucleo.

2. **Che cos'è la discontinuità di Mohorovičić (o Moho)? A quale profondità media si trova?**
La discontinuità di Mohorovičić (o Moho) è la superficie che separa la crosta terrestre dal sottostante mantello. Si trova a una profondità media di 35 km.

3. **Che cos'è la litosfera e quali sono le sue caratteristiche?**
La litosfera è l'insieme della crosta terrestre e della zona più esterna del mantello; è solida e rigida.

4. **Come si chiama la discontinuità che separa il mantello dal nucleo, e a quale profondità si trova?**
La discontinuità che separa il mantello dal nucleo si chiama discontinuità di Gutemberg; si trova a 2900 km di profondità.

2 COME SONO FATTI I VULCANI

1. **Che cos'è, esattamente, un vulcano?**
Un vulcano è una spaccatura della crosta terrestre da cui fuoriesce il magma.

2. **Quali sono le parti principali di un vulcano?**
Le parti principali di un vulcano sono la camera magmatica, in cui si accumula il magma, il camino, cioè il condotto attraverso cui il magma risale, e il cratere, l'apertura del camino in superficie.

3. **Da che cosa dipende la forma degli edifici vulcanici?**
La forma degli edifici vulcanici dipende dal tipo di eruzione che li caratterizza.

4. **Quali caratteristiche ha un'eruzione effusiva?**
In un'eruzione effusiva il magma è molto fluido, fuoriesce in superficie in modo tranquillo, perdendo facilmente i gas che contiene e scorre velocemente come lava.

5. **Quali caratteristiche ha un'eruzione esplosiva?**
In un'eruzione esplosiva il magma poco fluido esce con violenza e vengono espulsi gas e frammenti solidi, mentre la lava scorre con difficoltà lungo i versanti.

3 I FENOMENI VULCANICI

1. **Quali sono le eruzioni più intense e pericolose?**
Le eruzioni più intense e pericolose sono quelle esplosive.

2. **Che cosa sono le nubi ardenti?**
Le nubi ardenti sono formate da materiali emessi dal vulcano durante un'eruzione esplosiva, che scendono lungo i suoi versanti ad altissima velocità e temperatura.

3. **A che cosa è dovuto il vulcanismo secondario?**
Il vulcanismo secondario è dovuto alla presenza, in un'area vulcanica, di magma nel sottosuolo, che surriscalda le acque circolanti.

4. **Come si chiamano i fenomeni di vulcanismo secondario caratterizzati dai getti di vapore più alti?**
I fenomeni di vulcanismo secondario caratterizzati dai getti di vapore più alti sono i geyser.

5. **Quali sono gli altri fenomeni di vulcanismo secondario più noti?**
Altri fenomeni di vulcanismo secondario noti sono soffioni, fumarole e sorgenti termali.

4 I TERREMOTI

1. **Che cos'è un terremoto?**
Un terremoto è una vibrazione del terreno provocata dalla liberazione improvvisa di energia nella crosta terrestre.

2. **Che cos'è una faglia?**
Una faglia è una frattura della crosta terrestre lungo la quale i blocchi di roccia sono soggetti a forti tensioni e possono scorrere l'uno rispetto all'altro.

3. **Come si comportano le rocce sottoposte a forze intense?**
Le rocce sottoposte a forze intense all'inizio si deformano e accumulano energia, poi la rilasciano all'improvviso scorrendo lungo una faglia.

4. **Che cosa sono intensità e magnitudo e come si misurano?**
L'intensità esprime la forza di un terremoto in base ai danni che provoca e si misura con la scala MCS, mentre la magnitudo indica la quantità di energia liberata durante il terremoto e si misura con la scala Ritcher.

5 ONDE NEL SUOLO E NEL MARE

1. **Quali onde si originano all'ipocentro di un sisma?**
   All'ipocentro di un sisma hanno origine le onde P e le onde S.
2. **In quali materiali si propagano?**
   Le onde P si propagano nei solidi, nei liquidi e nei gas; le onde S si propagano solo nei solidi.
3. **Quali caratteristiche hanno le onde superficiali?**
   Le onde superficiali hanno origine nell'epicentro, si propagano solo in superficie, sono più ampie e lente delle onde P e S e causano i danni maggiori.
4. **Come evolvono le onde di maremoto?**
   Le onde di maremoto si propagano velocemente per migliaia di kilometri poi, man mano che si avvicinano alla costa, rallentano mentre la loro altezza aumenta e, infine, si abbattono sulla costa con violenza.

6 LA DERIVA DEI CONTINENTI

1. **Che cosa erano Pangea e Panthalassa?**
   La Pangea era il blocco in cui, più di 200 milioni di anni fa, erano raggruppate tutte le terre emerse e la Panthalassa era l'oceano che le circondava.
2. **In che cosa consistono le prove geografiche dell'ipotesi di Wegener?**
   Le prove geografiche dell'ipotesi di Wegener trovano riscontro nelle corrispondenze tra i margini costieri di alcuni continenti.
3. **In che cosa consistono le prove geologiche?**
   Le prove geologiche dell'ipotesi di Wegener riguardano la distribuzione su continenti diversi di rocce e di catene montuose molto antiche, che sembrano proseguire tra un continente e l'altro.
4. **In che cosa consistono le prove paleontologiche?**
   Le prove paleontologiche dell'ipotesi di Wegener riguardano la presenza di fossili delle stesse specie di organismi in continenti oggi separati dall'oceano.

7 LA TETTONICA DELLE PLACCHE

1. **Che cosa sono le dorsali oceaniche? E che cosa avviene in corrispondenza delle rift valley?**
   Le dorsali oceaniche sono lunghe catene montuose che percorrono il fondo degli oceani. Lungo le rift valley il magma proveniente dall'interno della Terra fuoriesce e solidifica, formando nuova crosta. Questo determina l'espansione del fondale.
2. **Che cosa afferma la teoria della tettonica delle placche?**
   La teoria della tettonica delle placche afferma che la litosfera è suddivisa in grandi blocchi, chiamati placche, in continuo movimento l'una rispetto all'altra.
3. **Da che cosa dipende il movimento delle placche?**
   Il movimento delle placche dipende dai moti convettivi che interessano le rocce parzialmente fuse del mantello.
4. **Quali tipi di margini ci sono?**
   Esistono margini convergenti, divergenti e trasformi.

8 GLI EFFETTI DEI MOVIMENTI DELLE PLACCHE

1. **Che cosa sono le fosse oceaniche?**
   Le fosse oceaniche sono profonde valli lungo i margini convergenti.
2. **Che cos'è la subduzione?**
   La subduzione è il processo nel quale una placca sprofonda sotto l'altra in corrispondenza di una fossa oceanica.
3. **Che cosa alimenta gli archi vulcanici?**
   Gli archi vulcanici sono alimentati dal magma che si forma per la fusione parziale della litosfera in subduzione e che risale verso la superficie.
4. **Come si formano le catene montuose?**
   Le catene montuose si formano dallo scontro tra due placche continentali che, spinte da forze enormi, si piegano e sollevano senza andare in subduzione.

9 LA STORIA DELLA TERRA

1. **Che cos'era il Gondwana?**
   Il Gondwana era il grande continente dell'emisfero meridionale in cui 540 milioni di anni fa si trovavano riunite Europa meridionale, Africa, America meridionale, India, Australia, Antartide.
2. **Come erano distribuite le terre emerse 250 milioni di anni fa?**
   250 milioni di anni fa le terre emerse erano riunite in un grande continente, la Pangea.
3. **Quando cominciarono a formarsi gli attuali continenti?**
   Gli attuali continenti cominciarono a formarsi circa 230 milioni di anni fa, quando la Pagea iniziò a frammentarsi.
4. **Da quali spostamenti si sono formate le catene montuose dell'Himalaya e delle Alpi?**
   Le catene montuose dell'Himalaya e delle Alpi si sono formate dagli scontri dell'India con l'Asia e dell'Africa con l'Europa.

UNITÀ 5 **Terra** UNITÀ 12 **Vol 3**

MINERALI, ROCCE, PAESAGGI

1 COME SI FORMANO I MINERALI

AUDIOLIBRO

1. **Che cosa sono i minerali?**
   I minerali sono sostanze solide presenti in natura, caratterizzate da una composizione chimica definita che si mantiene invariata nel tempo.
2. **Che cos'è la cristallizzazione?**
   La cristallizzazione è il processo attraverso il quale si formano i minerali.
3. **Quando avviene la cristallizzazione per raffreddamento?**
   La cristallizzazione per raffreddamento avviene quando i materiali che all'interno della Terra si trovano allo stato liquido, o di vapore, si raffreddano e passano allo stato solido.
4. **Quando avviene la cristallizzazione per precipitazione?**
   La cristallizzazione per precipitazione avviene quando una sostanza sciolta in soluzione in un liquido si deposita e solidifica o a causa dell'evaporazione del liquido oppure a causa del raffreddamento della soluzione.

2 LA VARIETÀ DEI MINERALI

1. **Quali sono i minerali più abbondanti nella crosta terrestre?**
   I minerali più abbondanti nella crosta terrestre sono i minerali silicati, che ne costituiscono oltre il 90%.
2. **Si possono distinguere due gruppi di minerali silicati: quali?**
   I minerali silicati si distinguono in minerali sialici e minerali femici. I minerali sialici sono ricchi di silicio e alluminio, con bassa densità e colori chiari; i minerali femici sono ricchi di ferro e magnesio, hanno densità maggiore e si presentano con colori scuri.
3. **In quali gruppi si possono suddividere i minerali non silicati?**
   I minerali non silicati si possono suddividere in carbonati, solfati, alogenuri, ossidi, solfuri e elementi nativi.
4. **Quali sono le principali proprietà dei minerali?**
   Le principali proprietà dei minerali sono colore, lucentezza, sfaldatura e durezza.

3 COME SI FORMANO LE ROCCE

1. **Che cosa sono le rocce?**
   Le rocce sono aggregati di minerali, in genere di tipo diverso, che compongono la litosfera terrestre.
2. **Come si formano le rocce ignee?**
   Le rocce ignee, o magmatiche, hanno origine dal raffreddamento del magma.
3. **Come si formano le rocce sedimentarie?**
   Le rocce sedimentarie derivano da sedimenti accumulati, compattati e cementati.

4. **Come si formano le rocce metamorfiche?**
Le rocce metamorfiche si formano quando rocce di qualsiasi tipo sono sottoposte a un forte aumento di pressione o temperatura.

4 LA VARIETÀ DELLE ROCCE

1. **Che tipo di roccia è il granito?**
Il granito è una roccia ignea intrusiva.
2. **Che tipo di roccia è il basalto?**
Il basalto è una roccia ignea effusiva.
3. **Che cosa permette di distinguere un conglomerato da un'arenaria?**
Conglomerato e arenaria si distinguono per le dimensioni delle particelle di cui sono formate.
4. **Qual è la caratteristica principale dell'ardesia?**
L'ardesia si suddivide facilmente in lastre; essa, infatti, si forma a partire dall'argillite per effetto di forti pressioni che fanno allineare i minerali.

5 I PROCESSI DI EROSIONE E DEPOSIZIONE

1. **Che cosa sono le forze esogene?**
Le forze esogene sono forze che agiscono sulla superficie terrestre "dall'esterno", alimentate dall'energia del Sole e dalla gravità; sono legate all'azione di acqua, aria e temperatura.
2. **Quali azioni compiono le forze esogene?**
Le forze esogene possono frantumare la roccia, rimuoverne i frammenti (erosione), trasportarli (trasporto) e depositarli (deposizione).
3. **In quali forme agisce l'acqua piovana nei processi erosivi?**
L'acqua piovana agisce nei processi erosivi sotto forma di pioggia, acque dilavanti e corsi d'acqua.
4. **Che cosa succede quando l'acqua infiltrata nelle fessure delle rocce congela?**
Quando l'acqua infiltrata nelle fessure delle rocce congela, essa aumenta di volume e allarga le fessure.

6 LE FORME DEL PAESAGGIO

1. **Come si riconosce, in superficie, un paesaggio carsico?**
Un paesaggio carsico si riconosce dalla presenza di doline, con o senza inghiottitoi.
2. **Che cosa distingue le valli scavate dai fiumi da quelle scavate dai ghiacciai?**
Le valli scavate dai fiumi hanno un profilo a V, cioè hanno fondovalle stretto e versanti ripidi. Le valli scavate dai ghiacciai hanno un profilo a U, cioè hanno fondovalle ampio e piatto.
3. **Che cosa sono i cordoni litoranei?**
I cordoni litoranei sono accumuli sottomarini di sedimenti che, se emergono, possono dare origine a lagune.
4. **Che caratteristiche hanno le dune?**
Le dune sono accumuli di sabbia; esse possono avere le dimensioni di vere e proprie colline e si spostano nella direzione in cui soffia il vento.

UNITÀ 6 **Terra** UNITÀ 13 **Vol 3**

LA TERRA E LA LUNA

1 IL MOTO DI ROTAZIONE DELLA TERRA

AUDIOLIBRO

1. **Da che cosa dipende l'alternarsi del dì e della notte sulla superficie terrestre?**
L'alternarsi del dì e della notte sulla superficie terrestre dipende dalla rotazione della Terra attorno al proprio asse.
2. **Che cos'è il circolo di illuminazione?**
Il circolo di illuminazione è la zona di separazione tra dì e notte.
3. **Che cos'è il giorno solare?**
Il giorno solare è il tempo che separa due passaggi consecutivi del Sole sopra ad uno stesso punto. Il giorno solare dura in media 24 ore, cioè quattro minuti in più rispetto al giorno siderale.

2 IL MOTO DI RIVOLUZIONE DELLA TERRA

1. **Da che cosa dipende l'alternarsi delle stagioni?**
L'alternarsi delle stagioni dipende dal fatto che, mentre la Terra compie il proprio moto di rivoluzione intorno al Sole, l'asse di rotazione si mantiene sempre inclinato di circa 23° rispetto al piano dell'orbita e parallelo a se stesso.

2. **In quali giorni dell'anno il dì ha la stessa durata della notte, sia nell'emisfero boreale sia in quello australe?**
Nei due equinozi il dì ha la stessa durata della notte, sia nell'emisfero boreale sia in quello australe.

3. **Come sono le stagioni nell'emisfero australe rispetto a quelle dell'emisfero boreale?**
Le stagioni sono invertite: se nell'emisfero boreale è estate e il dì dura più della notte, nell'emisfero australe è inverno e il dì dura meno della notte.

3 LA LUNA E LE SUE FASI

1. **Perché la Luna è piena di crateri?**
La Luna è piena di crateri a causa dell'impatto dei meteoroidi. La Luna, infatti, non possiede un'atmosfera che possa fermarli.

2. **La Luna compie una rotazione sincrona: che cosa significa?**
Il fatto che la Luna compia una rotazione sincrona significa che i moti di rotazione e rivoluzione avvengono nello stesso intervallo di tempo (circa 27 giorni); è questo il motivo per cui la Luna ci mostra sempre la stessa faccia.

3. **Si può vedere la Luna piena di giorno?**
C'è Luna piena solo quando la Luna è in opposizione rispetto al Sole, ed è dunque visibile solo dal lato non illuminato della Terra, cioè quando lì è notte. Pertanto, non è possibile vedere la Luna piena di giorno.

4. **Quanto dura il ciclo delle fasi lunari?**
Il ciclo delle fasi lunari dura un mese sinodico, che corrisponde a circa 29 giorni e mezzo.

4 LE ECLISSI

1. **Qual è la condizione necessaria perché si verifichi un'eclisse di Sole o di Luna?**
Perché si verifichi un'eclisse di Sole o di Luna, il Sole, la Luna e la Terra devono trovarsi perfettamente allineati.

2. **In quale fase si trova la Luna durante un'eclisse lunare?**
La Luna, durante un'eclisse lunare, si trova in fase di Luna piena.

3. **Perché la Luna oscura completamente il disco solare durante un'eclisse di Sole?**
Durante un'eclisse di Sole la Luna oscura completamente il disco solare perché le grandezze apparenti di Sole e Luna sono quasi uguali.

4. **Le eclissi di Sole avvengono a ogni novilunio?**
No, le eclissi di Sole avvengono solo quando la Luna in novilunio si trova in prossimità della linea dei nodi.

5 LE MAREE

1. **Qual è la forza responsabile delle maree sulla Terra?**
Sulla Terra la forza responsabile delle maree è la forza gravitazionale.

2. **Quante alte maree e basse maree si verificano in un giorno?**
In un giorno si verificano due basse maree e due alte maree.

3. **In quali condizioni si ha una marea massima?**
Si ha una marea massima quando Sole e Luna sono in congiunzione o in opposizione (quindi in fase di Luna nuova o di Luna piena).

UNITÀ 7 **Terra** UNITÀ 14 **Vol 3**

IL SISTEMA SOLARE E L'UNIVERSO

AUDIOLIBRO

1 IL CIELO SOPRA DI NOI

1. **Che cosa sono le costellazioni?**
   Le costellazioni sono gli schemi apparenti tracciati dalle stelle nel cielo notturno.
2. **Quali sono i corpi celesti più comunemente osservabili nel cielo notturno?**
   La Luna, le stelle e i cinque pianeti visibili a occhio nudo sono i corpi celesti più comunemente osservabili nel cielo notturno.
3. **Che cos'è l'anno luce?**
   L'anno luce è una unità di misura delle distanze usata in astronomia. Corrisponde alla distanza percorsa dalla luce nel vuoto in un anno.
4. **Che cosa distingue a occhio nudo una stella da un pianeta?**
   I pianeti brillano con una luce fissa, le stelle brillano con una luce tremolante.

2 LE STELLE E LE LORO CARATTERISTICHE

1. **Che cosa sono le stelle?**
   Le stelle sono enormi sfere di gas, soprattutto idrogeno ed elio, all'interno delle quali avvengono reazioni nucleari che liberano energia sotto forma di calore e luce.
2. **Da che cosa dipendono i diversi colori delle stelle?**
   I diversi colori delle stelle dipendono dalla loro temperatura superficiale: le stelle più calde sono di colore blu, quelle più fredde di colore rosso.
3. **Che cos'è la luminosità apparente di un corpo celeste?**
   Con luminosità apparente si intende il modo in cui la luminosità di un corpo celeste viene percepita da un osservatore posto sulla Terra.
4. **Che cos'è il diagramma H-R?**
   Il diagramma H-R è un grafico in cui sono posizionate le stelle in base alla loro temperatura superficiale e alla loro luminosità assoluta.

3 L'EVOLUZIONE DELLE STELLE

1. **Come si forma una stella?**
   All'interno di una nebulosa, a causa dell'attrazione gravitazionale, le particelle si ammassano e formano una protostella. Se la temperatura raggiunge i 10 milioni di gradi, inizia la fusione nucleare e si forma una stella.
2. **Che cosa caratterizza le stelle in sequenza principale?**
   Le stelle in sequenza principale utilizzano l'idrogeno come combustibile per le reazioni di fusione nucleare. L'espansione causata dalla fusione bilancia la contrazione causata dalla gravità.
3. **Come si chiama l'esplosione che avviene alla fine della vita di una stella molto grande?**
   L'esplosione che avviene alla fine della vita di una stella molto grande si chiama supernova.

4 LA NOSTRA STELLA: IL SOLE

1. **Che tipo di stella è il Sole? In quale fase della sua evoluzione si trova?**
   Il Sole è una stella gialla di tipo G; attualmente si trova nella fase di sequenza principale.
2. **Qual è il gas più abbondante all'interno del Sole? Quale altro gas è presente in grande quantità?**
   Il gas più abbondante all'interno del Sole è l'idrogeno; un altro gas presente in quantità è l'elio.
3. **Oltre all'atmosfera solare, quante e quali zone si possono identificare dalla superficie verso l'interno del Sole?**
   Dalla superficie verso l'interno del Sole si possono identificare la fotosfera, la zona convettiva, la zona radiativa e il nucleo.

4. **Quando si è formato il Sistema solare?**
Il Sistema solare si è formato insieme al Sole circa 4,6 miliardi di anni fa.

5 IL SISTEMA SOLARE

1. **Quanti e quali sono i pianeti del Sistema solare?**
I pianeti del Sistema solare sono otto: Mercurio, Venere, Terra, Marte, Giove, Saturno, Urano e Nettuno.
2. **Qual è la forza che trattiene i pianeti in orbita intorno al Sole?**
La forza che trattiene i pianeti in orbita intorno al Sole è la forza di attrazione gravitazionale tra i pianeti e il Sole stesso.
3. **Qual è la forma descritta dalle orbite dei pianeti?**
Le orbite dei pianeti sono ellissi con il Sole in uno dei fuochi.
4. **In quale punto dell'orbita è massima la velocità di un pianeta?**
La velocità di un pianeta è massima quando esso si trova in corrispondenza del perielio.

6 I CORPI MINORI DEL SISTEMA SOLARE

1. **Che cos'è Plutone?**
Plutone è un pianeta nano in orbita nella fascia di Kuiper (oltre l'orbita di Nettuno).
2. **Dove si trova la fascia principale degli asteroidi?**
La fascia principale degli asteroidi si trova tra l'orbita di Marte e quella di Giove.
3. **Che cosa sono le stelle cadenti?**
Le stelle cadenti sono meteoroidi che entrando nell'atmosfera si incendiano.
4. **Come è disposta la chioma delle comete? Perché?**
La chioma delle comete è sempre opposta al Sole perché è spinta dal vento solare proveniente dalla stella.

7 LE GALASSIE

1. **Che cos'è una galassia?**
Una galassia è un ammasso di milioni o miliardi stelle, assieme a gas e polveri.
2. **Qual è il diametro della Via Lattea?**
Il diametro della Via Lattea è 100 000 anni luce.
3. **Quali sono le galassie più vicine a noi?**
Le galassie più vicine a noi sono la galassia di Andromeda, la Piccola Nube di Magellano e la Grande Nube di Magellano.
4. **Quali forme possono avere le galassie?**
Le galassie possono essere ellittiche, a spirale e a spirale barrata.
5. **Qual è la forma della Via Lattea?**
La Via Lattea è una galassia a spirale barrata.

8 L'UNIVERSO

1. **Che cosa stabilisce la legge di Hubble?**
La legge di Hubble stabilisce che le galassie si stanno allontanando l'una dall'altra e che la velocità con cui lo fanno è tanto maggiore quanto più sono distanti tra loro.
2. **Quanti anni si pensa che abbia l'universo?**
Si pensa che l'universo abbia 13,8 miliardi di anni.
3. **Che cosa è il Big Bang?**
Il Big Bang è il nome dell'esplosione che si pensa abbia dato inizio all'universo e alla sua espansione.

REFERENZE ICONOGRAFICHE

scovad. 123rf.com; Andrew Brookes/Corbis; Bryan Allen/Corbis; Douglas Peebles/Corbis; Elan Sun Star/ Corbis; mutoumamoru-1/Corbis; 2/Ocean/Corbis; Erwin Mueller/SCIENCE PHOTO LIBRARY/Tips; marslander. Shutterstock; Smilesee. Shutterstock; Andrew Lambert Photography/SCIENCE PHOTO LIBRARY/Tips; Pavlo Loushkin. Shutterstock; Visuals Unlimited/Corbis; ICP Online; DenisNata. Shutterstock; Suppakij1017. Shutterstock; nikkytok. Shutterstock; Bas Meelker. 123rf.com; Ziga Camernik. Shutterstock; Jana Maenz/ Westend61/Corbis; sergojpg. Fotolia; Carol Dembinsky / Dembinsky Photo Associates; homy_design. 123rf. com; Sozaijiten; Suthisa. Shutterstock; Romans Klevcovs. 123rf.com; tan4ikk. 123rf.com; Ariel Skelley/ Blend Images/Corbis; Randy M. Ury/Corbis; Ljupco Smokovsk; Vitalii Nesterchuk. Shutterstock; THEPALMER/ E+. Getty Images; Joseph Giacomin/cultura/Corbis; YolLusZam1802. Shutterstock; Mariusz Szczygiel. Shutterstock; Alexander Chelmodeev. Shutterstock; GraphicsRF; John Cancalosi/National Geographic Society/Corbis; kenishirotie. 123rf.com; Coleman Yuen/ Pearson Education Asia Ltd; 635926. Shutterstock; kosa. Shutterstock; Justin Bezuidenhout. Shutterstock; leungchopan. Shutterstock; AndreAnita. Shutterstock; MBI/ Alamy Stock Photo; BSIP SA/ Alamy Stock Photo; Four Oaks. Shutterstock; Wikimedia Commons; Wikimedia Commons; The Print Collector/Corbis; Stefan Petru Andronache. Shutterstock; Wayne Lynch/AllCanadaPhotos.com/Corbis; Anna Morgan. Shutterstock; Science Source. Getty Images; Clouds Hill Imaging Ltd./Corbis; Visuals Unlimited/Corbis; Dennis Kunkel Microscopy, Inc./Visuals Unlimited/Corbis; Kallista Images/SuperStock/Corbis; Bill Beatty/Visuals Unlimited, Inc./Corbis; STEVE GSCHMEISSNER/SCIENCE PHOTO LIBRARY/Corbis; Ingo Arndt/Minden Pictures/ Corbis; Lester V. Bergman/Corbis; Christian Handl/ imagebroker/Corbis; Visuals Unlimited/Corbis; akesak. Shutterstock; Scisetti Alfio. Shutterstock; Tetra Images/ Corbis; 123rf.com; SCIENCE PHOTO LIBRARY/Tips; blickwinkel/ Alamy Stock Photo; aquapix. Shutterstock; David Wrobel/Visuals Unlimited, Inc./Corbis; pedphoto36pm. 123rf.com; Lawson Wood/Corbis; Robert Pickett/Visuals Unlimited/Corbis; George Grall/National Geographic Society/Corbis; Stephen J. Krasemann/ All Canada Photos/Corbis; Joe McDonald/Corbis; Cheryl Ertelt/Visuals Unlimited, Inc./Corbis; Corbis; Frank Sommariva/imagebroker/Corbis; Bill Draker/ imagebroker/Corbis; Ivan Kuzmin/imagebroker/Corbis; Kim Petersen/imagebroker/Corbis; Will Gray/JAI/Corbis; David Terrazas Morales/Corbis; DLILLC/Corbis; Doug Perrine/Design Pics/Corbis; GTW/imagebroker/Corbis; blue-sea.cz. Shutterstock; Balazs Justin. Shutterstock; Catalin Petolea. Shutterstock; tatsianas. 123rf. com; Takiev Alexander. Shutterstock; Holly Kuchera. Shutterstock; Chris Fourie. Shutterstock; Sukpaiboonwat. Shutterstock; Jill Lang. Shutterstock; Karel Gallas. Shutterstock; Diyana Dimitrova. Shutterstock; Pal Teravagimov. Shutterstock; Luca Tettoni/Corbis; 2/ Ocean/Corbis; Science History Images/ Alamy Stock Photo; SCIENCE PHOTO LIBRARY; Mark Garlick/ SCIENCE PHOTO LIBRARY/Corbis; Paula D.Stewart/ SCIENCE PHOTO LIBRARY/Tips; Russell Shively. Shutterstock; Vasiliy Koval. Shutterstock; Sebastien Burel. Shutterstock; David Ashley. Shutterstock; Elena Shchipkova. 123rf.com.com; imtmphoto. Shutterstock; Rido. Shutterstock; oriori. Shutterstock; Africa Studio. Shutterstock; Aptyp_koK. Shutterstock; Hurst Photo. Shutterstock; stanislaff. Shutterstock; ntonioguillem. 123rf.com; jarun011. 123rf.com; 123rf.com; Andrea Danti. Shutterstock; shevtsovy. Shutterstock; CLOUDS HILL IMAGING LTD/SCIENCE PHOTO LIBRARY; Designua. Shutterstock; EpicStockMedia. Shutterstock; Roman Prishenko. Shutterstock; kavram. Shutterstock; moodboard/Corbis; silvae. 123rf.com; Image Source/ Corbis; fotog/Tetra Images/Corbis; B.A.E. Inc. / Alamy Stock Photo; Ruta Saulyte-Laurinaviciene. Shutterstock; 1030501. Shutterstock; Kat Palasi/Demotix/Corbis; Dickie Duckett/FLPA/MINDEN PICTURES/Corbis; Patrick J. Endres/AlaskaPhotoGraphics/Corbis; Serguei Fomine/ Global Look/Corbis; NancyS. Shutterstock; Katja Kreder/ JAI/Corbis; Aflo/Corbis; SA Team/Foto Natura/Minden Pictures/Corbis; Mariusz Niedzwiedzki. Shutterstock; Stefan Auth/imageBROKER/Corbis; Wayne Lynch/All Canada Photos/Corbis; Grambo Photography/All Canada Photos/Corbis; Henglein And Steets/cultura/Corbis; Norman Bock/imagebroker/Corbis; Jakob Metzger. Shutterstock; Egmont Strigl/imagebroker/Corbis; Oleg Znamenskiy. Shutterstock; Nico Tondini/Robert Harding/Corbis; Mark Schneider/Visuals Unlimited/ Corbis; Jae-cheol Oh/Sung-Il Kim/Corbis; Givaga. Shutterstock; michal812. Shutterstock; 123rf.com; Tyler Boyes. Shutterstock; 2/Ryan McVay/Ocean/Corbis; abc7. Shutterstock; Marco Simoni/Corbis; Quaoar. Shutterstock; Thomas Nord. Shutterstock; David Nunuk/ All Canada Photos/Corbis; NASA/SDO; ESA 2010 MPS; MarcelClemens. Shutterstock; NASA; NASA.